THE
LOGIC OF
CAPITAL
MARKET
DEVELOP-
MENT

FINANCIAL INNOVATION
COUPLING WITH HIGH-TECH
ENTERPRISES

吴晓求 等 著

资本市场成长的逻辑

金融创新与高科技企业的耦合

中国人民大学出版社
·北京·

图书在版编目（CIP）数据

资本市场成长的逻辑：金融创新与高科技企业的耦合 / 吴晓求等著. -- 北京：中国人民大学出版社，2023.1
ISBN 978-7-300-31297-2

Ⅰ. ①资… Ⅱ. ①吴… Ⅲ. ①资本市场-研究 Ⅳ. ①F830.9

中国版本图书馆 CIP 数据核字（2022）第 237544 号

资本市场成长的逻辑：金融创新与高科技企业的耦合
吴晓求　等　著
Ziben Shichang Chengzhang de Luoji: Jinrong Chuangxin yu Gaokeji Qiye de Ouhe

出版发行	中国人民大学出版社	
社　　址	北京中关村大街 31 号	邮政编码　100080
电　　话	010-62511242（总编室）	010-62511770（质管部）
	010-82501766（邮购部）	010-62514148（门市部）
	010-62515195（发行公司）	010-62515275（盗版举报）
网　　址	http://www.crup.com.cn	
经　　销	新华书店	
印　　刷	涿州市星河印刷有限公司	
规　　格	170 mm×240 mm　16 开本	版　次　2023 年 1 月第 1 版
印　　张	17.25 插页 2	印　次　2023 年 1 月第 1 次印刷
字　　数	245 000	定　价　78.00 元

目 录

Contents

资本市场成长的逻辑：金融脱媒与科技进步

　　摘　要： 资本市场是现代金融体系的核心和基石。随着市场经济的发展，社会融资和投资活动逐步市场化，形成了脱媒的趋势。金融脱媒成为资本市场存在并得以发展的内生性动力，顺应了企业部门多样化的融资需求，满足了居民部门日益增长的财富管理需求，促进了金融功能从融资为主向融资与财富管理并重转型。资本市场与科技创新之间存在密切的耦合关系，在促进科技创新发展的同时，资本市场借助科技的进步和企业的成长来推动自身的繁荣。本章从资本市场成长的历史和逻辑出发，深入研究促进资本市场成长的两大动能，对资本市场发展的深层机理和结构性变革趋势进行了分析和总结，从而有助于中国资本市场功能的健全和中国式现代化的推进。

　　在脱媒的趋势下，金融功能逐步从融资为主向融资与财富管理并重转型，资本市场的重要性日益彰显出来。随着四次产业革命的演进，科技创新对产业优化和经济增长的作用愈发明显，而资本市场的功能是灵活的、多样化的，能够很好地与科技创新的风险特征相匹配，从而促进科技创新的进步。资本市场在为科技企业提供融资等金融服务的同时，借助科技企业的成长来促进自身的繁荣，由此形成资本市场与科技创新的耦合关系。在中国经济高质量发展和全球科技竞争日益激烈的背景下，资本市场的生存与发展需要从历史和逻辑角度进行深入分析，找出推动资本市场发展和制度变革的深层机理及其变革趋势，这不仅对资本市场功能的健全和科技创新的发展有着重要的意义，还对推进中国式现代化有着积极的作用。

一、资本市场生成的逻辑：脱媒的力量

（一）市场经济发展是金融脱媒的基础

自 15 世纪开始，西方的航海家们为开辟新航路，采取股份筹资的方式组建船队，由此形成了股票的最初形态。[①] 随着远洋贸易的活跃，荷兰、英国等的政府为了保护和规范这种筹集资金的形式，制定了相关法律，为股票的产生创造了条件。公司将筹集的资金作为资本金长期使用，在每次航行结束后分配利润，不再返还股东们的初始投资，由此形成了普通股份制度，并产生了普通股票。[②] 伴随着股份公司的产生和发展，以股票形式集资入股的直接融资方式得到发展，意味着金融脱媒的萌生，由此还产生了证券交易的需求。早在 1611 年，就有商人在荷兰阿姆斯特丹开始买卖荷兰东印度公司的股票，形成了世界上第一个股票交易市场。

生产社会化程度的提高和信用制度的发展，不仅推动了股份公司和公司债券的产生和发展，还在新的融资模式下促进了风险的演变。首先，社会化大生产使开办企业所需要的资本的最低限额越来越高，而且一些长周期工程事业的经营，如铺设铁路等，都需要投入巨额资本，风险随之急剧上升，这往往是单人难以负担的，因此，需要通过组建股份公司来集中单个有限的资本，使一定规模的生产与经营得以正常进行。其次，社会生产力的进步使得社会财富和货币资本增加，一些货币资本有限的投资者寻求低门槛、高收益的投资渠道，而股票和公司债券的出现则满足了他们的投资需求。在此过程中，投资者之间的互信（尤其是对公司发起人的信任）、对公司发展前景的信任、对信用体系有效运行的信任等都是不可或缺的。马克思在《资本论》（第三卷）分析"信用在资本主义生产中的作用"时指出，"信用制度是资本

[①] 每次出航之前，船队或公司寻找资金源并使其按份入股；航行结束后，它们将资本退给出资人，同时将所获利润按相应的股比进行分配。

[②] 目前，世界上所发现的第一张股票是由荷兰东印度公司于 1606 年印制的。

主义的私人企业逐渐转化为资本主义的股份公司的主要基础"①。因此，信用制度和股份公司的发展实现了资本的所有权和经营权的分离，推动了社会投融资活动的市场化，加速了金融脱媒的进程。

第二次产业革命完成以后，西方社会的多数经济体建立起了市场经济，不仅社会生产力得到了极大的提升，而且整个社会积累了大量财富。在经济增长的内生作用下，西方社会的融资和投资活动逐步市场化，纷纷建立起证券市场，使得大量资金从银行体系流入市场。从世界上早期成立的主要证券市场来看（见图 0-1），证券市场的产生和发展主要发生在市场经济形成早、制度变革早的经济体，如荷兰、英国、美国等。与西方发达经济体的内生型金融体系不同，日本在西方列强入侵以后，积极学习西方的制度，使得市场经济能够快速在日本生根发芽，并推动金融市场特别是资本市场的发展；中国香港在殖民主义的干涉下，建立起与英国较为类似的市场和制度环境，包括证券交易所。尽管这些经济体在制度、文化、历史等方面因素的共同作用下，形成了市场主导型和银行主导型等不同的金融体系，但随着市场规模的扩张和居民收入水平的提升，社会的财富管理需求也日益旺盛。金融功能开始从以融资为主向投融资并重转变，这既源于资金需求方在融资过程中的去中介化，又取决于资金供给方对投资的市场化需求，由此导致金融脱媒的趋势越来越明显。例如，美国从 20 世纪 60 年代开始出现了几次比较明显的"脱媒"现象，导致美国的商业银行所占信贷市场份额大幅下降。

由此可见，市场经济的快速发展不仅推动了市场规模的壮大和居民收入的增加，还加速了财富管理需求的增长和金融脱媒的产生。随着经济发展水平的不断提高和制度的适应性变革，资本市场应运而生并获得蓬勃生机，既满足了日益增长的投融资市场化需求，又促进了金融功能从以融资为主向融资与财富管理并重转型。

---

① 马克思.资本论：第 3 卷 . 2 版 . 北京：人民出版社，2004：499.

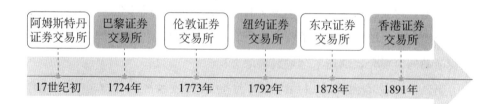

图 0-1　世界上早期主要证券市场成立时间轴

（二）脱媒是资本市场存在并得以发展的内生性力量

金融脱媒（financial disintermediation），又称"金融去中介化"，是指在经济活动中不再通过金融中介进行资金融通，而是由资金供给者与资金需求者直接发生联系的现象。金融脱媒相关研究始于以 Gurley 和 Shaw（1955，1960）为代表的传统金融中介理论，相关概念最早是由 Hester（1969）提出的，即脱媒代表了从使用中介机构的服务向一个没有金融交易存在或者最终的储蓄者和投资者之间直接进行金融交易的基本体系转变。Hamilton（1986）直接将金融脱媒定义为企业不通过银行或其他金融中介机构在市场上借款。李扬（2007）认为金融脱媒是资金盈余者和资金短缺者不通过银行等金融中介机构直接进行资金交易的现象。除了对金融脱媒的定义及其现象进行研究外，大量学者研究表明金融脱媒会给传统商业银行的贷款业务带来较大冲击，甚至削弱商业银行融资中介的地位和作用，但是他们都不否认金融脱媒是一个实行市场经济特别是经济发展到一定阶段的国家必然会发生的趋势化现象。

关于金融脱媒产生的原因，除市场经济发展提供的基础条件外，主要来源于三个方面：一是居民的投资需求日益增长，特别是对收益更高和形式更为多样化的金融资产的需求；二是企业追求更为便利的融资渠道和更低成本的资金；三是金融功能从融资为主向融资与财富管理并重转型，最终走向财富管理为主（吴晓求等，2022）。在这三方面的共同作用下，金融活动中产生脱媒化的趋势性力量，并成为资本市场存在并得以发展的内生力量。资本市场的产生和发展满足了市场经济中投资者和融资者的多样化需求，弥补了传统商业银行存在的一些不足和缺陷，而这些缺陷主要是源于对风险变化的不适应和不匹配（吴晓求和方明浩，2021）。

在金融脱媒的过程中，风险的基本特征随之发生变化。从资金的基本性质来看，信贷资金是债务性的，发行股票获得的资金是权益性的。前者的风险主要取决于借款人能否到期还本付息，后者的风险则主要取决于公司业务发展前景好坏对股票价值与红利的影响。资金基本性质的变化导致风险来源形成了明显的差异，进一步造成风险收益的不确定性产生了本质性的变化。从资金的收益来看，银行提供信贷资金的唯一收益来源于利息。只要不发生违约，银行信贷的收益就是确定的，否则就可能造成借贷资本和利息的损失，所以银行信贷的风险收益曲线是单调向下的。股票、公司债券等证券则与之不同，其风险收益除股息或债券利息外，主要取决于股票或债券交易时的市场价值，此时风险收益不再是单调的，既可能造成损失，也可能形成超额收益。风险收益的不确定性差异还决定了风险大小的变化，即通过股票或公司债券等证券直接融资的风险要明显高于银行信贷风险。

与此同时，金融脱媒导致风险管理的理念与方式出现了根本性变化。银行作为信用中介，一方面将社会上闲置的、分散的资金集中到一起，在向资金供给方支付一定利息的同时，为其资金安全做出承诺并提供保障；另一方面往往通过抵押品的价值、稳定的现金流等来确定贷款规模和期限，大大降低风险暴露对银行造成的损失，进而对银行的出资人和储户的利益形成一定的保护。由此可见，银行天然惧怕风险、厌恶风险，其风险管理态度是审慎的。股份公司产生以后，投资者通过了解公司业务及其发展前景等信息，对公司价值进行判断，并做出投资决策。由于不同的公司面临不同的风险与相应的回报，投资者需要根据自己的风险偏好和承受能力，选择具有投资价值的股票或公司债券。投资者通过对公司业务相关信息及相关证券价格波动的持续跟踪，决定股票买卖时间和交易规模，并通过持仓调整来实现风险管理。此时，资本市场的投资者对风险表现出比银行更高的容忍度，且不同投资者间存在差异化的风险偏好，能够更好地匹配市场多样化的风险结构。

然而，金融脱媒对资本市场的内生作用，不仅与市场化发展趋势有关，还与金融管制或金融压抑相关政策有关，如信贷管制、利率管制、外汇管制等。在发展经济学文献中，基于金融发展对经济发展作用的相关研究，形成了金融深化或金融自由化理论。一方面，金融深化理论认为金融压抑会阻碍经济增长（McKinnon，1973；Levine，1997）；另一方面，金融压抑不仅影响了信贷市场本身的发展，对融资者造成不便，还不能满足投资者的更高收益和更为多样化的投资需求，进而加速了金融脱媒。因此，在金融压抑下，资金为了规避管制，从银行等货币金融中介流向证券市场和非货币金融中介，既对信贷市场的自由化形成倒逼机制，又直接促进了资本市场的发展。

因此，不论是市场经济发展的促进，还是金融管制的影响，都推动了资金融通的去中介化。脱媒的过程不仅对资本市场的形成产生直接作用，还对资本市场的发展与繁荣起到了关键且深远的作用。

二、资本市场发展的逻辑：科技的力量

从人类历史上看，四次产业革命极大地推动了生产力的进步，也带来了生产方式和社会关系的深刻变革。在产业革命进行的同时，金融也出现了革命性变化，且二者相互促进，推动了经济增长和国民财富的积累。产业革命将科技创新应用到工业中去，更加集中和广泛地使用资本，使得生产要素配置比例中的资本支出占比大幅提高。金融革命顺应了产业革命对资本使用的规模化和多样化需求，而大规模工业应用也离不开金融的支持，所以四次产业革命与金融革命紧密联系。从基本特征来看，四次金融革命符合金融脱媒化的长期发展趋势，是一个从银行体系变革为先向资本市场变革为主演变的过程。

第一次金融革命以现代商业银行为特征，但是现代商业银行依然不能匹配科技创新的风险特征，导致银行体系短暂繁荣后出现倒闭潮和兼并潮。第二次金融革命以现代投资银行为特征，能够更好地匹配第二次产业革命兴起的新兴产业和大型工程的风险，帮助大型企业通过并购实现规模上的迅速扩

张，进而形成规模经济效应。第三次金融革命以现代创业投资体系为特征，对现代高科技企业的风险更加包容，投资越来越早期化，往往在科技创新应用推广前就开始介入，最终在推动科技企业发展的同时促进资本市场的繁荣。第四次金融革命以金融科技引领的金融业集成创新为突出特征，充分结合高科技企业的基本特征，主动地运用金融科技等手段去迎合和管控风险，促进技术应用的快速推广和更新迭代。因此，四次金融革命既体现了金融脱媒的长期趋势和市场对风险态度的演变，也充分说明了资本市场与科技创新之间的耦合关系。

（一）科技创新与金融变革的历史耦合

1. 第一次金融革命：以现代商业银行为特征

第一次产业革命在 18 世纪 60 年代率先从英国发生，并在 19 世纪中期达到顶峰，其主要特征是以蒸汽机为代表的机器生产替代传统手工生产，从此人类社会进入"机器时代"。产业革命带来了多方面的变化：第一，商业机会的涌现要求企业对固定资产和设备的投资，增加了长期贷款需求；第二，工厂和公司的扩张提高了日常运营的循环资本要求，短期融资需求逐渐增长；第三，社会财富的积累也增加了资金存入和财富管理的需求。与此同时，一批具有某些行业和领域知识的银行应运而生，并通过在特定行业增加信贷投放获得更多的利息收入。尽管在产业革命的推动下，经济高速增长且居民财富迅速积累，但由于银行业风险管理制度的不健全，信用扩张在金融体系内部积累了大量风险。

19 世纪 20 年代中期，由于商品相对过剩和价格快速下跌，英国出现大型企业倒闭潮，并对工业和金融体系造成严重冲击，由此引致的银行挤兑等问题造成风险在世界范围内蔓延，最终导致第一次世界性经济危机和金融危机的爆发。为应对银行大批倒闭的问题，英国针对银行业进行金融制度改革，其中最重要的是 1826 年的《银行法案》和 1844 年的《银行特许法案》（又称《皮尔条例》）。这些改革措施不仅提升了金融体系的稳定性和抗风险能力，还为银行业现代化奠定了基础。由于股份制银行资本实力更为雄厚，更适合快速扩张的经济活动，所以股份制成了现代商业银行的发展方向。英国的银行数量从 1750 年的近 40 家快速增长到 1810 年的超过 800 家，并达到顶点（Davies，1996），其中包括 700 余家乡村银行；但之后银行开始出现倒闭潮和兼并潮，到 1850 年伦敦私人银行数量约为 60 家（Cottrell，2010），乡村银行仅剩 200 家左右。

虽然商业银行能够为企业发展提供信贷资金，但是由于银行信贷属于债务性资金，对借款人的抵押品和现金流要求较高，导致商业银行的风险容忍度较低，难以有效地匹配新技术的高风险问题，所以商业银行对科技创新的促进作用是有限的。随着科技创新的日新月异，银行信贷与科技创新风险不匹配的问题会越来越明显，而金融脱媒的趋势则会愈发强烈，推动资本市场参与到科技创新的应用和推广中去。

2. 第二次金融革命：以现代投资银行为特征

19 世纪 60 年代后期，第二次产业革命在美国兴起，标志着人类社会进入了"电气时代""石油时代""钢铁时代"。第二次产业革命时期的大量发明及其广泛应用创造了大量新兴工业，使美国工业体系得到了重塑，进而帮助美国实现了对欧洲在工业、科技、经济、军事等领域的赶超。随着技术创新和工业扩张，社会需要进行大规模基础设施建设来满足市场经济快速发展的要求，由此产生了庞大的融资需求，直接刺激了美国资本市场和投资银行业务的发展。1792 年 5 月 17 日，24 个证券经纪人在纽约华尔街签署了《梧桐树协议》。这些经纪人组成了一个独立的、享有交易特权的有价证券交易联盟，这就是后来的纽约证券交易所（简称纽交所）的雏形。1817 年 3 月 8 日，"纽约证券交易委员会"正式成立①，标志着美国资本市场的真正形成。随着美国资本市场的发展，华尔街诞生了一批兼营或专营投资银行业务的金融机构，如雷曼兄弟公司。投资银行的出现和发展进一步推动了美国资本市场的发展和产业结构的优化。

---

① 1863 年，"纽约证券交易委员会"正式更名为"纽约证券交易所"。

美国资本市场的发展为第二次产业革命的科技成果转化提供了催化剂，使得美国工业产值和经济总量得以迅速扩张。一方面，资本市场为大规模工业发展所需的基础设施建设等提供了大量资本，促进了工业的发展。美国工业经济的规模效应得益于高效的交通运输系统如运河和铁路，而这些运输系统的建设又得益于资本市场的大规模资金效应。尽管运河和铁路等大规模工程的成功修建离不开资本市场的支持，但人们对运河股票和铁路股票的追捧也推动了资本市场的空前发展。例如，1880 年铁路股票占据美国股市总市值的 60％以上（约翰·戈登，2005）。铁路等交通运输行业的迅猛发展不仅为工业品的生产与流通提供了便利，还直接为钢铁、机车、轮船等重工业产品创造了巨大的市场。另一方面，资本市场和投资银行的发展促进了产业和市场结构的优化。美国工业资本与金融资本联合，通过大量兼并收购实现了规模的迅速扩张，诞生了一批如通用电气、通用汽车、美孚石油等的世界级企业，为美国跨国公司在全球扩张奠定了基础。这些并购活动背后常常能够看到投资银行的身影。如 1901 年美国金融巨头摩根收购了卡内基的钢铁公司，并成立美国钢铁公司；后来又不断兼并其他中小公司，最终控制了美国钢产量的 65％。

新兴工业的出现推动了资本市场和现代投资银行的发展，而资本市场能够有效地匹配新兴工业的风险，为它们提供大量融资，在促进工业扩张的同时实现自身的繁荣。科技创新与资本市场相互促进，二者的耦合关系在金融脱媒的趋势下越来越紧密。

3. 第三次金融革命：以现代创业投资体系为特征

第三次产业革命始于 20 世纪下半叶，是工业从电气化向自动化、信息化转型的过程。与前两次产业革命相比，第三次产业革命的科技创新具备以下特点：第一，科技和生产力的转化速度加快，科技的应用对资本的需求提高；第二，科技细分逐步深化，不同领域的科技成果协作性增强，研发活动的专业性提高；第三，高科技企业投入更多资本用于科研活动，企业的无形资产占比不断增加；第四，研发活动的科技成果以及科技成果的转化都蕴含着巨大的不确定性，给创业者和投资人带来了极大的风险。科技创新的变化带来风险的变化，对投资的专业性要求越来越高，由此现代创业投资体系应运而生。

二战结束后，美国迫切需要发展中小企业来调整经济结构，实现战时蓬勃发展的军火工业向民用工业的转移，进而使得经济得到迅速恢复，由此美国对创业投资资本产生了客观需求。但是当时的美国资本市场也存在对中小企业和新兴企业早期投资动机不足的现象，所以各方开始重视对早期投资群体的培养，其中较为著名的是1946年设立的美国研究与发展公司，它开创了现代风险投资业的先河。20世纪70年代中后期，美国放松养老基金的管制，允许养老基金投资于风险投资基金，自此美国创业投资行业进入高速发展阶段，推动了现代创业投资体系的形成。现代创业投资体系的发展促进了一级市场的活跃，同时也推动了二级市场的发展。1971年2月8日，美国全国证券交易商协会（NASD）设立了世界上第一家采用电子交易的股票交易市场，即纳斯达克。纳斯达克的设立与发展拓宽了创业投资项目的退出渠道，促进了创业投资资本在一级市场和二级市场的良性循环。

现代创业投资体系主要为科技创新企业提供金融支持和服务，其作用主要体现在两个方面。一方面，风险投资可提供与风险相匹配的直接融资支持。由于科技创新企业缺乏充足的抵押品和稳定的收入来源，难以满足商业银行的信贷要求，且商业银行作为债权人面临风险收益结构不对称的问题（Stiglitz，1985），因此科技创新企业难以从商业银行获得信贷资金，转而需要资本市场的直接融资支持。但是由于科技创新企业在初创阶段规模较小、盈利不确定性高，因此它们难以在成熟的交易所市场获得融资。风险投资的出现解决了这一难题。另一方面，风险投资凭借自身的资源、能力和网络等，帮助科技创新企业建立竞争优势。风险投资通常具备较强的专业性，通过筛选有发展潜力的企业，为它们提供运营辅导、战略指引、上市及并购策略等专业性督导，促进企业创新并提升其投资项目成功退出的可能性。在现代创业投资体系的助推下，一批科技创新企业既在技术创新上取得了成功，又在商业上获得了丰厚的收益。诸如英特尔、苹果、微软、亚马逊、思科等科技公司在纳斯达克的上市直接推动了纳斯达克市场的蓬勃发展，加深了现代创业投资体系与科技创新的耦合，为美国经济持续增长做出了重要贡献。

现代创业投资体系对风险的包容性更高，通过更早地对高科技企业进行投资，同时运用专业知识和资源网络对企业进行筛选和督导，可使得投资项目成功的可能性大大提高。证券市场的发展进一步拓宽了创业投资的退出渠道，既实现了创业投资的良性循环，又推动了科技创新和资本市场的共同繁荣。

4. 第四次金融革命：以金融科技引领的金融业集成创新为突出特征

目前，第四次产业革命正在全球范围内拉开序幕。世界各国都希望把握新的机会，争取发展先机，纷纷出台推动第四次产业革命在本国发展的战略，如美国"先进制造业国家"战略、德国"工业4.0"战略、日本"超级智能社会5.0"战略、印度"数字印度"战略等。这些战略旨在充分运用人工智能、物联网、区块链、量子信息等新技术，推动生产制造和生活应用的智能化发展，加快进入"智能化时代"。

第四次产业革命的演进推动着金融业的新变革，其中金融科技引领的金融业集成创新正在成为第四次金融革命的突出特征。在金融科技的加持下，资本市场能够更主动地迎合和管控科技创新带来的风险问题，同时使资本市场的财富管理功能日益彰显出来。一方面，在互联网技术和数字经济的快速发展下，一些互联网科技企业充分利用新技术形成优势，积极推动金融服务的便利性和包容性，逐步发展成金融科技企业，如第三方支付平台、互联网财富管理公司等，在为广大居民和企业提供优质金融服务的同时提升了资源配置的效率。另一方面，银行体系、资本市场、创业投资体系等金融机构正在充分利用互联网、大数据、区块链等新技术改善现有的金融服务质量，扩大服务对象，在实现服务效率提升的同时，加强风险管控能力，增进经营收益水平。随着金融科技的变革，科技创新企业能够得到更好的融资支持和综合性金融服务，对资产定价的效率得到了明显提升，资本市场的财富管理能力得到了进一步加强。与此同时，金融科技和金融创新还对金融监管提出了新的要求，既要求监管部门针对新的金融业态出台有效的监管政策，又要求监管部门充分利用新的技术来防范系统性金融风险。

从四次产业革命和金融革命的历史关系中我们不难看出，科技创新与金融变革始终密切联系、互相促进。在产业革命的演进过程中，科技创新要求金融体系逐步走向市场化，资本市场则对科技创新的风险态度越来越包容，由此二者的耦合关系不断加深。一方面，技术创新与进步离不开资本的支持，需要金融适应其新的发展趋势。从现代商业银行到现代投资银行，再到现代创业投资体系，最后是金融科技加持下的资本市场体系，都体现了资本市场发展对科技创新的促进作用。另一方面，科技创新促进企业发展和经济增长，反过来促进了资本市场体系的发展和繁荣。科技企业的蓬勃发展促进了现代创业投资体系的发展，现代创业投资体系反过来促进了科技企业的扩张，进而实现了资本市场的持续繁荣。

（二）产业进步与全球金融中心的漂移

科技创新与资本市场的相互促进作用，不仅会在一国或地区内形成循环效应，而且会通过国际贸易和国际资本流动在世界范围内产生辐射效应。从16世纪的意大利威尼斯，到17世纪的荷兰阿姆斯特丹，到19世纪的英国伦敦，再到20世纪的美国纽约，全球金融中心随着国际经济格局的变化而移动（吴晓求等，2020）。虽然全球金融中心的漂移过程与经济规模、经济竞争力、国际贸易都有密切关系，但是经济和贸易的发展都离不开产业的进步。在手工工场时代，全球金融中心的形成主要依靠国际贸易的发展，促进了商品的流通和当地产业的发展，譬如威尼斯的海上贸易，阿姆斯特丹的远洋贸易。随着人类进入工业时代，工业发达的国家往往能够形成发达的贸易体系、金融体系、外汇体系等，从第一次产业革命的主阵地英国到第二、第三次产业革命的主阵地美国，都在技术创新的支持下取得了巨大的产业进步，在促进国际贸易和国际资本流动快速发展的同时，逐步实现了全球金融中心从伦敦到纽约的漂移。

产业进步对全球金融中心漂移的作用主要体现在两个方面。一方面，产业进步是经济长期增长的决定性因素，能直接带来生产力提高，进而扩大经济和贸易规模，带动金融市场的繁荣。产业不断升级能促进国家综合国力的提升，使之在国际竞争中处于不败之地，从而推动全球金融中心的建设。与此同时，新技术革命的持续演进也需要全球金融中心的支持，全球金融中心能够为产业升级提供更广阔的资金保障。另一方面，从国际资本流动的角度来看，实体经济的规模、增长速度以及潜力往往会对跨国公司总部选址决定产生重大影响，而外国银行在为分支机构选址的时候往往又会跟随跨国公司的总部选址决定，由此便吸引了国际资本的流入，并促进了本国产业的进步。在第一次产业革命期间，英国的银行业能够吸纳欧洲的资本，为本国企业购买土地、厂房或先进设备提供贷款；在第二次产业革命期间，美国的投资银行将欧洲的资本投向美国的运输、电气和重工业，满足了本国产业升级的融资需求；在第三次产业革命期间，电子化交易的诞生让资金的跨境流动更加便捷，让美国纽约华尔街成为全球资本汇聚的金融中心。因此，产业进步不仅在国家的经济崛起和保持持续的经济主导地位中发挥了核心作用，还与全球金融中心的漂移息息相关。

纵观美国近一百多年的历史，虽然它历经了多次金融危机和经济衰退，但从长期来看经济是持续增长的，其原因在于产业的不断升级和转型为金融市场和美元赋能，并且维持了美国在金融领域的霸权地位。从国际金融中心的历史演进过程来看，随着中国经济实力的不断增强和产业升级的逐步推进，国际金融中心正在向中国移动。2022 年 3 月发布的第 31 期全球金融中心指数①显示（见图 0 - 2），纽约（759 分）、伦敦（726 分）、香港（715 分）和上海（714 分）在全球金融中心排行中居于前 4 位，北京（710 分）和深圳（707 分）分别位于该排行的第 8 位和第 10 位。

---

①　"全球金融中心指数"（Global Financial Centers Index，GFCI）由英国智库 Z/Yen 集团和中国（深圳）综合开发研究院共同编制，着重关注全球各大金融中心的市场灵活度、适应性以及发展潜力等方面，反映全球各大金融中心竞争力的大小。

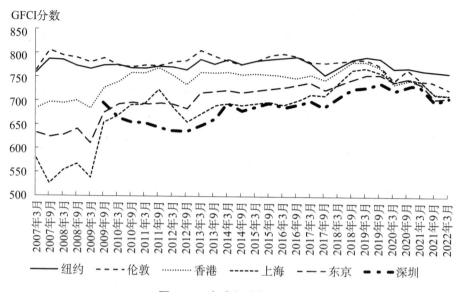

GFCI分数

图 0-2 全球金融中心指数

资料来源：GFCI官网。

（三）科技进步推动资本市场的技术革新

科技创新在资本市场的支持下得到了广泛的应用和推广，反过来促进了资本市场的繁荣。科技进步对资本市场的推动作用不仅体现在二者相互促进、共同繁荣的耦合关系上，还反映在资本市场对新技术的充分运用上。换言之，一些新技术如互联网的出现，可能会率先在工业生产中得到应用和推广，也可能会被资金雄厚的投资者早早地运用到交易中以获得超额收益。

资本市场对信息的传递是高度敏感的，一旦投资者在信息获取方面存在优势，就可能在交易中获得巨额收益。19世纪中期，电报的发明使得证券报价信息能够在几秒内被传递给各地的投资者，增强了市场的活跃度和影响范围。19世纪60年代中后期，大西洋海底电缆的投入使用和股票自动报价器的推出便利了美国市场和欧洲市场的信息传递，促使资本市场交易量稳步增长。同样地，无线通话、互联网、卫星通信等技术的出现，使得资本市场的交易时间越来越精确，交易频率也越来越高。由于交易便捷度的明显提升，市场的效率也得到了大幅提升。

技术进步直接推动了证券市场的繁荣，也吸引了大量学者对投资理论的研究。1952 年 3 月，马科维茨提出"现代投资组合理论"并建立相关模型，这标志着现代投资组合理论的诞生。1963 年，夏普提出了"单一指数模型"，大大节省了模型求解时间。之后，夏普的"资本资产定价模型（CAPM）"、罗斯的"套利定价理论"、布莱克和斯科尔斯的"期权定价理论"、莫顿的"跨期资本资产定价模型"等模型和理论，对资产定价产生了深远的影响，但相关模型的求解受制于当时的电脑技术，模型难以被广泛运用。随着计算机技术和互联网技术的快速进步，对定价模型的运算能力大幅提升，推动了量化投资的产生和发展，进一步提高了市场的定价效率。在大数据和人工智能等技术的推动下，资产定价理论和模型还在快速向前发展，不仅能够将更多的因子或市场异象纳入资产定价模型研究中，而且已经能够通过分析产业相关公司间专利的科技关联度来得到与科技实力相关的定价因子（Lee et al.，2019）。同时，金融监管开始大量运用新技术，包括大数据、云计算、区块链等，以保持市场稳定且高效运行。

总而言之，科技进步对资本市场的推动作用主要体现在两个方面：一是科技创新推动产业进步，为资本市场引入有成长性的企业；二是新技术在资本市场的直接运用既推动了资产定价等理论的发展，也提高了资本市场的运行效率和监管效率。尽管未来会出现哪些新技术和新兴产业不得而知，但可以判断的是：第一，科技进步推动产业的更新换代，必然会导致资本市场热捧的企业不断出现新老更替，即现在的朝阳产业在未来可能是夕阳产业，如第二次产业革命时期的铁路和石油工业；第二，区块链、加密货币、虚拟现实等新技术的出现和发展，正在塑造新的产业和新的数字资产，而资本市场对新技术的适应和运用必然会推动相关理论和实践的自我革新。

三、资本市场制度变革的新趋势：对科技创新的适应性调整

科学技术现代化是中国式现代化的重要内涵之一。随着第三次产业革命的完成以及第四次产业革命的蓄势待发，半导体、互联网、生物医药、清洁能源等新兴产业诞生了一批现代高科技企业，成为经济增长的强劲动能。这些高科技企业在完整的创新产业链条中处于主导地位，是基础研究相关成果进入技术开发和应用推广等环节的重要推动者和实现者。不同于传统制造业企业，现代高科技企业通常具有高研发投入、轻资产、技术依赖、成立时间短、成长性强等特点，对人力资本、技术、知识产权等无形资产高度依赖，固定资产规模占比却低得多，且这类企业在初创阶段难以盈利甚至可能出现严重亏损，导致企业自身存在较高的风险。由于现代高科技企业存在这些显著的特征，因此它们在融资、投资、生产经营、公司治理等方面的活动产生了很多新的变化。

中国要构建现代金融体系，既需要建设起现代化的资本市场，又要加强资本市场与科技创新的耦合。资本市场的制度变革体现了资本市场对科技创新风险变化的不断适应：从商业银行厌恶风险，到投资银行接纳风险，再到风险投资包容风险，最后到在金融科技加持下主动迎合和管控风险。然而，资本市场的一些制度可能存在缺陷或落后之处，不能够及时适应高科技企业发展新趋势，需要进行适当的调整和完善。以上市制度为例，资本市场过去针对传统工业企业以盈利为主的上市要求显然不适合这些企业，那么就需要调整原有的上市规则以及上市标准，譬如设立创业板、降低盈利要求等。因此，中国资本市场要适应科技创新的发展趋势，才能更好地服务于高科技企业，并借助高科技企业的发展推动自身的发展和功能的健全，进而实现中国资本市场的现代化。

（一）国内外资本市场发展的比较分析

1. 国际视角

几次产业革命的历史经验告诉我们，资本市场的发展能够促进科技创新

的快速发展。从第一次产业革命的现代商业银行，到第二次产业革命的现代投资银行，再到第三次产业革命的现代风险创投体系，资本市场与科技创新的耦合关系越来越紧密。资本市场在脱媒的趋势下，不断适应科技创新和产业革命的新变化，以更完善的市场体系服务科技创新。一国金融体系的选择和发展，既会受到文化、历史、法律等因素的影响，也会受到国家经济水平、经济市场化程度以及经济发展模式的作用。比较美国、德国、日本等发达国家不同金融体系下的资本市场发展现状，有利于我们全面了解发达国家资本市场如何适应科技创新，进而为中国资本市场的发展方向提供借鉴。

（1）资本市场发达程度。

通常而言，资本市场越发达，对实体经济的支持作用就会越强，具体体现在资源配置、价格发现、风险分担、市场激励等方面。美国拥有世界上最发达、最完备的资本市场体系，包括股票市场、债券市场、衍生品市场等。美国的全国性股票市场主要有三个，即纽约证券交易所、美国证券交易所和纳斯达克证券交易所，同时美国有着发达的场外市场和区域性交易所。据世界银行统计，2020年美国上市公司总市值达到40.72万亿美元，其市场规模远超中国（12.21万亿美元）、日本（6.72万亿美元）和德国（2.28万亿美元），是位居第二的中国上市公司总市值的3倍多（见图0-3）。美国上市公司总市值占GDP比重一直居于世界首位，在多数年份下都大于1，且在2020年达到最高值，为195％；日本上市公司总市值占GDP比重自2010年以后仅次于美国，且在2020年达到最高值，为133％；中国和德国的上市公司总市值占GDP比重多数年份都没有超过1，说明中国和德国的股票市场发达程度相对较低（见图0-4）。

（2）多层次资本市场建设。

企业发展存在一定的成长周期，导致不同成长阶段的企业有着不同的金融需求和风险特征，加上产业分布、企业经营等差异，形成了多样化的市场需求和风险分布。资本市场需要制定不同的标准和规则来满足不同企业的多样化需求，如成熟的大型企业和新兴的中小型高科技企业存在明显差异的上市要求和条件，由此推动资本市场的多层次化发展。与此同时，多样化的金融业态和金融机构应运而生，进一步促进了多层次资本市场的完善。美国的资本市场在竞争中建立起了一个金字塔结构的多层次资本市场［见图 0 - 5（a）］，分别为大型企业、高科技企业和中小型成长企业等提供金融服务。这样的多层次资本市场背后有着一套高效的、竞争性的转板制度，既实现了不同交易所之间的转板，又实现了同一交易所内不同层次的"升降式"转板，如纳斯达克的多层次市场结构［见图 0 - 5（b）］。由此可见，完善的多层次资本市场不仅能够为不同的企业提供多样化的金融服务，还可以创造出优胜劣汰、适者生存的竞争环境，从而保持市场的持续活力和健康发展。就中国而言，多层次资本市场已经初步形成，但是由于发行上市制度的单一以及不同市场与板块之间的相对独立，中国资本市场只是"形式上"的多层次市场（王国刚，2015）。

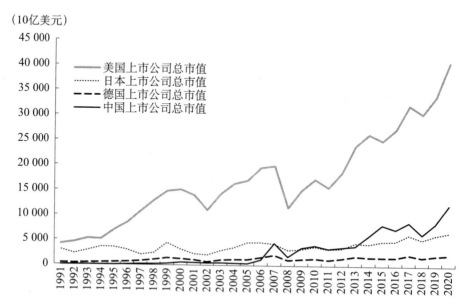

图 0 - 3　1991—2020 年中国、德国、日本、美国四国上市公司总市值规模

资料来源：世界银行。

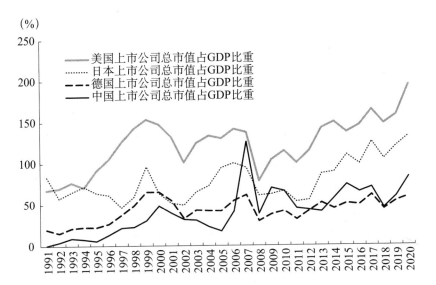

0-4　1991—2020 年中国、德国、日本、美国四国上市公司总市值占 GDP 比重

资料来源：世界银行。

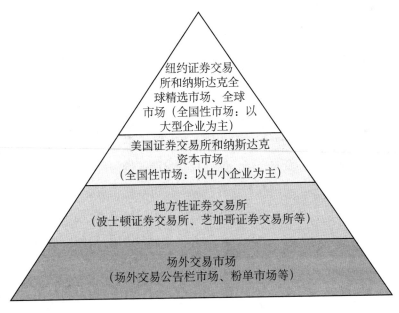

（a）美国资本市场层级

图 0-5　市场层级

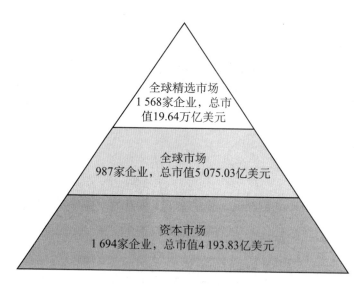

（b）纳斯达克市场层级

图 0-5　市场层级（续）

资料来源：Wind 数据库。

注：纳斯达克市场数据统计截止日期为 2022 年 9 月 26 日。

（3）高科技上市企业发展情况。

当今社会，科技实力已经成为各国综合实力的重要表现，并且现代经济发展对科技创新越来越依赖，由此导致各国在科技领域的竞争日益激烈，都想方设法加大对科技创新的投入和支持。科技创新在推动企业快速发展的同时，既为投资者带来可观的市场回报，又为资本市场注入强劲动力。在市场回报和政策引导的双重激励下，资本市场不断寻找有发展前景的科技企业，为它们提供大量资本和金融服务。美国有着世界一流的科研水平和众多的科技企业，当中诞生了一批如苹果、谷歌、微软等跨国科技巨头，这离不开美国资本市场对成长型中小企业的培育机制。2013—2021 年，美国、中国、日本和德国四国的高科技上市企业数量都在不断增加，其中中国增长最快，德国最慢，但是美国的高科技上市企业总市值一直高于中国、日本和德国三国高科技上市企业总市值之和（见表 0-1）。这一现象产生的原因，除各国企业科技水平可能存在一定差距外，主要与各国资本市场对科技企业的价值发现功能有关。

表 0-1　2013—2021 年美国、中国、日本、德国四国高科技上市企业市值及数量

年份	美国		中国		日本		德国	
	市值（10 亿美元）	数量（家）	市值（10 亿美元）	数量（家）	市值（10 亿美元）	数量（家）	市值（10 亿美元）	数量（家）
2013	2 697.01	427	306.22	325	299.37	410	132.76	92
2014	3 183.73	439	432.31	342	351.43	419	117.15	94
2015	3 357.98	460	814.44	370	456.43	442	134.18	96
2016	3 529.87	477	673.50	412	413.93	464	151.37	97
2017	4 567.22	488	869.87	504	570.12	483	216.54	104
2018	5 552.90	518	683.46	532	650.00	495	195.74	109
2019	6 706.62	556	1 363.45	590	617.30	528	241.35	112
2020	9 584.00	608	2 190.78	680	706.15	559	276.93	113
2021	12 746.25	700	2 249.25	758	988.50	594	315.67	101

资料来源：彭博数据库。

注：这里的高科技上市企业是指彭博行业分类标准中的所有科技类企业。

2. 国内视角

不论是高质量发展和中国式现代化，还是从制造业大国向制造业强国转变，中国都需要经济转型和产业升级，需要企业将创新模式从"模仿式创新"转向"原创式创新"和"颠覆式创新"。现代高科技企业创新活动主要呈现出以下几方面特征：一是资金投入大、研发周期长、风险高、存在一定的技术壁垒；二是企业对人力资本和知识产权等无形资产依赖度越来越高，固定资产占比相对较小；三是资本对科技创新的应用和推广起到关键作用。现代高科技企业的特征要求资本市场做出相应的调整，从公司治理、金融业态、市场规则、监管制度等方面进行改革，从而才能更好地适应科技创新的新趋势，并分享科技创新带来的红利。

（1）证券化融资发展情况。

目前，中国仍是银行主导型金融体系，社会融资对商业银行的信贷资金较为依赖。由于商业银行过于看重资产抵押或担保，且对现金流有较高要

求，因此信贷资金更加偏好成熟的大型企业，对成长型中小企业特别是尚未盈利企业的支持作用十分有限。从现代高科技企业的特征来看，资本市场的功能和业态与企业科技创新活动更为匹配，特别是债券和股票等权益提供的直接融资。2002—2021 年，中国每年的社会融资增量整体呈快速上升趋势，2020 年达到最高点，为 34.79 万亿元，但是企业债券融资和非金融企业股票融资发展很不稳定，整体占比仍保持较低水平（见图 0-6）。其中，企业债券融资占比在 2015 年以前整体呈上升趋势，最高值为 19%，之后在短期大幅下降后回升，保持在 12% 左右；非金融企业股票融资在近 20 年内起伏较大，占社会融资增量比重在大多数年份里都不超过 5%。因此，在中国社会融资结构中直接融资还有很大的增长空间，而且直接融资的增长将有利于成长型企业和科创企业的发展。

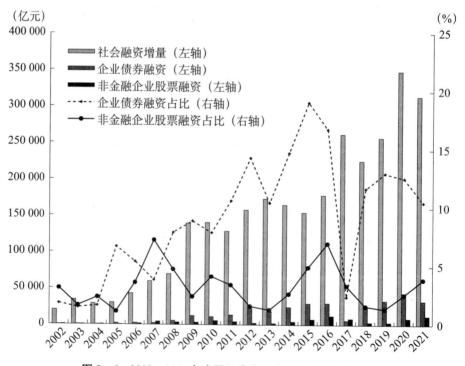

图 0-6 2002—2021 年中国证券化融资增量规模及其占比

资料来源：中国人民银行。

（2）多层次资本市场建设。

经过 30 多年的发展，中国多层次资本市场已经初步成形，建设起了由主板、创业板、科创板、北京证券交易所（简称北交所）和新三板市场构成的场内市场与由区域性股权交易中心构成的场外市场，为大型企业和中小企业提供多样化的金融服务。新三板市场内部可以进一步细分为基础层、创新层（原精选层已并入北交所）。然而，中国的场内市场整体呈现"两头大、中间小"的哑铃式结构（见图 0-7），具体表现为主板市场和新三板市场的挂牌企业数量远多于中间层的创业板、科创板和北交所挂牌企业数量之和。中国资本市场尚没有建立起完善的转板机制，加上单一的发行上市规则，导致新三板市场的企业必须通过 IPO 发行新股后才能到交易所市场上市。与此同时，不同市场间的转移和不同层次间的"升降板"都没有形成相应的转板机制，加上退市制度的不完善，导致风险在各个市场和板块内积聚，长期将可能对市场健康发展造成不利影响。

（3）创业投资体系发展情况。

中国资本市场起步较晚，创业投资基金的股权投资活动也发展较为迟缓。创业投资基金作为金融新业态，不仅能够为成长型中小企业提供直接融资，还能够凭借自身的资源、能力和网络，帮助企业快速发展并形成竞争优势。随着投资机构专业化水平日益提高，投资活动的事前筛查和投后管理都能对被投资企业进行有效的指导和监督。随着中国多层次资本市场的初步形成，多个市场和板块为创业投资的退出提供更多选择，既促进了一级市场的投资活动，又为二级市场提供优质的标的公司，从而形成"投资—退出—投资"的良性循环。2001—2021 年，中国创业投资基金投资案例数与投资金额都在经历了一个快速增长期后有所回落（见图 0-8）。其中，年度投资案例数在 2016 年达到最高点，为 18 936 家，之后连续几年下降，到 2021 年只有 4 290 家；年度投资金额在 2018 年达到最高点，为 21 781 亿元，之后明显回落，到 2021 年只有 11 293 亿元。这一现象产生的原因可能与中美贸易摩擦以及新冠肺炎疫情等外部冲击有关。

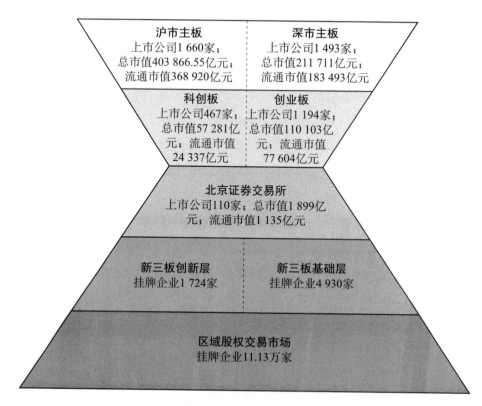

图 0-7 中国多层次资本市场结构及其规模分布

资料来源：Wind 数据库。

注：数据统计截止日期为 2022 年 9 月 22 日。

（二）资本市场服务科技创新的制度变革

由于科技创新越来越复杂化和集成化，现代高科技企业必须有自己的核心技术和人才储备库，要有能力立足于产业链和供应链的核心地位，在高度专业化分工的市场中进行技术整合和协作，从而向市场提供有竞争力的产品和服务。这些企业通过强大的集成能力将大量技术和功能整合于一身，并将各个部件的生产和开发分工给产业链和供应链的各个企业，往往较少参与甚至不参与直接生产就可以得到丰厚的利润。一些以互联网为核心的高科技企业更是以技术见长，通过为消费者和传统制造业企业提供数字化服务和技术

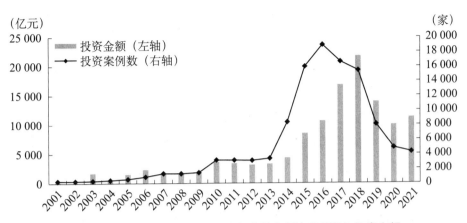

图 0-8　2001—2021 年中国创业投资基金投资案例数与投资金额

资料来源：Wind 数据库。

支持，就可以获得可观的回报。高科技企业对技术存在高度的依赖性，使得人力资本得到大量投入和支持，不仅体现在薪酬、股权激励等回报上，还在公司治理特别是表决权方面予以支持，如双重股权结构。

现代高科技企业通常具有高研发投入、轻资产、技术依赖、成立时间短、成长性强等特点，在不同成长阶段需要资本市场提供不同的融资及其他金融服务的支持。高科技企业在初创和成长阶段需要风险投资等机构的投入与帮助，以支持企业高风险的研发活动，在成熟和扩张阶段需要通过上市满足更多的融资需求以及部分股东退出的交易需求等。与此同时，现代高科技企业不再以固定资产投资为先，更加重视先进技术和科技人才等无形资产的投入。一方面，高科技企业通过丰厚的待遇吸引科技人才的加入，进而实现原有技术的升级和新技术的开发；另一方面，一些成熟的高科技企业往往通过并购或直接购买新技术，实现技术积累和人才储备，进而保持其产业优势。正是现代高科技企业这些显著的特征，要求资本市场在企业融资、证券交易、公司治理等方面做出适应性调整，主要体现在以下几个方面：

第一，发行和上市制度改革。发行和上市制度决定了企业股票融资和股票交易，它们的灵活性决定了资本市场的包容性。注册制是更为市场化的、灵活的发行制度，更能适应现代企业创新性的、多样化的发展。SPAC（即特殊目的收购公司）上市融资方式集中了直接上市、海外并购、反向收购、私募等金融产品特征及目的于一体，是发起人和赞助人自己造壳上市的创新融资方式，使得上市壳资源更加干净，减少历史负债和法律问题，赋予发起人和赞助人在估值定价、上市程序等方面更多的便利。这些发行和上市制度的创新是适应市场变化特别是科技创新的结果，在推动科创企业发展的同时促进了自身的发展。

第二，多层次资本市场建设。不同层级的市场可以在发行、交易、信息披露等制度方面进行差异化的安排，满足各类差异化需求。那些大型成熟企业，有较大的公司规模和稳定的盈利能力，通常可以进入主板市场，具有较低的风险；那些中型企业或处于成长阶段的科技企业，公司规模较小、盈利能力不稳定，可以进入二板市场或创业板，待成熟以后再转入主板市场。由此下去，根据不同企业的特征进行分类和分层，制定相应的发行和上市标准，让它们能够得到相应层次市场的支持。因此，多层次资本市场更有利于投融资的精准对接，实施差异化的制度安排，进一步完善投融资功能。譬如，中国科创板的设立，采取股票注册发行制度和特殊投票权制度，同时降低盈利要求，使得一批科创企业的发展能够得到资本市场的支持。

第三，公司治理机制优化。上市公司治理问题一直是学者、市场以及监管部门长期关注的领域。由于现代高科技企业较为依赖人力资本和知识产权等无形资产，往往需要借助外部融资才能把企业做大做强，但是它们的创始人团队不愿意看到因股权稀释而丧失对公司的控制权。现金流权和控制权分离的双重股权结构安排让高科技企业在获得巨额融资的同时保持创始人团队对公司的控制权，使得公司战略目标能够更加长远。这种特殊投票权制度打破了"一股一权、同股同权"的风险与责任原则，是适应现代高科技企业发展需要的制度创新。此外，独立董事、股权激励、董事高管责任保险、员工持股计划等机制在高科技企业公司治理中有新的变化，如聘任科学家或院士担任独立董事、赋予核心技术人才股权激励等，都对公司的科技创新有积极作用。

第四，金融新业态发展。风险投资在新兴产业的早期投资中有着重要的地位，通过筛选和督导初创企业，大大促进了项目成功的可能性，为资本市场提供了优质的上市资源。随着产业分工的日益细分化、专业化，一些企业为寻找新的增长或与自身产业关联度高的新技术，通过设立公司创业投资（CVC）支持相关企业或内部人独立出来进行科技创新，从而助推母公司的发展。随着产业的不断升级，一些国家或地方政府为推动产业发展和保持经济增长，通过设立产业基金或政府引导基金等市场化手段来引导社会资金的投向，使得资金的运用效率能够有效提升。目前，新能源技术领域已经出现一些政府引导基金与社会投资共赢的成功案例。

第五，法律体系完善。随着科技创新的日新月异，大量新兴产业和科创企业开始出现。不论是投资者还是监管机构，都不能全面了解各行各业的最新发展趋势，因此需要加强资本市场基础制度建设，特别是以透明度为核心的法制建设，才能更好地发挥资本市场的功能和效率。透明度建设不仅要求信息披露制度的完善、违法违规成本的提高、执法效率的提升等方面从而实现法律机制的优化，还需要通过法律体系推进市场机制的完善，从而发挥市场的监督效应和激励效应，促进市场自身的良性循环。

参考文献

[1] 李扬．脱媒：中国金融改革发展面临的新挑战．新金融，2007（11）.

[2] 马克思．资本论：第3卷．北京：人民出版社，2004：499.

[3] 王国刚．多层次资本市场体系的构建．中国金融，2015（3）.

[4] 吴晓求，何青，方明浩．中国资本市场：第三种模式．财贸经济，2022（5）.

[5] 吴晓求，方明浩．中国资本市场30年：探索与变革．财贸经济，2021（4）.

[6] 吴晓求，许荣，孙思栋．现代金融体系：基本特征与功能结构．中国人民大学学报，2020（1）.

[7] 约翰·戈登．伟大的博弈．北京：中信出版社，2005.

[8] Barry, C. B., C. J. Muscarella, J. W. Peavy Ⅲ, M. R. Vetsuypens（1990）. "The Role of Venture Capital in the Creation of Public Companies：Evidence from the Go-

ing-Public Process," *Journal of Financial Economics*, 27 (2): 447 - 471.

[9] Blackburn, K. , V. T. Y. Hung (1998). "A Theory of Growth, Financial Development and Trade," *Economica*, 65 (257): 107 - 124.

[10] Cottrell, P. (2010). "London Private Banks at the Mid-Nineteenth Century," In: Feiertag, O. , I. Lespinet-Moret. *L'économie Faite Homme: Hommage à Alain Plessis*. Genève: Librairie Droz.

[11] Davies, G. (1996). *A History of Money from Ancient Times to the Present Day*. Cardiff: University of Wales Press, 286 - 291.

[12] King, R. G. , R. Levine (1993). "Finance and Growth: Schumpeter Might Be Right," *The Quarterly Journal of Economics*, 108 (3): 717-737.

[13] Levine, R. (1997). "Financial Development and Economic Growth: Views and Agenda," *Journal of Economic Literature*, 35 (2): 688 - 726.

[14] Lee, C. M. C. , S. T. Sun, R. Wang, R. Zhang (2019). "Technological Links and Predictable Returns," *Journal of Financial Economics*, 132 (3): 76 - 96.

[15] Merton, R. , Z. Bodie (1995). "A Conceptual Framework for Analyzing the Financial Environment," in Crane D. et al. *The Global Financial System: A Functional Perspective*. Cambridge: Harvard Business School Press.

[16] McKinnon, R. (1973). *Money and Capital in Economic Development*. Washington D. C. : Brookings Institution.

第一章

产业革命与金融业态的演变：历史视角

摘　要： 产业革命是科技创新与转型和金融革命耦合的产物。从 18 世纪中叶爆发的以机器大生产为特征的第一次产业革命到 20 世纪 90 年代开始的以智能制造为内涵的第四次产业革命，蒸汽机、电力电信技术、电子和信息技术、互联网、物联网、人工智能等先进技术的广泛创新应用以及由此引发的产业结构升级成为推动金融创新进而金融体系效率提升的重要动力，同时，以现代商业银行、现代投资银行、现代创业投资体系和金融科技等为特征的四次金融革命实现了资本的快速积累和有效融通以及风险的优化配置，为科技进步及转化提供了重要的制度支撑。

现代经济史学家普遍把 18 世纪中后叶出现的（第一次）产业革命（又称"工业革命"）视为人类历史的分水岭。之所以有这样的判断，是因为经济史学家们认为由产业革命引致的持续经济增长（也就是罗斯托意义上的"经济起飞"）从根本上改变了欧美主要国家人民的生活方式和生活水平。历史地看，以英国为例，尽管其人均产出在 1500—1800 年完全没有增加（安格斯·麦迪森，2006），甚至 18 世纪 90 年代的农业人均产出并不高于 14 世纪早期（克拉克，2005），但这些指标在 18 世纪末开始的短短数十年间却突破了传统的变化路径。① 此后，19—20 世纪之交以电气化（包括内燃机和电

---

① 根据现代的测算，英国的人均产出是从 1815 年开始持续提高的，而且再也没有出现反复，尤其是在 19 世纪 30—60 年代显著提升，手工艺者的日工资在 1820 年前后开始持续提高；美国的人均产出于 1820 年前后开始进入持续增长期，其工资水平在 19 世纪 30 年代末开始起飞；法国和比利时是从 19 世纪 30 年代开始螺旋式上升的；德国则是在随后的 19 世纪 50 年代。而随着英、美、法、德这四个领头国家的人均产出和工资水平的加速提升，发展群体中的其他国家仅仅通过保持与领先国家的贸易、加速利用差距带来的机会，就能提高自身的增长速度，相应地引发了西方世界经济社会方方面面的改变。到 1870 年，西欧的人均产出比 1820 年提高了 63%，到 1913 年，又比 1870 年提高了 76%。

力电信技术的应用等）为内核、20 世纪 40 年代以自动化和信息化（包括电子和信息技术的应用等）为内核和 20 世纪 90 年代以来以智能制造（包括互联网、物联网、人工智能、大数据等）为内核的第二次、第三次和第四次产业革命伴随着技术革命相继爆发，引致了人类生产能力的巨大飞跃和生产生活方式的巨大转变，也带来了人类总体生活质量的显著提升。

　　从人类社会工业化的历史进程着眼，金融与工业文明可谓鱼水不分。一方面，以人类的创造力和远见为依托的技术创新以及由此引起的要素结构和生产组织形式的创新性变化并不能直接导致产业革命，而只有在伴生产权制度、专利保护制度、金融制度等与科技成果转化及其产业化机制相关的诸多制度变革和创新，技术创新与要素结构和生产组织形式创新在特定时点上耦合和协同发展的时候，才能见证产业革命的到来。其中，与资源配置相关的金融创新和发展显得尤为重要，乃至希克斯（1957）有"产业革命不得不等待金融革命"这样的判断。另一方面，与产业革命相伴生的先进技术创新应用、经济结构转变和社会环境变迁，以及经济持续快速增长导致的资本及社会财富的快速积累和有效融通，推动了金融业态的创新和升级。同时，每一次产业革命爆发之后，较早介入的国家的良好经济增长绩效往往会引致其他国家在产业层面的模仿与变革，进而引发较早创新国家的金融创新也会在不同国家间扩散，相应地引发金融业态的变革。本章试图以产业革命演变的历史进程为线索，通过分析以蒸汽机、电力电信技术、电子和信息技术、互联网、物联网、人工智能等先进技术的广泛创新应用以及由此引发的产业结构升级为特征的四次产业革命和以现代商业银行、现代投资银行、现代创业投资体系及金融科技等为特征的四次金融革命的关联性，从技术创新和经济发展的长周期视角就产业革命与金融业态演变之间的耦合关系进行阐述。

一、产业革命视角下的技术革命和金融革命：一个简化分析

　　历史地看，历次产业革命均是技术创新及转型和金融革命耦合的产物，或者说在人类经济社会发展中，每一次基于技术重大转型的产业业态创新的

集聚与扩散均依赖于资本的力量，进而在每一轮重要的产业创新浪潮中，都不乏金融创新的影子。

（一）技术革命：产业革命的基础

从世界科技史的角度看，划分 18 世纪以来的产业革命的重要依据就是技术革命。从时序来看，技术革命是产业革命的先导，而产业革命是技术革命的结果，或者说是基于技术范式转变的产业模式转变。

如表 1-1 所示，自 18 世纪中后期至今，人类大致经历了 5 个主要的技术革命时代，分别是：早期机械时代，蒸汽机和铁路时代，钢铁、电力、重工业时代，石油、汽车和大规模生产时代，信息和远程通信时代等（佩蕾丝，2007）。技术范式转变引发了大规模的技术创新及迭代，进而极大改变了所涉及产业的技术基础、结构、运行方式和规模等的产业运行态势，导致了新产业的出现和发展。

表 1-1　　　　　　　自 18 世纪中后期以来的技术革命和新产业

技术革命和开始时间	技术革命时代	核心国家	诱发产业革命的技术突破	新技术、新产业或得到更新的领域
第一次 1771 年	早期机械时代	英国	阿克莱特设厂	机械化的棉纺织业，熟铁，机器
第二次 1829 年	蒸汽机和铁路时代	英国，扩散至欧洲大陆和美国	蒸汽动力机车试验成功	蒸汽机和机器（铁制；煤为动力），铁矿业，煤矿业，铁路建设，铁路车辆生产，工业蒸汽动力
第三次 1875 年	钢铁、电力、重工业时代	美国、德国赶超英国	卡内基酸性转炉钢厂开工	廉价钢铁，钢制轮船的蒸汽动力，重化工业和民用工程，电力设备工业，铜和电缆，纸业和包装
第四次 1908 年	石油、汽车和大规模生产时代	美国，扩散至欧洲	第一辆 T 型车从福特工厂出产	批量生产的汽车，廉价石油和石油燃料，石化产品，内燃机，家用电器，冷藏和冷冻食品

续表

技术革命和开始时间	技术革命时代	核心国家	诱发产业革命的技术突破	新技术、新产业或得到更新的领域
第五次 1971 年	信息和远程通信时代	美国，扩散到欧洲和亚洲	英特尔微处理器问世	信息领域廉价微电子产品，计算机，软件，远程通信，控制设备，计算机辅助的生物技术和新材料

资料来源：佩蕾丝. 技术革命与金融资本. 北京：中国人民大学出版社，2007.

近年来，随着以智能制造为核心技术范式的第六次技术革命的快速推进，人工智能、大数据技术发展日新月异，机器学习、深度学习等技术应用日趋广泛，工业机器人、智能装备制造、3D 打印、虚拟现实等新兴产业的先导性日益凸显。

（二）金融革命：从技术革命向产业革命转变的制度支撑

尽管技术革命是产业革命的前提和基础，但从经济层面看，产业革命不仅引发创造，也带着破坏，进而其基本性质就是创造性破坏，也就是熊彼特（1911）意义上的"创新"。而无论是从理论还是从实践看，在激励发明家、企业家投身创新活动以及使发明家、企业家的创新得以产业化的过程中，金融均扮演着极为重要的角色。之所以会如此，根源是作为历次产业革命内核的技术创新进而产业创新需要投入巨额中长期资本，很难依赖企业自身的资金积累来完成，而且创新的产业化过程作为一种创造性破坏，充满了高风险、高收益和高信息不对称等特性，很难借助已有的金融业态活动实现。

在经济运行中，新旧主导产业的更替是产业革命的应有之义，借助于表1-1 可以发现，每一次产业革命均是以一种全新的产业模式取代旧的产业模式的活动和过程，或者说在众多可制造出革命性新产品的新企业得以创立的同时，相应的创新技术以及产品的出现也破坏（淘汰）了依托老的技术基础的旧企业。

一般来说，当某个经济体开始孕育像计算机和生物技术这样的新一轮主导产业时，对于这些新兴产业的未来发展前景，人们不仅缺乏有关该产业技术生产方面的信息（其重要原因一是这些产业相关技术变革对于其产业化而言不仅重要，而且更新迭代极为迅速；二是从技术的采用到技术的成功或失败之间的时间一般比较长；三是行业的寡头垄断特点，也就是规模收益的递增往往使行业中只有少数几家企业），而且由于与此类似的产业之前从未出现过，对需要采取的经营策略和市场需求也很不清楚。容易理解，在关于新兴产业发展前景存在差异性判断的背景下，一方面，对于新兴产业的企业家（技术创新产业化的主导者）而言，最需要获得的是规模性的长期资金支持，同时可将产业创新的风险（以及相应的收益）合理地与投资者进行分享；另一方面，考虑到新产业和新技术的发展极为复杂，新兴企业除资金供给之外还面临有效激励等包括管理方面在内的其他众多约束因素，因此，只有在有效地解决新兴企业估值（核心是风险评估）以及相应的代理问题后，投资者才有投资的意愿。

新兴产业资金供求两端的众多新变化、新要求意味着只有通过金融业态的创新与变革才能予以解决。这其实就意味着只有发生了金融革命，基于技术模式转型的产业革命的爆发才有可能。当然，由于所处经济环境和金融发展条件的不同，金融革命在不同的历史时期会呈现不同的形式。历史地看，以现代（股份制）商业银行和股份制公司为依托、以证券市场协同发展为特征的第一次金融革命为始于英国的第一次产业革命提供了大规模资金的支持，而以现代投资银行兴起和依托股票市场的大规模兼并收购为特征的第二次金融革命则为第二次产业革命重构了资本基石，以"风险资本＋现代创业投资体系＋创业板"为核心特征的第三次金融革命为第三次产业革命提供了全新的支撑机制，而在数字经济时代，以大数据、人工智能等技术突破为前提，金融与技术的有机融合创新及数字化转型则为方兴未艾的以智能制造为核心特征的第四次产业革命创造了重要契机。

值得注意的是，一方面，正如艾伦（1993）所指出的那样，基于因果关系的经验主义表明新兴产业中有非常大的比例是在英国和美国发展起来的——例如，铁路起源于英国，且英国和其他国家的铁路在很大程度上是通过 19 世纪的伦敦证券交易所来融资的；尽管汽车产业起源于德国，但其第一次大规模生产却是在美国；航空、耐用消费品、计算机和生物技术等产业都是最初发展于美国，而英美是典型的市场主导型金融体系。另一方面，从金融契约结构上来讲，创新活动与股份制进而权益性金融契约有更高的契合度，尤其是早期股权投资——如曼索（2011）就认为，激励创新的金融契约有如下特征：短期内允许试错和包容失败，长期内又给予成功以高额的回报，显然这种金融契约完全不同于商业银行提供的存贷款产品，而只能依托建立在股份制基础上的资本市场，因此，从支持技术创新的角度来看，资本市场的发展将日益成为后续全球金融业态创新的基石。

二、第一次产业革命与 18—19 世纪的金融业态创新

18 世纪 60 年代，以纺纱（织）机、蒸汽机等重大发明及其广泛应用（即"机器大生产"）为代表的第一次产业革命在英国率先爆发，引致了世界范围内工业生产技术的革新，带动了生产力的巨大发展，开创了人类物质文明的新天地。在这一进程中，英国的"金融革命"成为产业革命得以实现的关键，同时，与产业革命深入推进伴生的对大规模资本的天然需求反过来又进一步促进了金融的发展以及金融业态的变革。

（一）18 世纪的英国金融革命

历史地看，尽管在 18 世纪的英国，战争对融资的需要远超过贸易和工业对融资的需要，进而以英格兰银行的设立和国债市场的发展为核心的金融革命对公共部门的影响要远大于对私有部门的影响，但 19 世纪初股份制商业银行体系与证券市场等金融业态的有机融合却成为产业革命得以深入的重要制度支持。

一般认为，直到 17 世纪末期，英国的金融体系并未和其他欧洲国家有所差异——当时，虽然包括英国在内的欧洲各国已经开始出现贸易信贷、抵押和政府及公司债务等多样化的金融工具，早期类型的银行和保险公司也已经存在，但政府和公司债务的交易极为有限，且多发生在非正式的市场中。

1688 年光荣革命爆发之后，政府债务规模的急剧扩张不但增强了英国的军事实力，而且推动了英国商业的发展与繁荣，引发了迪克森（1967）所谓的"金融革命"。

这场金融革命的核心是由公众财政革命引致的金融业态创新，即以股份制组织形式创设的英格兰银行和具有流动性且规模持续扩大的国债市场。

1. 英格兰银行的创设和银行体系的构建

作为一家股份制的有限责任公司，于 1694 年设立的英格兰银行不仅充当了垄断性政府融资机构的角色，在向政府提供大量的低息或无息贷款的同时承担了管理国家公共债务的责任，而且也被视为现代英国银行体系发展的全新起点——作为私人机构，其组织模式有别于此前的私人银行①，而收益则主要来自商业银行业务和发行银行券的特权。

由于一开始就拥有的唯一特许银行的垄断地位，再加上战争引致的政府巨额融资需求，英格兰银行很快占据了英国银行体系的主体地位。1844 年《银行特许法案》颁布后，英格兰银行成为中央银行，不仅垄断了银行券发行，而且成为伦敦贴现市场的组织者和伦敦金融城的监管者。也正是由于英格兰银行的独特作用，伦敦成为英国清算中心，乡村银行需要在伦敦设立自己的机构，而作为应对竞争的对策，伦敦银行则在伦敦之外拥有自己的分支机构（颇为重要的一个原因是 1826 年和 1833 年对股份制银行设立限制的放松）。

2. 国债市场的形成和发展

君主立宪制的建立对于英国政府的借款能力产生了深远的影响。随着 1694 年英格兰银行的设立再加上以商人银行为代表的投资银行②的发展，英国以国债（又称"金边债券"）市场为主体的金融市场地位不断上升。在早

---

① 英国的私人银行发端于 16 世纪，当时在伦敦被称为"金匠银行"，而在其他地区被称为"乡村银行"。这些银行也接受存款、发放贷款，担任证券市场的经纪人，但其主业为汇票贴现。

② 在 18 世纪后半段，英国商人银行的数量猛增，从 1750 年的不足 30 家到 1770 年的 50 家以及 1 800 年的 70 余家。

期，尽管金融革命带动了能够吸引储蓄的资本市场的发展，且非正规市场中交易的品种也不仅限于政府债券，还有英格兰银行和东印度公司等大型联合控股公司的股票（甚至从规模上看，私人或公司证券还超过了政府证券），但到了18世纪，这种情况发生了变化。历史地看，在漫长的18世纪中，英格兰或者不列颠发生的多次（其中有七次大的）战争是导致这一变化最为重要的原因，正如迪克森（1967）所指出的那样："在整个18世纪，英国政府因为战争融资而对资本的巨大需求轻松地超过了私人企业的资金需要。"在光荣革命之前，英国政府的负债仅为100万英镑，1695年其政府债务则上升到了840万英镑，1697年达到了1 670万英镑，而到了1750年，这一数字更是达到了7 800万英镑（诺斯和温加斯特，1989）。[①]

安排政府债务的经历使得英格兰银行以及与英格兰银行交易的那些金融机构创造出了一系列新的证券和服务，而正是这些创新推动了法律和交易场所的创新，直接导致了伦敦证券交易市场[②]的形成。到了18世纪中期，伦敦证券交易市场已经初具阿姆斯特丹市场的复杂程度，并且在整个18世纪，伦敦的证券交易量都在稳步上升（迪克森，1967）。伴随着交易量上升的是伦敦证券经纪人队伍的日益扩张。据科普（1942）估计，1800年整个伦敦货币市场已经拥有了数百个个体投资者与企业以及700个执照经纪人，且英格兰银行成了所有业务的重心。

（二）第一次金融革命与第一次产业革命的全面爆发

由于出现时间的类似性，人们很自然地会将英格兰银行以及其他特许公司的爆发式增长与英国的产业革命联系起来。但历史地看，公共财政革命并

[①] 更令人意外的是，这一时期英国非但没有出现持续的通货膨胀，1750年的价格水平甚至还低于1688年，而且政府借债的利率水平也有所下降，从1690年的14％下降到1697年的6.3％，1739年更是跌落到了3％（诺斯和温加斯特，1989）。

[②] 在伦敦，最早的相对集中的证券交易发生在以商品交易为主的皇家交易所的一个交易厅——这个地方是根据格雷欣爵士的建议于1571年建造的，并于1666年伦敦大火后重建。1698年，交易地点搬到了位于伦巴街和科恩希尔大街之间的"兑换街"上的乔纳森咖啡屋——这在1773年被证券经纪人和其他监管者称为"证券交易所"。

没有直接导致产业革命的爆发——事实上，在整个 18 世纪以及 19 世纪初，英国的实业家以及其他高风险的私人借款人获得融资并不容易。之所以会出现面向工商企业的这种"金融抑制"，一方面是因为来自政府的银行和证券监管合力使私人存款被用于公共用途，而非私人部门；另一方面则与包括英格兰银行在内的银行系统不从事企业长期贷款的业务模式①密切相关。

历史地看，在整个 18 世纪，尽管除英格兰银行外，私人银行在数量及其资金运用规模上持续增长，且促进了英国统一信贷市场的形成，一定程度上缓和了工业地区的资金短缺问题，降低了地区间利率，但私人银行仍主要服务于贸易融资或国家融资，产业融资则并非其主业，同时，其运营本质上是受限的、局限于地方的。

英国金融与产业之间的关系在 19 世纪 20 年代后发生了明显的转变，而变化的核心是股份公司这一新型商业组织形式在银行和工商业的广泛应用。

首先，1826 年的《银行法》在允许英格兰银行在伦敦以外开设机构的同时，结束了英格兰银行作为特许银行的垄断地位，竞争性的股份制银行获准建立（但不能在距伦敦 65 英里半径范围内运营，且其股东未获准仅承担有限责任）；1933 年的《特许法》在使英格兰银行券成为法定货币的同时，删除了在伦敦设立股份制银行的规定，并取消了对贷款利率设定的 5% 的上限，加大了信贷市场的竞争；1862 年的立法最终允许银行以有限责任公司形式运行。

随着立法的变化，特许银行数量增多，规模扩大。在 1825—1836 年间，61 家股份制银行在英国开设了 472 个银行网点，到 1870 年，111 家股份制

---

① 当时在英格兰的银行奉行"真实票据"理论，很少向缺乏信用记录的企业家贷款或投资，因此经常需要家庭成员和朋友扮演天使投资人的角色，使企业家们的项目得以起步。为寻求扩张，许多新企业必须将利润用于再投资。乡村银行可以向企业家提供短期贷款，委托代理人从客户那里吸收存款，然后为企业家提供长期贷款。有时，某些个人会成为企业的合伙人，共同出资购买专利权。少数银行会加入产业发展——南德意志地区的富格尔家族在几个世纪前已经开展类似业务，有些会给整个产业发展提供建议和投资。

银行开设了 1 127 个银行网点。英国形成了一个由大型全国性银行及其分支行构成的股份制银行体系，最终取代了由乡村银行和票据经纪商构成的天性不稳定且效率低下的银行体系。

其次，1824 年，铁路和运河的开发直接导致了《泡沫法》的废止，公司证券再次占据了伦敦市场的主导地位。1844 年的《股份公司法》允许仅通过注册成立公司，不过当时还不允许有限责任，允许有限责任直到 1856 年的《股份公司法》才实现。

股份公司制度的巨大变化为新兴产业的市场化融资打开了大门。棉纺织业、铁路业、采矿业等新兴产业企业如雨后春笋般出现，产业革命进入全面爆发阶段，也开启了人类经济社会加速发展的进程。

（三）第一次产业革命对英国、美国及欧洲大陆国家金融业态的影响

1. 英国

英国最早爆发产业革命后，其近代工业发展很快，资金积累充足，金融机构和市场等业态的相对地位及其内部构成均发生了较为明显的变化，同时，伦敦成了全球的金融中心。

历史地看，产业革命尽管伴随着英国银行数量及其业务规模的快速扩张，但并没有对以短期贷款为主的银行业务范式产生更大的冲击，产业融资所需的资金主要是通过资本市场筹集的。关于这一点，我们可观察一下伦敦证券交易所的筹资规模及其产业构成的变化（如表 1 - 2 所示）。

表 1 - 2　　　1853—1913 年伦敦证券交易所的报价证券（实收资本）
（各类型证券的总数占比以及其国内外比例）

类型	1853	1863	1873	1883	1893	1903	1913
政府							
国内	92.5	84.0	63.8	48.4	46.6	43.8	38.8
国外	7.5	16.0	36.2	51.6	53.4	56.2	61.2
总数	76.0	67.0	59.3	52.0	39.5	36.0	34.8

续表

类型	1853	1863	1873	1883	1893	1903	1913
铁路							
国内	86.1	55.4	51.4	44.6	35.3	35.8	29.4
国外	13.9	44.6	48.6	55.4	64.7	64.2	70.6
总数	18.5	27.7	32.1	40.6	49.4	44.2	43.4
城市服务							
总数	2.0	1.7	1.4	2.8	2.9	2.9	4.6
金融服务							
总数	1.1	1.6	5.4	2.8	4.1	6.3	6.4
工商业							
总数	1.8	1.7	1.4	1.2	3.5	9.9	9.6
采矿业							
国内	—	19.6	16.9	2.9	0.9		—
国外	—	80.4	83.1	97.1	99.1	100.0	100.0
总数	0.6	0.3	0.3	0.6	0.7	0.6	1.0
农业							
总数（均为国外）	—	—	0.1	—		0.1	0.3
总额（百万英镑）	1 215.2	1 601.4	2 269.1	3 634.3	4 899.2	6 978.3	9 550.3
国内	91.5	76.7	62.6	50.1	46.3	50.7	46.8
国外	8.5	23.3	37.4	49.9	53.7	49.3	53.2

资料来源：Michie（1987）.

注：除特别说明外，单位为%。

　　按照迪克森（1967）的分析，尽管到18世纪中期伦敦证券交易所已经初具阿姆斯特丹市场的复杂程度，且包括国债在内的证券交易量也在稳步上升，但整体来看，国债占据了证券发行和交易的绝对主体，股票交易则主要限于历史上存在的东印度公司、英格兰银行等少数几家。借助表1-2可以发现，在19世纪中后期（1853—1873年），政府债券在伦敦证券交易所的数量占比显著下降，同时，铁路公司、城市服务公司、金融服务公司以及工商业公司的证券数量占比明显上升，证券市值总额在 1853 年就达到了 12.15 亿英镑。这实际上意味着资本市场已在英国金融体系中占据了重要地位。

2. 美国

美国的产业革命比起英国大约要晚半个世纪，且美国的产业革命几乎是在空白的基础上发展起来的。

这一时期的产业革命对美国金融业态的影响主要体现为三个方面：

首先是（商业）银行体系的构建。自 1781 年北美银行准许设立之后，股份制银行很快就遍布全国。18 世纪 90 年代出现了一个申请核准而成立银行的高潮，并于 1811 年美国第一银行的许可有效期届满后再度出现。1811—1815 年，银行的数目从 88 家增加到 206 家。随着 1815 年以后经济的扩张，银行数目继续猛增，到 1820 年总共有 307 家，到 1835 年达到 700 家（钱德勒，1954）。

股份公司形态的银行为当地的需要提供服务。地方上的资本被吸收到州政府认可的银行里，商人扩大了长期贷款的来源。这种贷款以抵押担保甚至个人的本票为凭证。这意味着美国早期的商业银行主要是长期和中期资本的供给者，而不是短期商业贷款的提供者。此外，州政府认可的银行所发行的钞票更成为美国的标准通货——美国政府直到 1862 年几乎没有发行过纸币，而硬币的数量也非常有限，且期票也不像欧洲那样广泛适用。

其次是为地区间和国际性贸易活动筹措资本的私人银行家群体的出现。随着贸易的扩大，旧有的一般贸易商通常都转向金融业，即对别的商人提供信贷和支票贴现的服务。到 1815 年以后，美国经济界最强有力的金融家是那些曾经控制最具影响力的合伙贸易公司的商人——他们出口棉花并在较小程度上兼营进口制品到美国。这些公司为预付订金提供信贷，而这对于棉花贸易的资金调配来说是必不可少的。

最后则是由铁路融资导致的资本市场的快速发展。19 世纪 30 年代，铁路融资开始出现。当时，修建东西向铁路所需资金是通过发行公债来筹集的，而绝大部分南北向铁路是通过发行私人债券来筹集的（钱德勒，1954）。

此外，作为获得营业执照的一个条件，19世纪初，很多美国的特许银行都需要认购铁路公司、航海公司和收费公路公司的证券。

3. 欧洲大陆国家

产业革命对欧洲大陆金融业态最主要的影响是带有产融结合特点的全能银行模式的确立。这一机构模式可追溯至1852年组建的法国动产信用公司。该公司的创始人佩科拉兄弟试图通过股票和债券筹集资金，向众多产业投资以分散风险，通过控制这些产业的信贷调控生产，确保各个经济环节协调发展，消除生产过剩和失业现象。这家公司出现的背景是1814年拿破仑的倒台给欧洲大陆带来了长期的相对和平，产业革命加速展开，很快出现了对于信贷的大量需求，而这种需求依靠传统的金融机构很难得到满足。历史地看，到1856年，法国动产信用公司已先后安排了16家金融和工业企业的融资业务，涉及的总资产达到了10亿法郎，超过巴黎股票交易所市值的20%。

法国动产信用公司的成立及其当时的业务扩张给法国、德国甚至整个欧洲大陆的金融体系均带来了巨大影响。以德国为例，尽管1848年危机之后德国就出现了联合股份制银行——普鲁士的舍夫豪森银行（其前身为一家来自科隆的私有银行），但其金融模式的主体——全能银行则始于1853年以法国动产信用公司为原型、由贝列拉家族和一群来自科隆的银行家创立的达姆施塔特银行（这家银行被批准持有其他企业的股票、参加辛迪加发行以及发起并购和重组，换句话说，它可以同时经营投资银行业务和储蓄银行业务，进而被视为德国的第一家全能银行）。1856年，为了规避普鲁士立法对于新的有限责任公司的限制，最初以一个信用联合会形式出现的贴现银行也改为一家联合控股银行，成为另一家较为重要的全能银行。同年，一群银行家在同样的法律形式下建立了Berliner Handels-Gesellschaft银行。此后，一些同类的银行也在德国的其他城市相继出现。但1857年的金融危机中止了这种趋势，这种趋势直到1870—1873年才再次出现。

三、第二次产业革命与19—20世纪之交的金融业态创新

19世纪70年代，伴随着电力电信技术和内燃机的广泛使用以及汽车、

航空等新兴产业的兴起，以创新和扩张为核心特征的第二次产业革命在美国和英国启动。① 与第一次产业革命类似，此次创新也是在金融和技术的交汇处实现的，或者说正是以投资银行体系和资本市场飞速发展为主要内容的第二次金融革命才使第二次产业革命得以实现并在全球扩散。

（一）19—20 世纪之交的第二次金融革命

1880—1913 年，金本位货币制度广泛传播，投资银行与商业银行相互抗衡，世界目睹了一次新公司成立和股票发行的爆炸式发展以及一批"巨无霸"企业的问世。

1. 投资银行机构体系的发展和兴盛

投资银行机构体系的形成是第二次金融革命的核心所在。投资银行在美国的前身是私人银行——与商业银行必须接受 1863 年和 1864 年的《国民银行法》以及州银行法的管制不同，在相当长的一个时期内，美国的私人银行可以说是在一个监管缺失的环境中自由发展的，其生存及发展很大程度上取决于市场状况（证券供求）和合伙人技能水平。历史地看，尽管 19 世纪初就已经出现了私人银行家，但 1837 年的信用恐慌、比德尔泡沫的破灭以及很多州的债务拒付等一系列事件造成了很多美国银行的破产，并将特许银行从投资银行市场中排除出去，同时，像布朗公司这样幸存下来的私人银行的声誉乃至业绩则在 19 世纪 40 年代得到了很大提高（Rottenberg，2001）。

19 世纪下半叶，随着美国地域版图的扩张，规模经济带来的收益使得大型项目的建设成为必然且有利可图，同时，新技术的大规模运用也使得自然资源的大量获取成为可能，于是，火车在城市之间输送人力和资源势在必行。问题是，所有这些都需要大量的资本，但并没有哪个个人或企业可以单独承担这些资本。正是在这样的背景下，美国很多最初专门从事黄金、货币和外汇交易的大西洋商人或商人银行家〔如雷曼兄弟公司（1847 年）、德雷

---

① 在 19 世纪大部分时间里，美国的全要素生产率的增长率大约是 0.3%，而到 1889—1919 年期间达到 1.7%。在这个时期，工业增长速度前所未有。

克塞尔公司（1847 年）、J. P. 摩根公司（1861 年）等］逐渐转型为类似现代投资银行的金融机构。到 1861 年南北战争爆发时，投资银行业已成为美国一项重要的金融业务。当时，投资银行业市场由一些私人银行所主导，它们依靠国际贸易网络引进了美国各个州政府、联邦政府和工业企业所需要的资金，特别是修建铁路所需要的资金。

　　到 19 世纪末，美国私人银行家们依托国家关系和家族关系，形成了两个投资银行网络，即以 J. W. 塞利格曼公司与库恩-洛布公司等为核心的德国犹太式投资银行网络和以 J. P. 摩根公司及德雷克塞尔公司为核心、由来自新英格兰的商业精英构成的"扬基"投资银行网络。历史地看，管制缺失再加上证券需求的迅猛增长，使得以 J. P. 摩根为代表的私人扬基投资银行家在 19 世纪末 20 世纪初成了美国经济金融的核心——借助于投资银行辛迪加，投资银行的能动性得到了明显提升，在 19 世纪七八十年代为铁路公司进行融资，在 19 世纪 90 年代为大型的有限责任制造公司提供融资，到 20 世纪，又在席卷全美国的并购浪潮中充当重要角色，同时，甚至开始扮演美国金融乃至实体经济主宰的角色。[①]

　　2. 股份制的广泛发展与资本市场地位的进一步提升

　　1861 年，当南北战争爆发时，纽约已因满足铁路的资本筹集需要而事实上成为世界上最大、最复杂的资本市场之一。在此后将近 30 年的时间，这个市场几乎完全为铁路及其相关的企业如电报公司、快运公司、卧车公司等所利用，后来当美国制造业有类似的资金需要时，也依赖于纽约市场筹集资本。但除了电气设备制造商外，大部分厂商直到 19 世纪 90 年代才开始有此需要，这时提供这类金融资本的制度已十分完善，不需要更进一步的改善。纽约为工

---

　　① 在 1907 年金融恐慌中，以 J. P. 摩根为代表的投资银行家成为金融市场的最终贷款人，挽救了很多金融机构。由此导致的 1912 年普诺调查在最终报告中认为："它关于华尔街对国家经济控制的尽管不完全但却触目惊心的统计数据使整个国家为之惊恐……国家非常有理由感到惊恐，并意识到对银行业体系进行改革——大概说来就是把华尔街置于自己的控制之下——是非常迫切的。"布兰代斯（1914）认为："我们的金融寡头统治的主导要素是投资银行家。与之相关的银行、信托公司和人寿保险公司是他们的工具。"

业界提供了一个甚至比以前给铁路公司提供的更有效率的全国性资本市场。

此外，这一时期商业公司的失败加快了新型有价证券的发展。在商业创新中，铁路公司的重组和暂时性的融资方法经常与和破产有关的重组、创新道路的开辟相伴而生；优先股、长期债券被广泛运用，认股权证等也得以出现，资本市场的深度和广度都得到了进一步拓展。

（二）第二次金融革命与第二次产业革命

由美国第二银行的终结（1836 年）所引致的分散化银行体系在很大程度上决定了美国大型产业在 19 世纪晚期之后的融资方式选择。19 世纪末，尽管技术使大规模生产成为可能，规模经济、横跨大陆的市场和稳定的政治环境等众多因素的交织使得美国以铁路为代表的新兴产业的融资需求急剧放大，但分散化引致的高度分割的、由无数小银行组成却没有广泛的分支网络的美国银行体系却根本没有能力为这些产业的发展提供必需的资金。此外，1863 年和 1864 年的《国民银行法》仅赋予了国民银行有限的权力，银行不仅不能控制产业公司，而且不能拥有股票。容易理解，当商业银行无力随时向产业提供直接的金融服务时，证券市场进而私人银行等金融业态创新就成为其自然的制度替代品，也成为第二次产业革命兴起的重要制度性原因。

历史地看，第二次产业革命的经济基础是铁路公司的大量创建及扩张。而铁路公司设立及发展所需的资金主要依赖于股票和债券的发行——仅1875—1895 年这 20 年间，铁路公司的证券筹资规模就达到了 67.64 亿美元（见表 1 - 3）。

表 1 - 3　　　　1875—1895 年美国铁路公司发行股票与债券融资状况

年份	股票（百万美元）	债券（百万美元）	债券/股票（%）
1875—1879	405	250	62
1880—1884	1 367	1 350	99
1885—1889	733	1 159	158
1890—1895	687	813	118

资料来源：图法诺（1997）。

　　大规模的铁路网络为工业企业带来了史无前例的销售机会，也使它们可以进行大规模的投资。作为结果，一些非常大型的工业企业得以出现。在欧美，有很多这样的企业，它们始建于19世纪晚期到20世纪早期，长期在自己的产业领域里居于统治地位，一直维持到现在。1994年《财富》杂志评选的500强（美国）企业里，有247家，也就是将近一半，是在1880—1930年间建立的。在德国按销售额排名的30大企业中，有19家始建于1860—1930年间。这些大型工业企业的资金需求无法单纯依靠自身的累积利润来满足。因此，19世纪80年代，这些企业逐渐利用投资银行进入资本市场筹集资金，包括美国在内的当时主要经济体的工商企业证券发行规模明显增大。根据戈德史密斯（1969）的估计，1861—1913年间，英国、美国、法国、德国"四强"非金融企业的总发行额约为国民生产总值的9%，其中约有一半是公开上市证券（政府和企业债券及公司股票），25%为非金融部门自金融机构的借款（不包括金融机构购买的非金融部门发行的证券），另外25%为非金融部门之间的借款，主要形式是商业信用和私人抵押借款。

　　此外，第二次产业革命得以实现的重要载体是大型的垂直集中型企业这种新型的产业组织形式，而这和以J. P. 摩根公司为代表的投资银行主导的1895—1904年第一次兼并浪潮（见表1-4）密切相关。

表1-4　　　　　第一次兼并浪潮中美国制造业的合并情况

年份	数量	年份	数量
1895	4	1900	21
1896	3	1901	19
1897	6	1902	17
1898	16	1903	5
1899	63	1904	3

资料来源：拉莫里奥斯（1985）。

　　早在19世纪70—80年代，美国的制造厂商就通过它们的同业公会设计出了包括托拉斯在内的越来越复杂的方法来维持整个工业的价格水平和生产限额。但1890年美国国会通过的《谢尔曼法》明文规定以托拉斯或其他限制生意的形式联合为非法，导致控股公司成为取代托拉斯合法地形成现代工业企业的重要方式。

1895—1904 年间，一共有 1 800 家公司由于兼并而消失，同时也涌现出了一批市场占有率极高的垂直集中型大型企业（其中 77.4％的合并后的企业的市场占有率超过了 40％，甚至 45％的合并后的企业的市场占有率超过了 70％）（拉莫里奥斯，1985）。兼并是由那些最大的投资银行来融资，甚至可以说是由那些最大的投资银行来代理。以 J.P. 摩根公司为例，它主导了 1901 年融资总额超过 2 亿美元的美国钢铁公司的重组，以及 1902 年国际收割机公司的兼并和国际海事公司的兼并。

（三）第二次产业革命对美国、英国及欧洲大陆金融业态的后续影响

19 世纪下半叶，伴随着第二次产业革命中出现的运输成本降低和市场扩大，经济中产生了巨大的投资机会和融资需求，美国和大部分欧洲国家都出现了金融发展的高潮。结果到 20 世纪初，欧美发达国家在金融市场的发展方面达到了很高的水平，甚至高于 1980 年前后的水准（拉詹和津加莱斯，2003）。表 1-5 比较了 1913 年和 1980 年的金融发展水平。

表 1-5　　　　　　　1913 年和 1980 年的金融发展水平的比较

国家	储蓄/GDP		股票市场市值/GDP		股票融资/固定资产投资	
	1913	1980	1913	1980	1913	1980
法国	0.42	0.45	0.78	0.09	0.14	0.06
德国	0.53	0.30	0.44	0.09	0.07	0.01
英国	0.10	0.14	1.09	0.38	0.14	0.04
美国	0.33	0.18	0.39	0.46	0.04	0.04
日本	0.13	0.48	0.49	0.33	0.08	0.01

资料来源：拉詹和津加莱斯（2003）。

1. 美国

在第二次产业革命爆发之后，美国证券市场迎来了一个较为迅猛的发展

时期——1926—1929 年，由于越来越多的美国企业喜欢权益融资而非债务融资，股票市场快速发展，股票发行额从 6 亿美元剧增到 44 亿美元，而债券发行有所减少。此后，尽管 1929—1933 年的大萧条中断了这一趋势，但借助罗斯福新政时期的系列金融立法，美国"没有对信誉扫地的证券市场实施惩罚，相反，它开始恢复华尔街为企业筹集投资资本这一核心功能的合法性"（麦克劳，1984）。在这样的大背景下，纽约证券交易所上市公司的产业结构不仅保持了以制造业为主的格局，而且变化颇大。根据内尔（1950）的研究，1949 年年底纽约证券交易所上市公司市值达到 751 亿美元，其中前五大行业分别为公用设施、化工、石油和天然气、汽车、零售贸易，铁路及相关设备与钢铁仅居第六、第八位。

就银行体系的构成而言，产业革命并没有对 19 世纪 60 年代就出现并逐渐成形的"国民银行＋州银行"的双层银行体系造成明显的冲击。1865 年，州银行只占美国银行总数的 21％（资产占比则为 13％），而到 1890 年，州银行数量就超过了国民银行，并掌握了大部分资产。1914 年，在 27 349 家美国银行中，95％都没有分行，同时，73％为州银行，资产占比为 58％。

2. 英国

产业革命进一步强化了英国金融市场的重要性。当 1875—1914 年第一轮经济全球化来临、伦敦逐渐成长为全球金融中心的时候，伦敦证券交易所的地位已经极为突出。在 1973—1913 年间，在伦敦证券交易所上市的证券的名义价值从 23 亿英镑增长到了 113 亿英镑（比当时纽约和巴黎两个证券交易所的市值之和还要多），而且伦敦已经成为一个高度国际化的市场：在伦敦证券交易所上市的外国公司股票在 1873 年占总体的 30％～40％，到 1893 年就超过了 50％，到 1914 年，全世界可转让金融产品中有三分之一在伦敦证券交易所上市。不仅如此，在货币市场方面，在第一次世界大战前夕，有接近 3.5 亿英镑的票据在伦敦市场上流通，其中大部分是以汇票的方式存在的。

同时，英国的银行体系也在 19 世纪最后 30 年间经历加速整合，产生了几十家拥有广泛分支网络的大型银行。20世纪初，巴克莱银行、劳埃德银行、米德兰银行、国民地方银行和西敏寺银行五大银行主导了英国银行体系。到1920年，五大银行在存贷款市场的份额达到了80%。

此外，在这一时期随着英国中产阶级的崛起，互助协会、建筑协会、信托储蓄银行等新型金融中介机构快速发展，如到1904年，邮政储蓄银行有15 000多家分行，信托储蓄银行有大约400家办事处。

3. 德国

德国在统一之后、第一次世界大战之前的40多年里，经济经历了惊人的增长，经济总量在20世纪初超越了英国，成为仅次于美国的世界第二大工业国，其以银行为主的金融体系也获得了长足的发展。1913年的德国银行被德意志银行、德累斯顿银行、德国贴现银行和达姆施塔特银行四家大型银行牢牢控制（其间，这些银行都建立起了遍布全国的分支网络，并非常积极地参与对外直接投资）。以资本金规模来衡量，这四家银行均位于世界的前20名（其中德意志银行名列第二，资本额达到了1.12亿英镑，仅次于法国里昂银行）。大约从19世纪80年代开始，可同时参与国内工业融资和大型国际银行的商业活动及金融交易的大型银行①在德国经济运行中的作用越来越大，银团贷款被德意志银行和德国贴现银行所控制，同时，这些大型银行还控制着大部分国际交易。银行和产业界董事互派的做法日益流行，银企关系有了长足的进展。但是，作为一个整体来看，当时德国银行业的集中度并不高，处于前9位的德国银行的资本总额只占银行业总资本的很小份额（1913年为12%）。当时的德国还有数百家地方和区域性的股份联合银行，同时至少有1 000家私人银行没有被包括在德国国家银行的统计中。此外，还有大量的存款（约四分之三）被存放在以储蓄银行、抵押银行、合作社银行等为代表的其他银行。

---

① 1904年，德意志银行与14家银行建立了"共同利益"关系，从而成为这个总资产高达7亿马克的集团的首领。

在银行体系得到蓬勃发展的同时，德国的股票市场也得到了较快发展。《1870 年公司法》的实施使大量股份公司集中设立，1870—1874 年设立的股份公司数多达 857 家，1873 年柏林证券交易所上市公司达 441 家，1900 年超过 700 家，1913 年则是 922 家。1913 年，德国上市公司市值与 GDP 之比为 44％（而当时的美国仅为 39％），每百万人上市公司 27.96 家（美国为 4.75 家）。股票市场的大发展使得市场在这一时期德国企业融资中发挥了几乎不逊色于银行的作用。1870—1913 年，通过股票市场筹集的资金占企业总融资的比重达到 43％（张晓朴等，2021）。

四、第三次产业革命、风险资本和美国金融业态创新

第三次产业革命（又称信息革命）始于 20 世纪中后期。相比于以蒸汽技术为核心的第一次产业革命和以电力技术为核心的第二次产业革命，第三次产业革命涵盖了电子信息、核能、生物工程、航空航天等诸多领域的技术创新与应用，也因此对人类的生产生活方式造成了深远的影响。位于第三次产业革命风暴中心的硅谷在短短数十年间由一片农庄发展成为世界上最繁华的区域之一，集中体现了信息革命对企业经营模式、产业发展以及金融产业生态的深刻影响。

（一）第三次金融革命与产业革命

1. 硅谷的诞生

第二次世界大战前后，数学、物理等基础学科迅速发展。1947 年，贝尔实验室的科学家们共同发明了晶体管这一电子元件，为信息革命提供了物质基础。1956 年，作为晶体管技术发明人之一的肖克利在斯坦福大学的产业园内创办了半导体实验室，开始使用硅材料制作晶体管，并在次年创办了仙童半导体公司，成为硅半导体产业的先驱。在硅谷的发展历史中，仙童半导体公司扮演了至关重要的角色。一方面，该公司率先使用硅制作半导体，极大地推动了硅半导体的发展。另一方面，从仙童半导体公司离职的职员创造了包括英特尔、超威、凯鹏华盈在内的一大批知名公司和风险投资机构，大大

刺激了硅谷创业投资风潮。

早期入驻斯坦福大学产业园的企业还有柯达、通用电气、洛克希德等。随着众多科研机构的涌入，集成电路芯片、微处理器等开创性的产品纷纷诞生。20 世纪 50—80 年代，以硅半导体为核心的高新技术产业快速发展。在斯坦福大学等科研机构和仙童半导体公司等科技创新企业的引领下，大量的信息技术人才涌入硅谷，推动了硅半导体技术和相关产业的发展。到 20 世纪 60 年代末，新生的高科技技术业已催生了大量初创企业，并衍生出庞大的融资需求。这些初创企业聚焦于生物技术、硅半导体、集成电路、国防和航空等技术产业，往往依托于少数科研人员和专利技术，研发出大量创新产品，这些产品一旦研发成功并获得市场认可，相应的公司便可以迅速成长，实现远超过传统产业的投资收益。

然而，在这些高科技企业快速发展的同时，传统的融资渠道再难满足这些企业旺盛的融资需求（Kenney，2011）。首先，这些企业往往处于产品研发或商业化初期，产品成熟度较低，不确定性较强，同时客户群体不够稳定，很难通过发行股票或债券进行融资。其次，这些以创新技术为核心的企业也缺乏高价值的固定资产作为担保，难以从银行等商业机构获得贷款。再次，半导体产业日新月异，技术更新迭代速度快，传统的商业银行、投资银行缺乏产业相关技术人才，难以及时捕捉市场发展方向，遴选有良好发展前景的公司。最后，对于这一类科技创新企业而言，由于其创始人往往是技术专家，他们在企业管理、市场开发等方面存在不足，在制定企业发展战略、完善企业管理制度等方面也迫切需要获得专业人员的帮助。这些需求催生了以风险投资为重要内容的金融业态创新。

2. 风险投资

20 世纪 40 年代到 60 年代末，美国政府和金融业界意识到了科技创新企业的融资需求问题并尝试提出解决方案，风险投资由此萌生（Kenney，2011；龚咏泉和郭勤贵，2021）。1946 年，多瑞尔特在波士顿成立了世界上第一家专业风险投资公司——美国研究与发展公司（ARD）。该公司采用封闭式基金的组织形式，从机构投资者和富裕的个人投资者处募集资金，希望能够通过支持当地的初创企业，将二战时迅速发展的技术转化为民用产品，推动当地的经济发展。1946—1971 年，ARD 先后投资了约 150 个项目，年化收益率达到了 14.4%。然而，在 20 多年的发展历程中，ARD 也面临着一些困境：首先，相较于可以享受政府补贴的小企业投资公司（SBIC）和在税收、收益分配、薪酬激励等方面有优势的有限合伙制（LP），封闭式基金的组织形式处于不利地位。例如，即便某一投资项目为公司赚取了巨额收益，ARD 的员工从其中得到的收入也非常有限，这极大地挫伤了员工的积极性。其次，作为风险投资公司的先驱，ARD 在信息披露、投资制度和薪酬体系等方面受到了美国证券交易委员会的严格监管，许多 ARD 认可的投资项目能够从 SBIC 等其他投资机构获得更加优惠的资金。最后，ARD 创立于波士顿，主要服务美国东北地区的企业，与硅谷相比，这一地区在 20 世纪 50 年代以后的第三次产业革命中受益有限，这使得 ARD 相比同业投资公司丧失了很多优质的投资机会。然而，即便如此，作为风险投资领域的探索者，ARD 建立了获取项目、尽职调查、评估项目、投后管理的风险投资流程，这些制度对风险投资行业的长期发展产生了深远的影响。

1961 年，洛克（Rock）与好友戴维斯（Davis）一同创立了投资公司 Davis & Rock。该公司初始筹集了 500 万美元，专注于为初创企业提供资金支持。在该公司成立后的 7 年内，Davis & Rock 共向 15 家公司投出了 300 万美元，而其收益则超过了 1 亿美元。1972 年，凯鹏华盈和红杉资本入驻硅谷沙丘路，两家机构的创始合伙人兼具风险投资的专业技能和对硅谷新兴产业技术变化的洞察能力，他们先后投资了英特尔、苹果、思科等多家高科技初创企业。此后，硅谷的风险投资产业迅速发展，沙丘路上遍布着数百家风险投资机构，成为世界上风险投资机构最集中的地区。这些风险投资机构为硅谷优质的高科技初创企业提供资金和服务，成为硅谷高速发展的引擎；而硅谷不断涌现的富有成长性的高科技企业也为这些机构提供了丰厚的投资收益。

　　美国风险投资产业的发展与其监管制度的创新是密不可分的。1957年，为解决中小企业融资困难的问题，美国国会通过了《中小企业投资法》，规定由小企业管理局审查和核准的SBIC可以从联邦政府获得信贷支持和税收优惠。SBIC这一类型的风险投资机构迅速发展。到1968年，全美范围内的SBIC已经超过1 000家。然而，SBIC在快速发展的同时，缺陷也同样明显。首先，SBIC由政府直接管理，其投资企业的行业、规模以及投资额度都受到限制。其次，SBIC主要吸引了个人投资者的资金，其风险承受能力较差。再次，SBIC往往缺乏高素质的风险投资者参与，难以识别优质的高科技企业。最后，SBIC只为初创企业提供资金而不提供其他指导，无法帮助初创企业实现高速增长。1969年，美国国会调高长期资本收益税率，SBIC的发展遭受了巨大的打击。1978年，美国劳工部对养老基金投资的"谨慎人"条款做出新的解释，不再禁止养老基金购买新兴企业所发行的证券。这一解释使得养老基金这一规模庞大的资金来源可以进入风险投资领域，极大地改变了风险投资的资金来源结构。由于美国法律规定养老基金等为免税实体，如果风险投资机构采用公司制，就需要缴纳大量企业税，因此，风险投资机构通常采用有限合伙制，从而保证它们的免税地位。有限合伙制的风险投资机构通常包含两类合伙人，即有限合伙人和普通合伙人。有限合伙人负责提供投资所需的资金，不负责具体经营决策；普通合伙人通常是专业的分析和管理人员，在提供一定资金的同时，还需要统筹投资机构的业务。在投资前，风险投资者的分析人员根据市场需求、项目特点以及创业者能力等诸多方面对项目进行深入的调查和严格的评估筛选。决定投资后，风险投资机构不仅通过股权投资为初创企业提供相应的资金，还会利用自身丰富的管理经验、专业知识和人际关系帮助初创企业提高管理水平、开拓市场、提供经营投资参考意见。一段时间后，风险投资机构根据资金使用情况和初创企业实际发展情况决定是否继续投入资金，并在决定继续投资后与初创企业协商新的股权价格。经过几轮投资后，风险投资机构会促成初创企业上市或寻找大公司并购，出售股权以退出该项目、获得投资收益。风险投资机构这种主动参与经营的投资方式使得被资助企业的成长性往往远高于其他企业（李永周，2000；蔡建春、王勇和李汉铃，2003；龚咏泉和郭勤贵，2021）。

3. 风险投资与纳斯达克

资金退出机制是风险投资体系不可或缺的要素。一般而言，风险投资资金的退出方式主要包括上市发行股票、大公司并购、回购和清算四种。对于发展良好的初创企业，风险投资机构会适时促成其上市发行股票或寻找大公司将其并购，以获得不菲的投资收益。

20世纪50年代到60年代，第三次产业革命的爆发带来了创业潮，大量高科技企业因此萌生，随之诞生了庞大的股权融资和交易需求。然而，当时美国的两个全国性证券交易所——美国证券交易所和纽约证券交易所，上市标准偏高，众多中小企业难以满足公开上市条件，只能在场外交易（over the counter，OTC）市场开展交易。到60年代末，全美国充斥着几十家从事场外交易的交易所，这些交易所缺乏规范的制度，管理混乱，透明度极差，内幕交易猖獗，市场的流动性也很低。为了规范混乱的场外交易市场，美国证券交易委员会（SEC）提出由美国全国证券交易商协会（NASD）负责建立自动化股票交易机制。1971年，全国证券交易商协会自动报价系统（National Association of Securities Dealers Automated Quotation System，NASDAQ，纳斯达克）正式开始运作。纳斯达克采用了当时新兴的计算机技术，将数百家做市商的交易终端与纳斯达克的数据中心连接，形成了数据交换网络，从而实现了信息的快速传递。从这个意义上来讲，纳斯达克也是信息技术革命的产物，刚成立的纳斯达克定位于专门为尚不具备在纽约证券交易所上市的中小企业提供场外交易服务。它从原来的场外交易市场中挑选出2 500多家规模、业绩和成长性都名列前茅的股票，规定做市商把这些精选出的股票报价列示于该系统，供投资者参考。此时的纳斯达克还没有明确的上市标准，也没有专门的交易大厅，只是单纯的报价系统。但纳斯达克极大地规范了美国混乱的场外交易市场，也借此为科技公司提供了融资渠道，为风险资本提供了便捷的退出路径。随着挂牌证券数量的不断增加，场外交易市场日趋活跃。1975 年，纳斯达克针对主要服务中小型高科技企业的定位，提出了新的挂牌上市条件，与纽约证券交易所相比，纳斯达克大大降低了上市企业在市值规模、盈利能力等方面的标准。自此，纳斯达克逐渐与原来的 OTC 市场脱离，成为独立的上市股票交易所。20 世纪 70 年代，纳斯达克迅速发展，纳斯达克指数涨幅远超同期纽交所指数涨幅。

20 世纪 80 年代，美国大力发展信息技术产业，相关产业的初创企业迅速发展。为了更好地吸引优质的科创企业，纳斯达克提出了"全国市场＋常规市场"的分层制度，将规模较大、交易活跃的股票归入全国市场，将其他股票归入常规市场。这一举措大大增加了纳斯达克的吸引力。20 世纪 80 年代，纳斯达克年均上市企业数量达 140 家，是纽交所的 3 倍。

纳斯达克的高速发展为快速发展的高科技企业融资提供了重要渠道。首先，纳斯达克弥补了从风险投资到 IPO 融资的空白，完善了高科技初创企业的融资链条。其次，纳斯达克采用了上市条件动态调整制度，根据经济发展设计上市要求，吸纳了众多的初创企业。再次，通过分层和转板制度，纳斯达克为不同规模的企业提供特色化和差异化的融资服务。最后，纳斯达克通过技术创新，率先将电脑交易网络向全球拓展，将最新的证券报价和交易信息传递给世界各地的交易商、基金经理和经纪人，从而吸纳了全球各地的投资资金参与市场交易，极大地提高了纳斯达克市场资产的流动性。

4. 从信息技术到互联网科技

20 世纪 80 年代末，"风险投资＋纳斯达克"这一体系培育了苹果、微软、甲骨文等一大批信息技术产业的优质企业。20 世纪 90 年代，互联网科技迅速发展，世界在线成为第一个互联网电话拨号接入服务提供商，代表着互联网商用开始进入规模化发展。同年，网络解决方案供应商巨头思科登陆纳斯达克。1993 年，美国总统克林顿推出信息高速公路战略，美国的信息经济进入发展的快车道。"风险投资＋纳斯达克"这一创新导向的资本体系再一次发挥了重要的作用。这一体系孵化了一批跨时代的互联网公司，其中包括门户网站雅虎、浏览器开发商网景、电子商务公司 eBay 和亚马逊、搜索引擎巨头谷歌等。计算机、通信等信息技术产业和互联网产业的高速发展使得技术和知识密集型产业替代了传统的制造业，推动美国的经济高速增长。而"硅谷＋风险投资＋纳斯达克"这一经济、金融体系在其中发挥了关键作用，堪称美国新经济的摇篮。

（二）第三次产业革命后的美国金融结构变化

自 20 世纪 80 年代以来，美国风险投资产业迅速发展。根据美国风险投资协会（NVCA）的报告，1980 年风险投资基金所管理的总资本为 41 亿美元，到 2000 年其管理的总资本已增长至 2 252 亿美元（见图 1－1）。

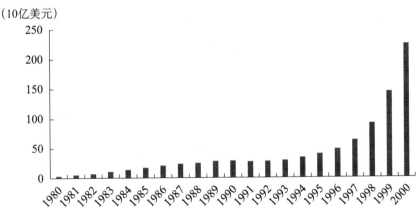

（10亿美元）

图 1－1　美国风险投资产业所管理的资本规模

风险投资基金数量由 1980 年的 129 只增长至 2000 年的 1 737 只；基金的平均规模由 1980 年的 3 180 万美元增长至 2000 年的 1.30 亿美元（见图 1－2）。

迅速发展的风险投资产业为企业融资提供了新的途径。1980 年，风险投资基金累计为企业融资 58 亿美元，累计投资公司 117 家；到 2000 年，风险投资基金累计融资 2 703 亿美元，累计投资公司 1 138 家（见图 1－3）。

风险投资基金主要投资的行业为软件、通信、生物医药、能源等高科技行业。如图 1－4 所示，2000 年，风险投资基金投资金额最多的五个行业分别是：软件（243.9 亿美元）、通信（166.4 亿美元）、网络设备（115.1 亿美

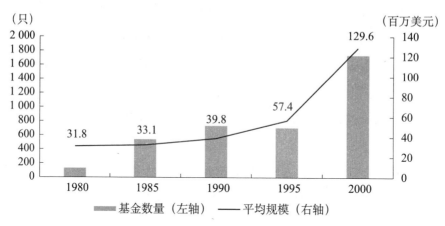

图 1-2 美国风险投资基金概况

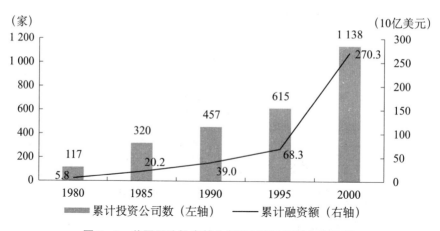

图 1-3 美国风险投资基金累计投资公司数与融资额

元）、媒体（104.9 亿美元）和 IT 服务（86.3 亿美元）。投资项目最多的五个行业分别为：软件（2 100 项）、媒体（934 项）、通信（860 项）、IT 服务（680 项）和网络设备（478 项）。

相应地，20 世纪 90 年代，累计有 1 333 家公司成功在纽交所与纳斯达克上市。2000 年，上市企业共募集资金 43.14 亿美元。可以发现，能够通过上市获得融资的企业数量远小于获得风险投资支持的企业数量。图 1-5 展示了 1990—2000 年美国首次公开募股企业数量。

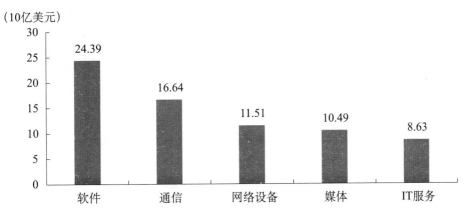

图1-4　2000年美国风险投资基金投资金额最多的五个行业

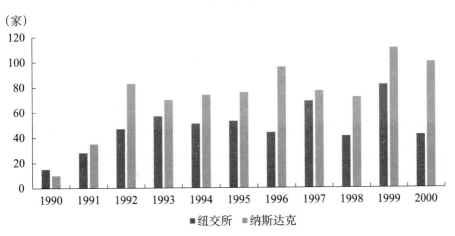

图1-5　1990—2000年美国首次公开募股企业数量

五、第四次产业革命与数字金融发展

(一) 第四次产业革命概述

经过三次产业革命的积累，人类社会已经从后工业时代过渡到了前信息时代。随着信息技术的不断突破，第四次产业革命在全球范围内拉开帷幕。这次革命将有助于工业发展从信息化、自动化向数字化、集成化和智能化转变，打造以智能制造为核心的新兴工业体系，形成高度智能化的产业物联网，开启智能化时代。新一轮产业革命的发展强调信息网络与物理系统的融合，新技术的运用不只局限于单一设备与个别环节，而是融入整个生产系统和产业价值链中，即通过构建信息物理融合系统（CPS），对当前的生产与服务模式进行改造和升级（张其金，2017）。为了促进新技术和新产业在本国的发展，世界主要国家纷纷出台各类政策规划，抢占新一轮产业革命的制高点（谢伏瞻，2019）。例如，德国充分发挥其强大的制造业优势，以实现生产智能化为目标，率先提出"工业4.0"战略；美国成立"智能制造领导联盟"，提出"工业互联网"战略，以期推动数字制造的发展；日本推出"超级智能社会5.0"战略，试图领先世界进入超智能社会；印度提出"数字印度"和"印度制造"战略，依靠新技术推动其成为世界制造中心和设计中心；俄罗斯出台《俄罗斯联邦数字经济规划》，加快数字经济发展；中国则提出大力推行数字化、网络化、智能化制造，从制造业大国向制造业强国转型。

第四次产业革命不仅是各种设备终端与系统的智能互联，而且横跨数字、物理和生物等几大领域。从机器人技术到基因工程，从清洁能源到量子信息技术，诸多领域的技术突破相辅相成，充分发挥信息技术和数字化的力量。这些技术之间的深度融合与相互促进决定了第四次产业革命与前三次产业革命具有本质的差异，并呈现出如下特征：信息通信技术与多领域研究成果相互推动，信息资源在多领域共享，多领域研究成果交叉融合、相互促进。世界经济论坛主席克劳斯·施瓦布将第四次产业革命背后的驱动技术分为了物理类、数字类和生物类三个门类：

（1）物理方向的技术突破主要体现在以下四个方面：一是无人驾驶设备。随着传感器、人工智能、机器视觉、场景识别等前沿技术的突破，无人驾驶技术迅速发展，汽车、卡车、飞行器和船舶等无人驾驶设备的性能有望迅速提高。二是3D打印技术。相比于规模化生产，3D打印在量身定制方面更具优势，目前主要被应用在工业设计、汽车、航空航天和医疗等行业，未来可能进一步被应用在电路板等集成电子元件制造、人体细胞和器官生成等领域。三是高级机器人。相比于过去的机器人必须通过特定系统进行控制，现在的机器人更偏向于依靠云端远程控制与传递信息实现人机协作，并在汽车、物流、护理、水下作业等场景得到应用。四是新材料。新材料包括金属材料、无机非金属材料、有机高分子材料、先进复合材料四大类，具有质量轻、硬度大、耐高温、可回收以及适应性强等特点，如能自我修复、自我清洁的涂层材料，具备记忆、可复原的金属材料，将机械能与电能相互转换的陶瓷材料等。

（2）数字技术的发展主要以物联网为核心，通过综合运用 5G 技术、大数据、云计算，推动信息通信技术与网络空间虚拟系统的结合，进而将信息技术系统应用于制造业，从而推进智能化制造发展。在这一过程中，物联网借助互联技术和各类平台，在人与物之间建立起某种联系，实现任意时间和地点的人、物、信息的交互，是第四次产业革命中联结物理世界与虚拟世界的重要桥梁。大数据具有数据规模大、维度高、类型复杂、数据更新频率快和价值密度低等特征，是新一轮产业革命的重要生产资源。云计算则通过分布式并行计算，将计算任务分发到由大量计算机组成的资源池中，实现信息处理的迅捷与高效。5G 技术是具有高速率、低时延和大连接的新一代宽带移动通信技术，是实现人、物、机互联的网络基础设施。

（3）生物领域的技术进步主要体现为基因测序、基因激活与基因编辑等方面的突破。未来，随着基因工程在技术、成本等方面的进步，可以将测序设备应用到常规诊断中，有助于开发针对性治疗方案、提高治疗效果，利用基因编辑技术实现有机体细胞的改良，利用生物打印技术制造皮肤、骨骼、肝细胞等人体组织，有望实现组织修复和器官移植，从而彻底改革医疗行业（施瓦布，2016）。

（二）第四次金融浪潮

纵观历史，历次产业革命的完成总是伴随着金融技术变革以及新的金融业态的产生，它们为产业革命提供资本动能。随着信息化时代向智能化时代的切换，科技创新正在对金融体系产生颠覆性的影响。一种既不同于商业银行的间接融资、也不同于资本市场的直接融资的模式，即数字金融模式开始崭露头角（谢平和邹传伟，2012）。由数字金融推动的第四次金融变革是以金融科技为代表的金融体系集成创新的金融革命，不仅推动着金融机构的创新性发展，也进一步加深着人们对金融风险的理解。互联网、大数据、区块链、云计算等技术与金融在功能上产生耦合（吴晓求，2014），加快了金融脱媒，提升了资源配置效率，降低了交易成本，使得金融业的融资方式、获客渠道、信用评价、货币流通都发生了重大变化（李跃然和陈忠阳，2021），有望成为金融深度变革的核心内容。

从应用角度看，科技与金融的融合首先是第三方支付技术的发展。第三方支付是以非金融机构作为平台，为交易双方提供的货币资金转移服务。它起源于电子商务业务，由于其交易过程受限于距离因素无法实现商品交换和货币交换的同步，因此，借助第三方支付可以有效解决买卖双方的信任问题。随着信息技术的进步，第三方支付平台也逐步成熟，派生出融资、理财等互联网金融产品，其金融职能得到了进一步发展（李克穆，2016）。近年来，移动互联网和设备的技术进步推动了非现金支付的快速发展，这为日常生活中的小额支付、偏远地区的支付提供了便利，保证了支付不受时间和地点的限制，扩大了金融服务的范围。其次是大数据技术在金融领域的应用。金融服务机构通过对数据要素"采、存、算、管、用"全生命周期活动的深度参与，激活数据要素潜能，最大限度地解决金融活动中的信息不对称问题，提高金融服务的广度，实现金融的普惠性。大数据在金融行业的一种典型的创新应用形态就是互联网众筹。它的资金需求方将项目情况及融资需要通过互联网平台公示，出资者通过平台出让资金获得约定收益。互联网众筹的诞生是金融脱媒的新的发展形态。通过股权众筹的方式，有资金需要的小微企业可以绕过传统融资方式，直接向投资者融入资金，实现资金供需双方直接对接，一方面降低了企业融资成本，另一方面拓展了居民家庭的投资渠道。再次，区块链、云计算等分布式技术在金融行业的应用。区块链技术将金融单一系统的建设向全局的"中台化"推进，并形成了数字货币等关键应用。数字货币基于区块链技术实现点对点现金系统的直接交易，它的去中心化的清算模式、分布式的记账体系、离散化的支付系统可能有效解决金融系统的信息不对称，降低金融机构清算成本，实现金融风险更有效的识别和交易。最后，移动互联技术的发展与金融服务场景深度融合。互联技术的连通性、交互性和跨域叠加的特征在数字经济领域发挥着重要作用，深刻改变着企业生产和居民生活，不断推动企业数字化转型，助力金融科技生态的完善。

300多年前英国的现代商业银行体系，100多年前美国的现代投资银行体系，50多年前的现代风险投资体系，都是通过金融创新推动了国家崛起。在第四次金融浪潮中，一方面，数字技术和金融的结合促进了传统金融通过数字化提升效率，改善服务，降低成本；另一方面，新技术的应用催生新的产品和服务，推动整个金融体系的资源配置效率实现更高层次的重构。相信，这一次的技术创新同样也将给金融体系带来深刻变革。

参考文献

[1] 蔡建春，王勇，李汉铃. 美国风险投资的发展模式及启示. 金融理论与实践，2003（2）.

[2] 陈建可，礼翔. 金融科技：重塑金融生态新格局. 天津：天津人民出版社，2019.

[3] 陈晓，李爱民，邹晓东，等. 美国风险投资概况. 中国软科学，1998（4）.

[4] 高明，胡聪慧. 正规金融与非正规金融：机制、效率与实证挑战. 金融研究，2022（5）.

[5] 龚咏泉，郭勤贵. 风险投资简史. 北京：机械工业出版社，2021.

[6] 黄益平，黄卓. 中国的数字金融发展：现在与未来. 经济学（季刊），2018（3）.

[7] 克劳斯·施瓦布. 第四次工业革命. 北京：中信出版社，2016.

[8] 李永周. 美国硅谷发展与风险投资. 科技进步与对策，2000（11）.

[9] 李跃然，陈忠阳. 发展中的金融科技：影响与对策. 科技管理研究，2021

(24).

［10］田露露，韩超 . 第三次工业革命：历史演进、趋势研判与中国应对 . 经济与管理研究，2015（7）.

［11］吴晓求 . 中国金融的深度变革与互联网金融 . 财贸经济，2014（1）.

［12］谢伏瞻 . 论新工业革命加速拓展与全球治理变革方向 . 经济研究，2019（7）.

［13］谢平，邹传伟 . 互联网金融模式研究 . 金融研究，2012（12）.

［14］杨涛 . 金融科技发展需把握好三大要素 . 中国金融，2022（16）.

［15］张其金 . 新工业革命之路 . 北京：中国言实出版社，2017.

［16］张启尧 . 资本市场发展专题报告：美苏争霸与纳斯达克 . 兴业证券，2021.

［17］张勋，万广华，张佳佳，等 . 数字经济、普惠金融与包容性增长 . 经济研究，2019（8）.

［18］周兆生 . 中小企业融资的制度分析 . 财经问题研究，2003（5）.

［19］卓悦，陈德棉，刘延生 . 美国风险投资业发展的历史过程和现状分析 . 科研管理，2000（5）.

［20］Gompers, P. A. (1994). "The Rise and Fall of Venture Capital," *Business and Economic History*，23（2）：1-26.

［21］Lamoreaux, N. R., M. Levenstein, and K. Sokoloff (2006). "Mobilizing Venture Capital during the Second Industrial Revolution：Cleveland, Ohio, 1870—1920," *Capitalism and Society*，1（3）.

［22］Osborne, A. (1980). *An Introduction to Microcomputers. Vol. 1：Basic Concepts*. 2nd Ed. Berkeley, California：Osborne-McGraw Hill.

第二章

金融结构演进与风险理念的更迭：从厌恶风险到包容风险

　　摘　要：当今世界正处于百年未有之大变局中，我国经济已由高速增长阶段转向高质量发展阶段，处在转变发展方式、优化经济结构、转换增长动力的攻关期。中国金融体系从银行主导型向银行体系和资本市场共同主导的"双峰型"过渡，市场化资源配置和价值发现（风险定价）功能日益完善，但总体的资源配置效率、包容创新风险的程度等还不能完全适应全球大变局时代国内经济战略转型和社会主义现代化强国建设的现实需要。其症结在于，尚未建立起与之相适应的风险理念。风险理念从厌恶风险（或排斥风险）到包容风险（偏好风险）是金融结构从传统金融到现代金融调整的显著标志，也是金融的颠覆性进步，是金融效能的重大扩展。本章从金融理念入手，在分析金融结构演进过程中风险理念更迭的基础上，对转型期的中国就现代金融结构及与之相匹配的风险管理理念提出启示。

一、风险理念和风险管理概述

　　风险理念是指对风险的态度和认识，在金融市场发展的不同阶段，风险理念也具有不同的内容，进而适应金融结构演进的不同目标，并最终推动金融市场发展完善。我国正在从以银行为主的金融结构向商业银行和资本市场共同主导的"双峰型"金融结构过渡。过度拘泥于对风险的低容忍而忽视构建匹配当前金融结构的风险理念，将对金融市场发展成熟造成明显的制约甚至桎梏。

（一）金融结构演进与风险理念的关系

1. 风险的基本认识

（1）风险的定义。

"风险"一词最早出现在航海贸易及保险业中，指的是自然灾害现象或航海贸易中遇到礁石、风暴等事件。在经济领域，美国学者海斯给出"风险"的定义，认为风险是损失发生的可能性。美国经济学家、芝加哥学派创始人 Knight（1921）在《风险、不确定性和利润》一文中辨析了"风险"与"不确定性"的关系，进而提出风险的定义。Knight（1921）认为，不确定性是指经济行为人面临的直接或间接影响经济活动的无法充分准确地加以分析、预见的各种因素，而风险是由不确定性因素可能造成的损失。Jorion（1989）从收益的角度提出，风险是预期收入（资产或者有息负债的价值）的不确定性。

在金融领域，风险则是指金融市场中各个构成要素（如外部环境、制度性因素、市场主体等）变动对金融活动的最终结果产生不确定性影响，从而对经济主体的预期收益、持有资产造成损害的可能性。通常，金融风险可分为市场风险、信用风险、操作风险、流动性风险、国家风险、法律风险等。例如市场风险就是指在一定时期内，基本市场因子（如利率、汇率、股指、商品价格等）的不确定性对经济主体实现其既定目标产生不利影响的可能性，进一步可以细分为利率风险、汇率风险、股票价格风险等。事实上，金融风险客观存在于一切具体的金融活动之中，正因此，我们才可以对其进行识别、度量、规避。

（2）风险的识别和度量。

金融风险识别是指运用各种方式对潜在的、显在的风险因素进行认识、鉴别和分析。具体来看，首先是分析经济主体的风险暴露，即判断金融活动中存在风险的部位以及受金融风险影响的程度。只有对风险暴露进行判断与分析，风险管理者才能在风险管理过程中有的放矢。其次，进一步分析金融风险的成因和特征。诱发风险的因素有客观因素、主观因素、系统因素及非系统因素等，不同风险的特征也不尽相同。只有厘清风险的成因和特征，才能为风险的管理提供策略依据。

风险度量是风险识别的后续步骤。金融风险度量是对金融风险导致损失的可能性大小以及损失发生的范围和程度进行度量。由于金融风险度量的对象活动的不确定性，在测度过程中涉及多种因素，因而金融风险的度量是相当复杂的，技术含量很高，需要运用概率论、统计学等方法。具体而言，在传统金融的框架下，金融风险管理主要围绕商业银行经营的安全性、流动性和盈利性展开，资产负债管理中的各类比率指标（例如资本充足率、杠杆率、备付金比率、不良贷款率、拨备覆盖率等）是主要的风险判别依据。随着资本市场和现代金融学的兴起，在现代金融学的框架下，久期（duration）指标被广泛应用于衡量金融产品（或金融机构）的现金流支付加权平均时间，即流动性风险；现代投资组合理论中的"波动率（标准差）"开启了度量风险的新视角，拉开了金融行业风险定价的序幕；到 20 世纪 90 年代，在险价值指标（value at risk，VaR）和预期损失指标（expected shortfall，ES）是度量个体风险（金融机构或金融市场）的经典工具。2007—2009 年的全球金融危机是现代金融体系下风险识别和度量的分水岭，金融体系内/外部的溢出效应、风险动态关联和风险传染等研究成果逐渐普及应用，系统重要性机构的识别和风险管理也是金融监管的重要内容。

（3）风险理念。

由于金融风险总是与损失挂钩，因此人们对于风险往往唯恐避之不及。规避风险是最常见的风险态度，这部分经济主体厌恶风险，并企图通过精细化风险管理达到完全规避各种金融风险的影响的目的。然而，过度看重金融风险的消极面会忽视金融风险的积极作用。金融风险是金融市场创新和流动性的来源，正是由于经济主体对于未来的投资收益具有不同的预期和判断，所以人们在市场上选择不同风险标的产品，并通过金融交易实现自己的预期目标。同时，金融风险因可能造成过度严重后果的特点而对金融市场起约束作用，金融市场参与者在一定程度上自觉地约束和规范自己的投机行为，进而维护和保持金融市场的稳定。

越来越多的金融市场参与者意识到，金融风险是不能被完全消除的，因此出现了分散风险、管理风险等风险理念。分散风险是指将资金分配在不同种类且相关程度很低的资产/项目上，采取"把鸡蛋放在不同篮子里面"的策略，有效降低风险。管理风险则是通过各种现有的金融工具和策略对金融风险加以管理。这些风险理念体现出了对风险的包容性思维，正如李克强总理所说的，对于任何新生事物，应尽量秉持"包容审慎"的监管方式，不能一上来就"管死"。对于风险也一样，一味地厌恶和规避风险，代价是牺牲效率和管理僵化，只有正视风险的存在，以积极的态度对风险进行管理、对风险有所包容，金融市场才能不断成熟完善。

2. 风险理念与金融结构演进

金融结构是指构成金融总体的各个组成部分（包括银行、证券、保险、信托、租赁等）的分布、相对规模、相互关系与配合的状态。金融结构的演进与一国经济发展和金融体制改革紧密联系，不同的金融结构阶段也会存在不同的主流风险理念。

（1）规避与控制。

有一段时间，我国经济处于计划经济阶段，市场金融机构较少，银行只是作为财政的出纳而存在，没有真正的风险管理。因此，对待金融风险的态度主要是被动"忽略风险"：一方面，金融市场尚未发展起来，没有金融活动也就没有金融风险；另一方面，经济主体和监管主体尚未对风险形成意识，也缺乏对风险进行规避、管理的能力。直到 1984 年，中国人民银行专门行使中央银行职能，风险管理才逐步开始实施。1993 年，国务院颁布《关于金融体制改革的决定》，明确要对金融体制进行全面改革，建立"三个体系"，实现"两个真正"。[①] 1996 年，中国人民银行专门成立了内部控制问题调研小组，在全国范围内对 2 000 多个金融机构的内部控制状况进行摸底调

---

① "三个体系"具体包括：独立执行货币政策的中央银行宏观调控体系；政策性金融与商业性金融分离，以国有商业银行为主体、多种金融机构并存的金融组织体系；统一开放、有序竞争、严格管理的金融市场体系。"两个真正"是指把中国人民银行办成真正的中央银行，把国家专业银行办成真正的国有商业银行。

查。在从事详细调查和国际经验借鉴的基础上，1997 年 5 月中国人民银行发布《加强金融机构内部控制的指导原则》，并于同年 12 月发布《关于进一步完善和加强金融机构内部控制建设的若干意见》。这两个文件的颁布，树立了我国商业银行合规、合法地开展业务的办行理念，促使建立银行内部控制制度。

在这一阶段，金融体系尚未建立，金融结构中的少数几家国有银行是绝对主体。从监管状态来看，监管当局直接干预银行业的经营管理活动，并为银行业提供保护，维护其垄断地位。市场经济主体（主要是银行）对于风险处于认识阶段，未能正确看待风险的正反面，对风险极度厌恶。应对风险的措施是通过控制式的规定去极力规避。在这种情况下，我国银行业自身的稳定性和效率较低，服务于经济增长和经济转型的能力较弱，与国外金融机构相比竞争力不足。

（2）审慎与防范。

2001 年，中国加入世界贸易组织并承诺大幅度对外开放金融业。为了应对外资银行的进入带给国内以银行为主体的金融体系的巨大冲击，2002 年 9 月，中国人民银行发布了《商业银行内部控制指引》，明确提出内部控制的四个目标：①确保国家法律规定和商业银行内部规章制度的贯彻执行；②确保商业银行发展战略和经营目标的全面实施和充分实现；③确保风险管理体系的有效性；④确保业务记录、财务信息和其他管理信息的及时、真实和完整。2003 年 4 月，中国银行业监督管理委员会（简称银监会）成立，主要负责对银行业金融机构实行现场和非现场监管，会同有关部门提出存款类金融机构紧急风险处置的意见和建议等工作。此后，银监会推出《商业银行集团客户授信业务风险管理指引》《金融机构衍生产品交易业务管理暂行办法》《商业银行房地产贷款风险管理指引》《商业银行授信工作尽职指引》《商业银行内部控制评价试行办法》等文件，敦促商业银行加强市场风险管理，强化风险管理历史，提高风险管理能力。2006 年推出的《商业银行风险监管核心指标（试行）》把商业银行风险监管核心指标分为三个层次，即风险水平、风险迁徙和风险抵补，并对三类指标做出了明确的要求。这是对商业银行实施风险监管的基准，是评价、监测和预警商业银行风险的参照体系。

银行业是我国经济发展的重要推动器与稳定器，持续为我国经济发展投入必不可少的资金与支持，以大型国有银行为主是我国金融结构的典型特征。而国有银行具有政策优势和垄断地位，在发展中求慎求稳，对于风险的厌恶态度没有改变，但是会通过提前识别、预防做好风险防范和应对。

（3）包容审慎与管理。

随着资本市场不断发展、金融业对外不断开放、金融科技不断渗透，传统审慎监管、及时预防的风险管理模式已经无法满足金融发展的需求。其一，我国的股票市场现已建设成了由沪、深证券交易所主板市场和二板市场以及北京证券交易所组成的场内市场，由三板市场和四板市场组成的场外市场，形成了多层次股票市场体系。资本市场主体在金融结构中的地位不容忽视，而与银行业发展思路不同，资本市场主体对不同风险进行定价，并在市场上交易。因此，如果延续厌恶风险理念，那么资本市场发展将受到抑制，市场活性将无从获取。其二，扩大开放是实现中国金融市场发展市场化、国际化目标的强大推动力，也是进一步提升中国金融市场服务实体经济能力的关键之举。然而，与国内金融机构相比，外资金融机构在治理结构、信贷管理、风险定价等方面的优势显著，如果固守原有风险理念，则国内金融机构将在与外资金融机构的竞争中处于劣势，无法形成市场竞争力。其三，科技与金融深度融合催生金融混业经营，金融风险来源更加多元化，传染性增强。要鼓励和引导金融科技健康发展，必须正视金融科技"创新性"与"风险性"并存的特征，包容一定风险的存在，并做好风险的分散和管理。

2018年9月11日，李克强总理考察市场监管总局并主持召开座谈会时提出"包容审慎"。"包容审慎"由"包容"和"审慎"两大核心词汇构成，意味着"包容性"与"审慎性"的统一。包容审慎监管是基于金融市场创新与风险并存的特定环境提出的，主张通过市场准入、许可、惩戒、激励、责任等一系列制度，在市场准入上遵循必要性原则，简政放权，取消不合理的审批事项，给予新事物发展空间，提高容错率，在规范市场主体的同时，保留主体的市场活力，推动市场的发展，在一定程度上实现金融创新和金融风险共存的状态。

（二）风险管理和金融监管方式的演进

随着金融体系从传统体系逐渐转变为现代体系，风险的管理与金融的监管同时发生着变革。以商业银行为主导的传统金融体系对风险呈现出极度厌恶的态度，因为商业银行是一个吸收风险、承担风险并管理风险的重要金融机构，其所有资产业务的风险最终都将集中。商业银行为了追求稳定的资产收益率，不愿意向初创期以及不确定性高的小微企业提供资金支持。商业银行需不断严控各种核心风险指标，以达成流动性、安全性与盈利性平衡的经营原则。传统金融体系中的商业银行的风险管理经历了三个主要的发展阶段：20 世纪 60 年代前的资产管理理论阶段、20 世纪 60 年代至 70 年代初期的负债管理理论阶段、20 世纪 70 年代后期至 90 年代的资产负债管理理论阶段。此时，随着全球银行业的快速发展，行业竞争愈发激烈，金融开始显现出自由化、创新化、全球化的发展趋势，商业银行同样面临着多样化、复杂化、全球化的风险，银行风险管理的复杂程度和压力与日俱增。随着 1988 年《巴塞尔协议》的出台，全球银行业基本形成了相对完整且统一的风险管理原则体系。但金融风险的管理不会是一劳永逸的，彼时金融市场的波动持续扩大，金融风险进一步加剧，已不再是由单一的机构风险造成，而是由信用风险、市场风险、操作风险、流动性风险等多种风险因素交织作用造成。以商业银行为主导的传统金融体系形成的对风险厌恶的管理理念已无法有效避免风险以及损失的发生。2004 年 6 月，《巴塞尔协议》的颁布标志着商业银行正式进入了全面风险管理阶段。金融体系也逐渐从以商业银行为主导的传统模式过渡到以资本市场为主导的现代模式，风险理念也从厌恶转变为包容。现代金融体系对风险更加包容，不再一味地回避风险，而是利用金融创新工具对风险进行有效管理。

在传统金融体系时代，金融监管的重心自然是以商业银行为首的金融机构。随着《巴塞尔协议》的逐步更新、修改与完善，对商业银行的资本的监管也逐渐进入了现代金融体系模式。随着多层次资本市场的发展，现代金融体系的风险结构已然从传统金融体系的单一的机构风险格局，进入了机构风险与市场风险并重的二元风险格局。金融监管当局除对金融机构的监管外，还需对市场的透明度和信息披露进行监管（吴晓求等，2020）。

目前我国正处于关键的经济战略转型期，过去的经济增长模式已然无法持续。金融体系呈现出有别于英、美、日、德的第三种具有中国特色的"双峰型"现代金融模式。我国从资本市场诞生初期典型的银行主导型金融体制正逐步转变为商业银行与资本市场双峰型金融体系结构，金融监管也正在逐步探索一条属于中国、具有中国特色的道路。《巴塞尔协议》对国际银行业的监管做出的贡献有目共睹，但它全部都是根据西方国家的问题与经验制定的，没有考虑到以中国为首的发展中国家的问题，但它存在一定的借鉴意义。未来，我国在发展过程中将会一如既往地吸收借鉴国际上的先进经验，配合我国自身情况以及过往的历史经验，因地制宜地开展符合我国国情的金融风险管理以及金融监管工作。

二、传统金融的风险理念和风险管理机制

传统金融体系以商业银行为主导，商业银行是承担风险、管理风险的重要金融机构，也是金融监管的重心。商业银行同普通投资者一样，普遍不愿承担风险，具有厌恶风险的特征。因此，在以商业银行为主体的传统金融市场中，尽管金融市场总量迅速扩大、滞后状况显著改观，但风险理念却未同步跟上，市场供应以低风险产品为主，投资者行为也表现出明显的风险规避特征，监管机构对风险零容忍，进而市场上资源配置效率低，产品同质化严重，风险在金融体系内累积；金融产品的持续创新缺乏市场环境和政策环境，限制市场纵深发展，金融支持实体经济的作用难以全面发挥。

（一）传统金融体系的结构特征

1. 基本要素和业务模式

传统金融一般是指具备存款、贷款和结算三大传统业务的金融活动。传

统金融体系是各种业务、金融机构（主要为商业银行）、市场、中央银行和监管机构等一系列金融要素的结合，是这些金融要素为实现资金融通功能而组成的有机系统。通过吸收存款、发放贷款、决定利率、创造金融产品并使其在市场流通等金融行为，实现把短缺的可贷资金从储蓄者手中转移到借款者手中，以购买商品、服务和投资，从而促进经济增长、满足人民生活需要。早期的商业银行应运而生，其具备多项金融要素，完美承载了传统金融所需的三大业务。因此，传统金融体系展现出以商业银行为主导的结构特征。

存款业务又称负债业务，是商业银行聚集资金，形成资金来源的业务，是商业银行同社会各界联系的主要渠道，是商业银行经营资产业务和其他业务的先决条件。商业银行的负债大致可以分为四部分：存款、同业负债、央行借款、应付债券。其中，存款业务为商业银行最主要的资金来源。以我国举例，传统的国有四大行得益于网点多、覆盖面广的优势，受政策波及较小，存款占比均在80%以上，而股份行、城/农商行存款占比较低，占计息负债的50%～70%，但也有少数规模较小的城/农商行受益于区域优势以及相对保守的风格，仍能保持较高的存款占比。可见，存款业务仍是商业银行资金的重要来源。

贷款业务是指商业银行以一定金额按照约定的利率和期限将资金发放给贷款人，贷款人需在规定时间内将本金与利息返还给商业银行。贷款业务是商业银行最重要的资产业务。通过放款收回本金和利息，扣除成本后获得利润，是商业银行的主要资金运用与盈利手段。

商业银行的结算业务以存款业务和贷款业务为基础，是指由商品交易、劳务供应、资金调拨以及其他款项往来引起的货币收付行为和债务的清算，由商业银行通过提供结算工具为交易双方完成货币收付、划账交割。

2. 传统金融体系的融资方式及其局限性

传统金融体系的融资方式是以商业银行体系为主导的间接融资模式，居民通过储蓄将暂时闲置的资金先行提供给以商业银行为首的金融中介机构，然后再由商业银行以贷款、贴现等形式，把资金调配给适当的资金需求方，从而实现资金的融通。在传统资金供需市场中，资金供求双方的信息不对称性强，使得资金在社会经济中难以调配，此时商业银行依靠其较强的信息处理能力，从中赚取利差。

间接融资的优点主要在于以下三点：第一，商业银行网点多，容易吸收社会各方面的闲散资金，可以快速积少成多，形成数额庞大的资金池。正如前文所说，我国国有四大行在这方面具有得天独厚的优势。第二，间接融资可以降低债权人的风险。第三，商业银行作为专业金融机构，可以统一对筹资方进行监管，有效降低整个社会的融资成本。

但间接融资使所有风险均被置于商业银行体系中集中且不断累积，容易发生金融机构风险。不仅如此，传统的间接融资阻隔了资金供求双方的直接联系，使资金供给方缺乏对资金流向的主动把握，在一定程度上减少了投资者对投资对象经营状况的关注和筹资方在资金使用方面的压力和约束。同时，间接融资为中央和地方政府对信贷活动进行干预提供了渠道，在影响资源配置效率的同时也极易导致不良贷款率的上升。在经济结构调整和转变经济发展方式的目标要求下，传统信贷业务导致中小企业信贷难、隐性成本高，已不能满足多元化的融资需求。

（二）厌恶风险的理念及其具体表现

风险偏好、风险中性、风险厌恶是指在不确定状况下消费者和投资者的行为偏好。风险厌恶是指当存在两个投资组合时，投资者接受一个有不确定的收益的交易时相对于接受另外一个更保险但是也可能具有更低期望收益的交易的不情愿程度。简单来讲，风险厌恶型投资者更倾向于将资金投向风险更小但收益更低、更稳定的项目，而不乐意承担高风险、选择高收益但不稳定的项目。

商业银行同普通投资者一样，普遍不愿意承担风险，具有厌恶风险的特征。对于具有相同收益率的不同投资项目，投资者优先选择风险小的投资项目。为了吸引投资者在风险大的投资项目中投资，必须保证投资项目有较高的预期收益，即付给投资者必要的风险酬金。但贷款利率存在上限，商业银行发放贷款本应没有偏好。实际上，小微企业以及处于初创期的企业在管理规范性和可抵押不动产等方面不能达到商业银行的要求，经营风险高于大中型企业。处于成熟期的企业相比小微企业和处于初创期的企业更稳定，盈利能力更强，资金流更稳定，所以偿债能力更有保障。商业银行本能地因为厌恶风险的缘故，更倾向于给处于成熟期的企业发放短期或长期贷款，而不愿意对小微企业及处于初创期的企业进行借贷投资。问题的关键在于商业银行对小微企业的经营风险缺乏足够的识别能力，同时由于债务融资并不参与项目超额收益的分配，商业银行也难以有足够的激励来识别小微企业的经营风险，小微企业也难以有足够的约束来向商业银行提供足够透明的信息。

（三）传统金融的风险管理和监管重心

1. 传统金融的风险管理

传统金融体系以商业银行为主导，商业银行的风险管理与金融监管显得尤为重要。商业银行是承担风险、管理风险的重要金融机构，适时对资产和负债进行综合调整和管理，使资产和负债在总量上平衡，在结构上对称，在质量上优化，以达到安全性、流动性、盈利性的经营目标。传统金融的风险管理经历了三个主要的发展阶段，即资产管理理论阶段、负债管理理论阶段、资产负债管理理论阶段。

首先是资产管理理论阶段。资产管理理论是以商业银行资产的安全性和流动性为重点的经营管理理论。在 20 世纪 60 年代以前，该理论与当时商业银行所处的经营环境高度适应，在西方商业银行中长期盛行，因此有力推动了商业银行资产业务的发展。该理论认为商业银行的利润主要来源于资产业务，经营管理的重点是资产业务，可通过资产结构的安排，平衡安全性、流动性和盈利性。资产管理理论产生于商业银行经营的初级阶段，是在商业性贷款理论、资产转移理论和预期收入理论的基础上形成的。除此之外，资产管理理论还产生了三种主要的资产管理方法——资金总库法、资金分配法和线性规划法。资产管理理论由于有利于防止、减少贷款投资的盲目性，增强了商业银行资产的安全性和流动性。

其次是负债管理理论阶段。负债管理理论是以负债为经营重点来保证商业银行流动性的经营管理理论，流行于20世纪60年代至70年代初期的西方各国。该理论表明当商业银行需要资金周转从而向外举借，并能在市场上筹借到资金时，便可放款争取高额收益。负债管理理论弥补了资产管理理论只能在既定负债规模内经营资产业务，难以满足因经济迅速发展所扩大的资金需求的局限性。除传统存款业务以外，商业银行可以以发行大额可转让定期存单的方式来弥补活期存款和定期存款的局限性，从而保持资金的流动性；同时还可积极向中央银行办理再贴现借款，发展同业拆借，利用各种金融债券向公众借款；再者，还可以通过其代理银行或代理人向国外银行或国际金融市场借款。

最后是资产负债管理理论阶段。资产负债管理理论出现于20世纪70年代后期，该理论认为，在商业银行经营管理中，不能偏重资产和负债中的任何一方，高效的银行应该是资产和负债管理双方并重。通过调整资产与负债的结构，针对利率、期限、风险和流动性等方面进行资产与负债项目的搭配，实现安全性、流动性、盈利性的最优组合。资产负债管理理论强调资产与负债项目在结构上保持期限、数量相对的对称，以资金来源制约资金运用，防止超负荷经营。坚持安全性、流动性和效益性的协调平衡，努力提高资产的流动性，有效降低资产风险，并提高经营效益。资产负债比例管理以强化业务经营的自我约束为出发点，提升资产的质量与收益，实现业务经营安全性、流动性与盈利性的协调统一，提高业务运营效率和经营稳健性。

不论是资产管理理论还是负债管理理论，在强调安全性、流动性和盈利性的均衡上，皆存在某些不足。资产管理理论过于强调安全性与流动性，无法满足提升盈利性的需求。负债管理理论能够比较好地解决流动性和盈利性的矛盾，但往往会产生较大的风险，使流动性、安全性与盈利性之间不能很好地协调。而资产负债管理理论则能从资产与负债相互联系、相互制约的角度，把资产负债作为一个完整的管理体系进行研究。

2. 传统金融的监管重心

在传统金融体系中，金融监管的重心是以商业银行为代表的金融机构。除了商业银行自身的风险管理，金融监管是外部监管商业银行的重要手段之一。《巴塞尔协议》作为全球范围内主要的银行资本和风险监管的重要参考标准之一，为维持资本市场稳定、减少国际银行间的不公平竞争、降低银行系统信用风险和市场风险，推出了资本充足率要求。在将近 40 年间里，巴塞尔银行监管委员会（简称巴塞尔委员会）发布了三套完整的协议，不断地针对层出不穷的金融风险及银行资本要求做出完善与改进。

《巴塞尔协议 I》于 1988 年正式颁布，虽不具有法律约束力，但十国集团监管部门一致同意在规定时间内在十国集团实施。经过一段时间的检验，鉴于其合理性、科学性和可操作性，许多在国际金融市场上活跃但并非十国集团成员的国家的监管部门也自愿地遵守了《巴塞尔协议 I》。该协议主要包括资本的组成、风险加权的计算、标准比率的目标三大方面，主要目的是建立防止信用风险的最低资本要求。

《巴塞尔协议 II》于 2004 年正式定案，内容针对 1988 年的《巴塞尔协议 I》做了大幅修改，标准化了国际上的风险控管制度，提升了国际金融服务的风险控管能力。《巴塞尔协议 II》提出三大支柱，即最低资本要求、监察审理程序、市场制约机能。最低资本要求是指最低资本充足率达到 8%，而商业银行的核心资本充足率应为 4%，目的是使商业银行对风险更敏感，使其运作更有效。后两大支柱则为外部监察者提供了有效的监管环境。与 1988 年的资本协议相比，新的资本协议的内容更广、更复杂。这是因为新协议力求把资本充足率与商业银行面临的主要风险紧密地结合在一起，力求反映商业银行风险管理、监管实践的最新变化，并尽量为发展水平不同的银行业和银行监管体系提供多种选择办法。

《巴塞尔协议 II》经过近十年的修订和磨合于 2007 年在全球范围内实施。2008 年美国次贷危机席卷全球，《巴塞尔协议 II》经受了严酷的考验。《巴塞尔协议 II》在危机中不断得到修订和完善。2010 年 9 月，由 27 个国家银行业监管部门和中央银行高级代表组成的巴塞尔委员会对《巴塞尔协议Ⅲ》的内容达成一致，全球银行业正式步入《巴塞尔协议Ⅲ》时代。此时，该协议已更加完善，对银行业的监管要求也明显提高。《巴塞尔协议Ⅲ》主要包括下列五大主要内容：提高资本充足率要求、严格资本扣除限制、扩大风险资产覆盖范围、引入杠杆率、加强流动性管理。

《巴塞尔协议》在近40年里不断修订与完善，为全球银行业乃至金融体系做出了不可磨灭的贡献，也为全球金融体系的进步与发展提供了帮助。

三、现代金融的风险理念和风险管理机制

现代金融以资本市场为基石，涵盖金融中介、金融市场（资本市场）和配套金融基础设施等基本要素，具有资源配置和价值发现（风险定价）的核心功能，秉持包容风险的理念，通过间接融资渠道进行风险配置（风险分散和风险对冲），关注成长性和发展前景，实现金融资源的跨时空流转。在现代金融框架下，金融资产多样，市场结构复杂，机构风险和市场风险并重，使得金融监管当局对金融中介的风险控制和对市场透明度的监管变得同等重要。现阶段，中国金融体系结构从商业银行主导型向商业银行和资本市场共同主导的"双峰型"过渡，落实宏观审慎政策，守住不发生系统性金融风险的底线，追求包容风险和金融稳定的微妙平衡。在实践中寻找适合转型期中国发展的风险管理模式是时代的呼唤和必由之路。

（一）现代金融的结构特征

1. 现代金融的基本要素

现代金融的基础源自金融脱媒。金融脱媒是指经济主体（参与者）绕开金融中介，通过间接融资模式，直接在市场平台进行投融资交易，具体表现为相当规模的货币资金离开商业银行体系，进入资本市场。

现代金融的基本要素至少包括金融中介、金融市场和配套的金融基础设施。在当今中国，银行业机构、证券业机构和保险业机构是典型的金融中介。在银行业机构中，商业银行数量众多，通过间接融资的方式为借贷双方融通资金，同时，商业银行从事支付结算、委托代理、金融租赁和担保承诺

（例如为客户开具信用证）等中间业务。金融资产管理公司和金融租赁公司等则属于银行业非存款类金融机构。证券业机构包括证券公司、基金公司、期货公司等，其中，证券公司的业务涵盖投资银行业务、证券经纪业务、投资管理业务、金融产品销售业务和资本中介业务，它既为客户提供优质服务，又有诸多自营业务，深度融入资本市场。保险业机构的基础业务是人身保险和财产保险，也经营保险资产管理业务、经纪业务和代理业务等。

金融市场是货币流转的场所，也是金融机构进行交易、企业和个人进行投融资等活动的场所（张成思，2019）。根据交易期限，以 1 年为临界点，可以将金融市场划分为货币市场和资本市场。货币市场属于短期资金融通的市场，为金融体系提供流动性，市场参与者多是成熟稳健的金融机构、工商企业和政府部门，细分子市场诸如同业拆借市场、回购协议市场、银行承兑汇票市场和大额可转让存单市场等，金融工具期限短，交易规模大，流动性强，安全性高。资本市场提供中长期的直接融资渠道，常见的包括股票市场和债券市场（中长期债券市场）等，能够包容更多创新风险，服务于转型期中国的创新驱动发展战略。金融衍生品市场的发展和做空机制的引入进一步完善了资本市场的功能，为风险配置和风险管理提供了更多的选择空间。

金融基础设施泛指维系金融体系正常运行的制度安排和技术支持，包括支付清算系统、金融监管体系、信用评估体系、会计准则、资金融通规则（例如注册制改革）、法律框架（例如投资者保护制度、奖惩机制）和执法体系等内容。2019 年全面修订的《中华人民共和国证券法》（简称《证券法》）是中国经济金融领域法治建设的里程碑；新《证券法》的全面实施（从 2020年 3 月开始），在维护投资者利益、促进金融体系规范稳健运行和打击违法违规行为等方面具有重要意义。

现代金融是开放的金融，实现金融服务业全面对外开放，推动资本市场国际化，建成国际金融中心，参与全球金融资源配置，是金融现代化的重要标志（吴晓求，2021）。

2. 投融资结构的演变

金融有 6 个功能：资源跨时空配置（投融资）、价值发现（风险定价和财富管理）、支付清算、股权分割、激励机制和提供信息（吴晓求，2022）。在传统金融的时代，金融体系的资源配置功能主要表现为商业银行体系的间接融资，商业银行体系吸收社会公众的存款，向工商企业发放贷款，完成货币资金在实体经济和银行体系之间的流转，并通过赚取存贷利差获益，附带办理基础性结算业务。

随着社会经济的发展，资产的供给层面和需求层面都发生了显著调整（吴晓求，2020）。基于供给层面，产业结构升级优化，高端制造业和现代服务业的经济主体（生产经营者）倾向于分散投资风险和降低融资成本，期望获得更高的产出收益；基于需求层面，居民收入增加，除了日常消费支出，居民不再满足于银行存款的少量利息收入，期望多样化的金融资产和更高的风险收益，即有财富管理的需求。资产供给层面和需求层面的调整意味着厌恶风险的单一间接融资模式已经不合时宜，金融脱媒现象催生了资本市场，金融的功能向市场化资源配置和价值发现（财富管理）等方面演进。

在现代金融框架下，经济主体（资金需求方、生产经营者）在权衡评估商业银行体系的间接融资成本（贷款利率）、债券市场的发行和偿付成本（属于直接融资，包括发行费用和票面利率等）以及股权融资导致的控制权和未来经济利益索取权的稀释成本（属于直接融资，包括发行成本和费用）的基础上，可以自由选择向商业银行借款、发行债券或发行股票，降低总体融资成本。股票和债券等金融资产的发行流通使得金融风险被广大投资者分散承担，客观上满足了经济主体分散风险的诉求。有闲置资金的居民（投资者）根据个人的风险偏好，设计合适的投资策略，购买多样化的金融产品，实现个人财富的保值增值。金融科技和大数据分析等前沿技术的应用，金融监管的调整，全面注册制的推行，为财富管理功能的优化提供了技术支持和制度保障。

从传统金融到现代金融的升华，在投融资结构方面，主要表现为从商业银行体系（金融中介）的间接融资占绝对主导到银行体系和资本市场共同完成不同融资方式的资金流转，从金融体系融资功能占主导到投融资并重的过程。

根据 MS&CS[①] 口径下的中国金融资产结构评估体系（吴晓求，2018；吴晓求和方明浩，2021），1990 年，在中国资本市场诞生初期，商业银行体系的信贷类金融资产占金融资产总规模的 90% 以上，属于典型的商业银行主导型金融体制；随着金融体系的现代化趋势日益明显，截至 2021 年，在流动性供给方面，资本市场的直接融资（证券型金融支持）和商业银行体系的间接融资（信贷型金融支持）几乎平分秋色，中国金融体系结构从商业银行主导型过渡到商业银行和资本市场共同主导的"双峰型"（吴晓求，2022），资本市场的投融资功能逐渐完善。

3. 适用的风险理念——包容风险

风险理念是一个动态调整的过程。在商业银行体系间接融资所主导的传统金融时代，商业银行所有资产业务的风险最终都被集中在商业银行，为兼顾流动性、安全性和盈利性，根据监管要求，商业银行严控资本充足率（一级资本充足率、核心一级资本充足率）、不良贷款率、拨备覆盖率等核心指标，厌恶风险，为了追求稳定的资产收益率，不愿意向具有不确定性的初创企业提供资金。

新时代的中国正处于关键的经济战略转型期，资本市场和商业银行体系在流动性供给方面并重，既不同于以美国和英国为代表的市场主导型金融体系，也有别于以德国和日本为代表的银行主导型金融体系，属于带有中国特色的现代金融模式（"第三种模式"）。

针对当前的金融结构，包容风险的理念最为吻合。风险和收益是并存的，只要是参与投资，就会有风险（无风险利率看似无风险，但也会受到货币购买力变动的影响，例如持续的通货膨胀）。现代金融体系的包容风险意

---

①　M 代表货币和准货币的总量，即广义货币 M2；C 代表商业银行体系的信贷资产规模；S 是证券类金融资产（包括股票和债券）。MS＝M＋S，代表基于资产属性角度的金融资产规模；CS＝C＋S，代表基于融资机制角度的金融资产规模。具体的金融资产结构变动过程，参见吴晓求，等．中国资本市场：第三种模式．北京：中国人民大学出版社，2022.

味着金融市场和金融行业的参与主体不再一味地回避风险，而是借助有效的金融创新工具和机制，使用风险分散和风险对冲等策略配置风险，让风险处于可控范围内，进而追求更高的收益。

在转型期的中国，传统的经济增长模式已经不可持续，外部环境的不确定性加剧，新的经济增长动能和经济结构调整需要通过不断的科技创新来完成。落实创新驱动发展战略，就得培育高新技术产业，支持有发展前景的初创企业成长。这一点，商业银行体系厌恶风险的间接融资很难做到。有发展前景的初创企业规模小，资金周转较为紧张，抗风险的能力极弱，对中长期的资金需求较高。商业银行给这些企业提供资金，需要承担长期的风险暴露，一旦初创企业宣告破产，商业银行连投入的本金都很难收回。基于理性人的思考，商业银行自然希望给处于成熟期的企业发放贷款，而不是对初创企业进行风险投资。只有资本市场的发展壮大，才能解决上述困境。在资本市场上，处于初创期的高新技术企业可任意选择发行债券或股权融资，融资的成本（利率）由市场决定，市场上的债权人或股东分散了集中在单一企业的风险，初创企业则通过直接融资获取了充足的中长期运营资金，有了生存的希望。站在投资者的角度，面对资本市场多样化、结构化的金融产品，根据个人的风险偏好决定投资组合，能够满足财富管理的需求。

包容风险是传统金融过渡到现代金融不可或缺的重要风险理念。

（二）包容风险的实现途径（风险配置）

1. 风险分散

（1）现代投资组合理论。

现代投资组合理论在学术界通常被认为是现代金融学的开端。1952 年，25 岁的哈里·马科维茨（Markowitz）发表了题为《投资组合选择》（Portfolio Selection）的论文，全文共 14 页，主要的篇幅都是数学推导和证明，论述通过有效的"均值-方差"准则构建投资组合，确定最优权重，分散金融风险的可行性。7 年后，马科维茨的著作《投资组合选择：投资的有效分散化》顺利出版，该书代表了 20 世纪 50 年代现代投资组合理论的最高成就。1964 年，马科维茨的学生威廉·夏普（William Sharpe）推导出其中一个版本的资本资产定价模型，奠定了资产定价理论的基础。

基于现代投资组合理论的分析框架，我们假定一个简易投资组合中只有两个风险资产，收益率分别为 r_1 和 r_2；收益率的波动率分别为 σ_1 和 σ_2；风险资产 1 的权重为 w_1，风险资产 2 的权重为 w_2，$w_1 + w_2 = 1$；两个风险资产的相关系数的均值是 ρ_{12}。该投资组合的期望收益率和方差为：

$$E(r_P) = w_1 E(r_1) + w_2 E(r_2) = w_1 E(r_1) + (1 - w_1) E(r_2)$$

$$\sigma_P^2 = w_1^2 \sigma_1^2 + w_2^2 \sigma_2^2 + 2 w_1 w_2 \mathrm{cov}(r_1, r_2)$$

$$= w_1^2 \sigma_1^2 + (1 - w_1)^2 \sigma_2^2 + 2 w_1 (1 - w_1) \rho_{12} \sigma_1 \sigma_2$$

当 $\rho_{12} = 1$ 时，两个风险资产的收益完全相关，投资组合的风险（波动率或标准差）是两个金融资产的风险按权重线性相加（加权平均）的结果，即 $w_1 \sigma_1 + w_2 \sigma_2$，风险完全没有被分散，理性的投资者会将全部资金投入风险较小的其中一个资产；当 $\rho_{12} = -1$ 时，两个风险资产的收益完全负相关，投资组合的风险是 $|w_1 \sigma_1 - w_2 \sigma_2|$，最小值可以取到 0，即最小方差组合可以完全对冲风险；当 ρ_{12} 介于 0 和 1 之间时，得到的最小方差组合对应的风险大于 0，但小于 $\rho_{12} = 1$ 时的风险。

推广到 N 个资产的情形，定义权重向量 $W = (w_1, w_2, \ldots, w_N)$，协方差矩阵用 V 来表示，则投资组合方差的矩阵形式如下：

$$\sigma_P^2 = W V W^T$$

对矩阵乘积的形式进行展开，得到 σ_P^2 的求和表达式：

$$\sigma_P^2 = \sum_{i=1}^{N} w_i^2 \sigma_i^2 + \sum_{i=1}^{N} \sum_{i \neq j} w_i w_j \rho_{ij} \sigma_i \sigma_j$$

为了简化运算，我们假定 N 个资产的期望收益、波动率（风险）和相关系数均相同，分别是 $E(r)$、σ 和 ρ，此时，投资组合的期望收益和方差简化为：

$$E(r_P) = \sum_{i=1}^{N} \frac{E(r)}{N} = E(r)$$

$$\sigma_P^2 = \sum_{i=1}^{N} \sigma^2 / N^2 + \sum_{i=1}^{N} \sum_{j \neq i} \rho \, \sigma^2 / N^2 = \frac{\sigma^2}{N} + (1 - \frac{1}{N}) \, \rho \sigma^2$$

当 N 趋向于 ∞ 时，投资组合的风险趋向于 $\rho \sigma^2$，个体风险被完全分散，只剩下市场风险。

上述分析表明，只要构成投资组合的风险资产不完全相关，总能找到一个全局最小方差组合，实现合理的风险配置。

图 2-1 展示了现代投资组合理论的代表性投资策略。QP1 和 QP2 属于两种二次规划（quadratic programming）方法，相对于等权重组合（equal weights portfolio）而言，QP1 是在收益固定的条件下，确定最小风险；QP2 是在风险固定的条件下，选择最高收益。全局最小方差组合（min-variance portfolio）是垂直于代表风险的 x 轴的直线与有效边界（efficient frontier）的切点，此时波动率（风险）最低；还有切线组合，就是有效边界上风险投资组合夏普比率值最高的点，介于图中全局最小方差组合与 OP2 之间。

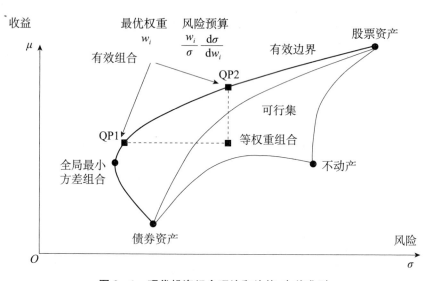

图 2-1　现代投资组合理论和均值-方差准则

资料来源：Würtz et al. (2009).

（2）资产证券化、股权融资和债权融资。

资产证券化是一个以基础资产未来预期的现金流量作为偿付支持，通过结构化设计等金融创新进行信用增级（降低融资成本），并在资本市场上发行资产支持证券的过程。简而言之，资产证券化就是一种预先出售基础资产未来的现金流量的直接融资活动。资金的需求方（初创期的高新技术企业）通过资产证券化融通资金，将企业的风险转移给购买证券化产品的众多投资者；投资者购买证券化产品，如同在个人的投资组合中增加了新的金融资产，风险结构被调整。

　　资产证券化和过度的金融创新也有潜在的隐患。抵押支持债券和债务担保证券等资产证券化产品的偿付支持是基础资产本身，如果在特定时期大量基础资产的现金流持续枯竭，资产市场价格快速下跌，进而导致证券市场上对应证券化资产的恐慌性抛售，风险的顺周期行为和传染效应极有可能引发系统性金融风险。2007—2009 年的全球金融危机最初的状态就是美国次级贷款市场的风险暴露，住房价格下跌，办理次级贷款的居民偿付能力下降，违约日渐增多，银行收回数量众多的流动性差的住房急于变现，加速了房地产市场的崩溃；同时，商业银行和相关金融机构在发行证券化产品的过程中，又积极参与二级市场投资，持有大量的头寸，面对证券价格的急剧下跌，资本金迅速缩水，加剧了危机，次贷危机演变为全面的金融危机。

　　股权融资（资金需求方发行股票募集资金）和债权融资（资金需求方发行短期或中长期债券融通资金）在风险配置方面，类似于资产证券化过程，将集中于企业的风险转移给众多的股东或债权人（债券持有者），不过股权融资和债权融资的偿付支持是资金需求方预期未来能获得的利润或现金流量，而不是单一的基础资产。一旦融资企业在合规经营的状态下破产，所有股东以出资额为限承担了有限责任（相当于分散风险），债权人优先处置了企业的剩余资产（获得部分补偿），融资方和资金供给方就都实现了各自的风险配置。

　　2. 风险对冲
　　（1）金融衍生品视角和双向交易机制。
　　现代金融体系的风险配置是多样的。投资组合策略的运用，资产证券化的过程，股权融资和债权融资，等等，只是对个体金融风险的分散，无法应对市场风险或系统性风险（systematic risk，相对于个体风险而言，不等同于系统性金融风险），整体的金融风险依旧集中在商业银行体系和资本市场。

金融衍生品市场的发展和交易机制的优化为套期保值和风险对冲（risk hedging）提供了可能。基础的金融衍生品包括期权、期货、远期和互换等。期权合约是指持有者可以在未来特定的时间（时点或时段）以特定的价格行使买入或卖出资产的权利，也可以放弃行权的场内标准化合约。期权有看涨期权和看跌期权这两种基本类型，其中，特定的时间就是到期日，特定的价格是执行价值。根据行权时间的差异，期权又可以分为欧式期权和美式期权。欧式期权只能在到期日行权，美式期权在到期日之前的任何交易时刻都可以行权。由于期权赋予持有者一种选择是否行权的权利，购买期权需要付出"代价"，购买者向卖方支付期权费。期货合约是指交易双方约定在未来特定的时间以约定的价格交易特定产品的场内标准化合约。常见的期货有商品期货和股票指数期货。远期的功能与之类似，但远期是交易双方私下的约定，规范性相对较弱，存在违约风险。互换简单来说就是交易双方（一般是企业）达成协议在未来交换以不同方式计算的现金流量，最为典型的是利率互换（例如交易双方对固定利率借款和浮动利率借款所要支付的利息进行互换）和汇率互换。

同金融衍生品交易相配套的还有一系列制度安排，包括双向交易机制（允许做空）、保证金制度、杠杆交易、报价形式和交割规则等，其中，引入做空机制是风险对冲的关键。对冲基金（hedge fund）经常采用股票多/空对冲的交易策略，买入（做多）价格被市场低估的股票，同时卖出（做空）价格被市场高估的股票，市场风险对该交易策略的影响很小。在中国，股票市场不能直接做空，但可以通过融券的方式进行替代（从 2010 年开始）；如果股票市场持续下跌，持有的股票资产已经出现损失，采用杠杆交易，适时做空沪深 300 股票指数期货，对冲持有股票资产的损失，也是一种宽泛的对冲策略。

保证金制度和杠杆交易的存在为风险对冲提供了新途径，但期货市场上的杠杆交易以小博大，客观上放大了收益和损失，在特定的条件下可能会成为系统性金融风险的加速器。我们将举例详细介绍一些和金融衍生品市场相关的风险对冲策略。

（2）风险对冲策略举例。[1]

期货和现货的对冲策略，常见的有多头对冲、空头对冲、交叉对冲、股票组合的对冲和基于久期的对冲等。如果企业确定在将来需要买入特定的资产，可以使用多头对冲策略锁定价格，即买入期货（期货多头）；如果企业已经持有现货，可以进行空头对冲。交叉对冲的核心是确定最小方差对冲比率（h^*）和用于对冲的最优期货合约数量（N^*）：

$$h^* = \rho \frac{\sigma_S}{\sigma_F} \ ; \ N^* = h^* Q_A / Q_F$$

其中，S 对应即期价格，F 对应远期价格；ρ 是对冲期限内现货价格变化（ΔS）和期货价格变化（ΔF）的相关系数；Q_A 是等待对冲头寸（现货）的数量；Q_F 代表一份期货合约的单位数。

类似地，股票组合对冲的最优期货合约数 $N^* = \beta V_A / V_F$，其中，β 来自 CAPM，衡量股票组合相对于市场的风险；V_A 是股票组合的现值，V_F 是期货的当前价值。至于久期的对冲，关键是计算价格敏感性对冲比率，使得整体证券头寸的久期为 0。

期权的风险配置策略分为差价策略和组合策略两个大类，涉及 3 个基本价格，即资产的即期价格（S_T）、期权的执行价格（K）和期权费（fee）。差价策略包括牛市差价（同为看涨期权或看跌期权，买执行价格低的，卖执行价格高的）、熊市差价（同为看涨期权或看跌期权，买执行价格高的，卖执行价格低的）、盒式差价（牛市差价＋熊市差价）；蝶式差价、日历差价（同为看涨期权或看跌期权，卖短期的，买长期的）。组合策略有跨式组合（同时买入具有相同执行价格、相同到期日的同种股票的看涨期权和看跌期权）、序列组合（一个看涨期权和两个看跌期权）、带式组合（两个看涨期权

---

① 约翰·赫尔. 期权、期货及其他衍生产品：原书第 9 版. 北京：机械工业出版社，2014.

和一个看跌期权）和异价跨式组合（购买到期日相同但执行价格不同的一个看跌期权和一个看涨期权，而且看跌期权的执行价格更低）等，具体的细节和图示可以参考约翰·赫尔的《期权、期货及其他衍生产品》（原书第 9 版）一书的相关章节。

本节仅举"由看涨期权构造的牛市差价"一例。看涨期权多头的执行价格为 K_1，看涨期权空头的执行价格为 K_2，$K_2 > K_1$；期权费 1 > 期权费 2；$(K_2 - K_1) >$（期权费 1－期权费 2）。具体的收益（损失）见表 2-1，损益被控制在一个确定的区间内。

表 2-1　　　　　　　　　　期权牛市差价的收益表

	看涨期权多头	看涨期权空头	整体收益
$S_T \leqslant K_1$	－期权费 1（损失期权费）	期权费 2（获得期权费）	期权费 2－期权费 1（损失状态）
$K_1 < S_T < K_2$	$S_T - K_1 -$ 期权费 1	期权费 2（获得期权费）	$S_T - K_1 -$ 期权费 2＋期权费 1（不确定）
$S_T \geqslant K_2$	$S_T - K_1 -$ 期权费 1	期权费 2＋$K_2 - S_T$	$K_2 - K_1 -$ 期权费 2＋期权费 1（获利状态）

3. 关注成长性和前景

传统金融和现代金融的关注视角存在显著的异质性，传统金融重视过去和当下，现代金融（资本市场及前端资本业态）更关注未来。在中国经济的战略转型期，科技赋能至关重要，而众多处于初创期和成熟期的高新技术企业都是推动科技创新的主力军。支持初创期具有发展潜力的科技企业成长，就不能将当下这些企业的现金流量少、流动性紧张和不确定性较高等负面信息作为狭义的评判标准，成长性和发展前景更为重要。

除了风险分散和风险对冲，包容风险的另一个主要途径就是实现风险的跨时空配置，通过对未来的投资来补偿现时的风险承担。

估值技术的变革是重要的内容，应该给予处于初创期的高新技术企业更高的创新风险溢价，包容创新风险。例如初创企业的月均活跃用户数等指标都可成为估值的重要依据。同时，配套的前端资本业态和宏观政策支持也要同步跟进，在现代金融框架下，积极发展天使基金、私募股权基金、风险投资基金等多元化资本业态（吴晓求等，2020），拓展数字金融和金融科技的应用覆盖面，满足不同层次的融资需求和风险的合理配置。

（三）金融监管的调整

1. 现代金融的二元风险结构

风险结构来自金融资产结构；金融资产结构的多样性带来了风险结构的多样性（吴晓求，2020）。在传统金融时代，商业银行体系的信贷类资产和保险行业的保险产品等就是最主要的金融资产，金融风险（尤其是信用风险）集中于以商业银行为代表的金融机构（金融中介）。较为单一的资产结构决定了由金融机构风险占主导的风险结构。

随着金融脱媒，货币资金从金融机构（金融中介）不断流向金融市场，股票类资产和债券类资产开始普及，初步形成了异质性的金融资产结构。借助于现代信息技术，金融创新层出不穷，从大额可转让定期存单、抵押支持债券、债务担保证券和资产支持商业票据等典型的资产证券化产品，到期权、期货、远期、互换等金融衍生品，金融资产的结构日益多样。近年来，量化投资策略方兴未艾，量化投资基金产品快速发展，结构化的设计、不同的风险收益组合和智能投顾服务等，进一步优化了资本市场的财富管理功能。

金融机构和多层次资本市场共同发展的现代金融体系结构意味着金融风险结构由单一的金融机构风险转向机构风险（包括金融各子行业和外部相关行业的风险）和市场风险并重的格局，风险传染效应显著，金融监管当局重点关注金融机构风险的传统监管模式必然要进行调整，以适应现代金融新的二元风险结构。

当今中国，基于资产属性、融资方式和财富管理等方面的金融资产结构都发生了显著调整（吴晓求等，2021；吴晓求等，2022），证券类金融资产占金融资产总规模从不到 10% 上升至 50% 左右，财富管理需求显著提高，金融市场产品的透明度风险正处于快速上升阶段（例如中国银行的原油宝事件）。中国金融体系的风险正在由原来单一的机构风险慢慢过渡到机构风险和市场风险并重，由原来的资本不足风险过渡到透明度不足风险和资本不足风险并重的时代（吴晓求等，2020）。

2. 透明度监管和法治化建设

有效的金融监管是规范市场参与者行为、疏导金融风险、维护金融体系平稳运行的重要保障。在处于中国特色社会主义新时代的中国，国内金融监管机构主要包括国务院领导下的金融稳定发展委员会、中国人民银行、中国银行保险监督管理委员会（简称银保监会，2018年成立）、中国证券监督管理委员会（简称证监会）及其附属分支机构和国家外汇管理局，已经形成"一委一行两会一局"的基本格局。其中，国务院金融稳定发展委员会在金融监管体制中居于主导地位，发挥统筹、协调、指导等总揽全局的作用；中国人民银行制定和执行货币政策，落实宏观审慎政策，履行中央银行职能，维护金融稳定；银保监会则统一监管商业银行体系和保险行业的经营管理活动；证监会管理证券行业、多元金融行业（信托业等）和资本市场（包括股权融资、债券发行承销和信息披露等活动）；国家外汇管理局负责监管外汇相关事宜。明确金融监管机构的职能分工和有效配合，完善金融监管体制，是金融监管有效性的基础。

然而，中国金融各子行业的业务交叉和跨行业投资产生了复杂的风险网络关联，双向风险溢出效应显著，风险传染路径复杂多样，使得基于金融体系内部细分行业划分进行金融监管的职能分工难以适应当下金融体系的风险结构和风险特征。根据金融机构的业务实质分类监管，落实不同金融监管机构对同一营利性金融机构的联合监管、共享数据，以及提升监管科技，借助大数据、云计算等技术对金融行业的风险事件进行前瞻性模拟，是新时代完善金融监管体制的理性选择。例如，中国银行的原油宝事件表面上属于银行体系内部的事情，但其实质却是商业银行设计市场化金融产品，从事资本市场交易而造成的风险暴露，理论上可以由证监会负责统一的透明度监管。

在中国经济的战略转型期，金融监管的重心和监管方式也要适时调整。在商业银行体系内部，国有大型商业银行资产规模举世瞩目，历来是重点监管对象。国有大型商业银行资本金充足，盈利能力强，利润总额高，有国家的"隐性"支持，风险承受能力很强，跟中国特色社会主义现代化建设风雨同舟，虽是系统重要性银行，但可以"忽略"发生系统性风险的概率。相比较而言，股份制商业银行和城市商业银行近年来风险事件多发（例如包商银行的严重信用风险事件和渤海银行的存款违规担保抵押事件等），银行体系的金融监管重点应该向具有脆弱性的中小银行倾斜。随着金融体系结构的深度调整，资本市场在中国经济战略转型过程中的地位日益突出。过去金融监管的重点主要是对金融机构进行监管，现在除了对金融机构进行监管以外，很重要的是要对市场的透明度和信息披露进行监管，对金融机构的监管和对透明度的监管变得同等重要（吴晓求等，2020），其中，透明度监管意味着监管方式从传统的事前事中监管过渡到事中事后监管，监管重心后移；透明度监管主要面对的是资产管理或者财富管理的产品，属于针对社会公众以及投资者的一种风险管控（吴晓求等，2020）。

法治化建设和金融监管的调整相辅相成。完善的科学立法体系和严格执法体系是法治化建设的两个关键，也是重要的金融基础设施。在科学立法方面，提高违法违规成本是规范资本市场运行的重要举措。在较长的时间里，中国资本市场的违法成本很低，市场参与者对法律没有畏惧之心。2020年3月开始实施的新《证券法》对违法违规的处罚力度明显提升。例如：对非法募集资金的最高处罚提升至募集资金总额的一倍；对违规信息披露的处罚从罚款60万元上升至封顶1 000万元。同年12月，新通过的《中华人民共和国刑法修正案（十一）》对资本市场违法犯罪行为的刑事惩处大幅加强，新型的操纵市场等行为都被纳入刑法体系。加快构建投资者保护体系，切实维护中小投资者的合法权益，在规范资本市场运行、助力共同富裕等方面尤为重要。新《证券法》有专门章节详述"投资者保护"的规定，其中，"代表人诉讼制度""明示退出""默示加入"等一系列制度安排是集体诉讼制度建设的有益尝试。2020 年 7 月，《最高人民法院关于证券纠纷代表人诉讼若干问题的规定》发布；次年 4 月，中小投资者对康美药业的证券纠纷诉讼开启了中国境内"特别代表人诉讼"案例之先河。针对投资者保护制度体系建设，最重要的还是政府和法律部门尽快全面落实集体诉讼制度，为中小投资者提供法律援助，降低维权诉讼的初始成本，并从制度设计上提高司法机关审理此类案件的时效性，用来震慑和惩处通过资本市场侵害投资者利益的实体或个人。

资本市场相关法律法规的具体落实，最终依靠执法部门。健全资本市场执法体制，需要对执法部门进行额外的监督，杜绝执法部门"人为"修改规则，确保法律法规不打折扣地执行，对操纵市场、内幕交易和披露虚假信息等非法行为"零容忍"。资本市场的处罚机制还可以进一步进行结构性优化，根据市场参与者（主要指各类机构投资者和上市公司）的规模和影响力，制定差别化的惩罚规则，从法律层面抑制市场参与者的侥幸心理，为市场的健康运行创造良好的法治环境。

金融监管的调整优化和法治化建设的持续深入，将有利于中国现代金融体系的规范运行，增强投资者的信心和财富管理的意愿，包容更多创新风险，进而为高新技术产业提供充足的资金支持，通过科技赋能加速经济的战略转型。

（四）系统性金融风险和宏观审慎政策

1. 系统性金融风险的内涵、成因和传染放大机制

现代金融体系的包容风险理念和风险管理机制是完善金融功能、合理配置风险、实现货币时间价值的重要基础；但是，包容风险并不等于商业银行体系和资本市场可以无限容纳风险。2007—2009 年，美国资本市场的过度金融创新和资产证券化，非但没有起到分散、对冲风险的作用，反而因为投资者（个人和机构）的盲目热情和过度投机，诱发系统性金融风险，极强的溢出效应最终导致了全球金融危机，并成为 2010 年欧洲主权债务危机爆发的

重要因素。现阶段，守住不发生系统性金融风险的底线，统筹发展与安全，是中国经济金融领域的重要任务。

系统性金融风险通常被视为"较难定义但可以根据现象进行感知"的概念（Benoit et al.，2017），泛指威胁到整个金融体系安全和宏观经济运行稳定的极端风险事件（Bernanke，2009），又可以表述为金融体系部分或全部遭受损毁时所导致的金融服务中断并对实体经济造成潜在负面影响的风险（IMF、BIS、FSB，2009）。Benoit 等（2017）对其内涵进一步延伸，认为系统性金融风险是指众多市场参与者同时遭受严重损失，并且损失在整个金融系统中迅速蔓延的风险，这个定义考虑到了金融体系内部风险传染的问题。关于系统性金融风险的成因，Allen 和 Carletti（2013）认为多重均衡引发的恐慌和银行业危机、资产价格的急速下跌、金融风险的传染效应和银行体系的外汇资产错配等都会导致系统性金融风险的产生。Zigrand（2014）考虑到外在冲击的影响，认为系统性金融风险包括金融体系正常运行时可能冲击系统、阻碍系统正常运行的外部风险和金融体系的内生风险。

2021 年 12 月 31 日，中国人民银行发布了《宏观审慎政策指引（试行）》，系统性金融风险被定义为"可能对正常开展金融服务产生重大影响，进而对实体经济造成巨大负面冲击的金融风险"，其主要来源于时间和结构两个维度：基于时间维度，特定金融活动参与者的一致行为会随着时间的推移积累金融风险（例如，单一机构投资者连续的金融资产抛售会导致其他机构或个人投资者跟着抛售金融资产，加速市场崩溃），加之金融杠杆过度扩张或收缩的顺周期性，导致金融风险的自我强化（放大）。上述特征的内在机制就是策略互补性（strategic complementarity）。罗伯特·希勒（Robert Shiller）在《非理性繁荣》（第三版）一书中利用泡沫的反馈理论（feedback theory）详细解读了股票市场投资者在上升行情和下跌行情中分别表现出来的策略互补性行为，即盲目自信和过度恐慌，以及反馈环（feedback loop）作用下的自我放大机制。

基于结构维度，特定机构或金融市场的不稳定性（风险事件）通过风险收益关联网络传递风险，具体表现为双向溢出效应（spillover effect）和金融风险的跨机构、跨部门（行业）、跨市场传染，甚至对其他国家或地区产生强烈的负面影响，而风险传染的基础则是金融各子行业的深度混业经营和跨行业投资，进而形成密切的风险收益动态相关关系，畅通了风险传染的渠道。例如，金融体系向房地产行业提供资金，房地产市场的繁荣能够给金融行业带来可观利润；随着宏观政策倾向于对住房金融属性的抑制，房地产开发企业的利润空间被压缩，资金流动性紧张，风险积累，反过来对金融行业的稳定性造成冲击；商业银行（或其附属理财公司）设计诸如以股票组合为标的资产的理财产品，向社会公众出售，从事资本市场交易，实际上涉及了证券业务，一旦资本市场出现持续的过度波动和金融资产的恐慌性抛售，理财产品的净值遭受损失，证券行业和股票市场的风险自然就传染到商业银行体系。

系统性金融风险的传染放大机制以溢出效应（负外部性）、风险网络关联和策略互补性（正反馈交易行为）等为核心，危害巨大，如果不及时疏导，将对经济金融的运行造成持久创伤，留下极其高昂的恢复成本。维护金融稳定是现代金融监管的永恒主题，追求包容风险和金融稳定的平衡是转型期中国经济高质量可持续发展的必要条件。

2. 包容风险和金融稳定的平衡

自党的十八大以来，中国经济增速放缓，进入新常态；2017 年，习近平总书记在党的十九大报告中明确指出："我国经济已由高速增长阶段转向高质量发展阶段，正处在转变发展方式、优化经济结构、转换增长动力的攻关期，建设现代化经济体系是跨越关口的迫切要求和我国发展的战略目标。"随着中美竞争愈演愈烈，疫情冲击持续，以及欧美发达国家的高新技术封锁，2020 年 10 月，党的十九届五中全会通过《中共中央关于制定国民经济和社会发展第十四个五年规划和二〇三五年远景目标的建议》，正式确定构建新发展格局和落实"双循环"战略布局。构建新发展格局、统筹发展与安全的核心内容包括：畅通国内大循环、促进国内国际双循环和加快培育完整内需体系。在新发展格局下，畅通国内大循环是基础和关键，要求落实创新驱动发展战略，优化市场资源配置，通过科技赋能推动产业结构转型升级，以高质量供给引领和创造新需求。

在创新驱动发展战略的推进过程中，包容风险理念是核心；包容创新风险，客观上需要优化金融体系结构，完善资本市场的间接融资模式和风险配置策略，促进金融变革与科技创新的耦合。从2022年年初开始，东欧平原战争阴云密布，全球产业链布局遭到严重破坏，世界政治经济格局在竞争、对抗与冲突中艰难调整；美国国会众议院议长佩洛西在敏感时刻窜访中国台湾地区，公然干涉中国内政，刻意升级台海局势，加剧了中国经济发展的外部环境不确定性，国内经济金融领域的安全问题面临诸多考验。现阶段，国内金融领域既要优化资本市场功能，支持处于初创期的高新技术产业成长，又要维护金融稳定，防范和化解系统性金融风险，最终目的是实现包容风险和金融稳定的平衡。

具体而言，在包容风险方面，金融决策部门应该适时推进资本市场的全面注册制改革，完善信用评级体系、退市机制和信息披露规则，保护投资者的合法权益（"集体诉讼制度"），在此基础上，发展新金融业态，丰富金融产品，推广金融科技，健全金融法律体系和执法体系，建成层次结构多样化、各子部分资源优势互补、信息透明规范运行的资本市场和稳健经营、业务多样、适应产业结构变迁的现代金融服务体系。

包容风险要服从于金融稳定。在金融稳定方面，为了适应中国金融体系结构在业务模式、融资方式和功能发挥等方面的变迁，金融监管模式和监管重心的调整势在必行，金融监管当局需要重点关注具有脆弱性的中小银行，资本市场领域落实透明度监管，强化金融产品的合规性管理，更重要的是，金融决策机构和监管部门需要健全系统性金融风险的评估体系、实时预警机制和风险疏导策略。

3. 宏观审慎政策下的金融风险评估和疏导

宏观审慎政策和货币政策同属于中国人民银行的"双支柱"调控框架，

其中，宏观审慎政策包括政策目标、风险评估、管理工具和政策传导机制等。防范系统性金融风险、维护金融稳定是宏观审慎政策的主要目标，具体表现为防止金融风险的顺周期积累，抑制风险传染效应，降低金融危机的破坏性，日常的检测重点有宏观杠杆率，社会经济主体（政府、企业、家庭）的债务风险，系统重要性金融机构，金融产品、金融机构和金融市场的风险溢出效应和其他极端风险事件。

（1）金融风险的总体评价——系统性金融风险压力指数。

实时监测金融体系的总体风险和局部特征，是金融监管当局落实宏观审慎政策的重要环节。金融压力的概念最早由 Illing 和 Liu（2006）提出，反映金融体系在动态的、不确定状态下的总体风险水平，金融压力持续出现极端值往往对应着系统性金融风险和金融危机。成熟的文献，例如 Holló et al.（2012），在金融体系中的各子市场和金融中介里选取衡量金融压力水平的代表性指标，赋予不同的权重，转换成经验累积分布函数（CDF）的形式，评价金融体系各子部分的金融压力水平，在此基础上，给定权重向量 $W = (w_1, w_2, \ldots, w_N)$、金融体系各组成部分的风险压力指数 $S = (s_{1,t}, s_{2,t}, \ldots, s_{N,t})$ 和时变相关系数矩阵 C_t，定义系统性金融风险压力指数（CISS）的矩阵形式为：

$$CISS_t^2 = H_t C_t H_t^T$$

其中，$H_t = (w_1 s_{1,t}, w_2 s_{2,t}, \ldots, w_N s_{N,t})$，$H_t^T$ 代表 H_t 的转置；C_t 是由时变相关系数 $\rho_{ij,t}$ 组成的矩阵。展开运算，我们可以得到更加直观的系统性金融风险压力指数表达式：

$$CISS_t = \sqrt{\sum_{i=1}^{N} w_i^2 s_{i,t}^2 + \sum_{i=1}^{N} \sum_{j \neq i} w_i w_j s_{i,t} s_{j,t} \rho_{ij,t}}$$

有关宏观杠杆率和债务风险的测度，遵循固定的计量方法和程式即可，资料来源主要依赖于宏观统计，时效性相对较弱。

（2）风险溢出效应分析。

2007—2009 年的全球金融危机具有极强的负外部性（风险溢出效应），作为金融风险管理的分水岭，催生了溢出效应的研究热潮。Adrian 和 Brunnermeier（2016）首创条件在险价值分析方法（CoVaR；ΔCoVaR）。给定金融行业 i 对金融行业 j 存在风险溢出效应的前提条件，当金融行业 i 发生风险事件 $C(X^i)$ 时，金融行业 j 将会发生的尾部风险即：

$$Pr(X^j \leqslant CoVaR_q^{j|X^i} \mid X^i = VaR_q^i) = q$$

其中，VaR_q^i 是在险价值，用于度量在一定时期内、特定的置信度（置信水平）q 下，金融行业 i 可能发生的最大价值损失额，概率表达式为：

$$Pr(X^i \leqslant VaR_q^i) = q$$

那么，金融行业 i 对金融行业 j 的风险溢出表达式为：

$$\Delta CoVaR_q^{j|i} = CoVaR_q^{j|X^i = VaR_q^i} - CoVaR_q^{j|X^i = VaR_{0.5}^i}$$

其中，$\Delta CoVaR_q^{j|i}$ 的数值越大，意味着在特定时期内，金融行业 i 对金融行业 j 的风险溢出效应越强。条件在险价值分析方法同样可以被应用于金融机构、金融市场，形成复杂的风险溢出网络。

常见的度量指标还有边际预期损失（MES），由 Acharya 等（2012，2017）提出，被用于度量发生系统性金融风险时，单一金融机构或行业预期遭受的损失，相当于金融市场对金融机构的风险溢出效应。简化的表达式为：

$$MES_{it}(q) = \beta_{it} ES_{mt}(q)$$

其中，$ES_{mt}(q)$ 代表市场的预期损失，$\beta_{it} = \rho_{im,t} \sigma_{it} / \sigma_{mt}$ 是动态条件贝塔，其经济含义类似于 CAPM 中的贝塔系数。

（3）系统重要性金融机构的识别。

针对系统重要性金融机构的识别，Brownlees 和 Engle（2017）的 SRISK（系统性金融风险度量指标）方法综合考虑了规模、杠杆和市场风险等因素，实现了市场数据和财务数据分析的结合，核心是测度单一金融机构在系统性金融风险（例如证券市场大幅下挫）发生时的预期资本损失净值，其公式为：

$$SRISK_{it} = [k \times lev_{it} + (1+k) \times LRMES_{it} - 1] \times Equiy$$

其中，k 代表金融监管当局要求的资本充足率；$lev_{it} = (Debt + Equiy)/Equiy$，

被定义为"准"杠杆，$Debt$ 是负债的账面价值，$Equiy$ 是股权的市场价值；$LRMES_{it}$ 代表长期边际预期损失，用来度量发生系统性冲击时，金融机构在一定时期的算术平均市场收益率（损失），具体表达式为 $LRMES_{it} = -E_t(r_{it+1:t+h} \mid r_{mt+1:t+h} < C)$，$C$ 是一个阈值，Brownlees 和 Engle（2017）将其设置为 6 个月市场下跌 40% 或 1 个月市场下跌 10%，分别对应风险的长事件和短事件。$SRISK_{it}$ 的数值越高，意味着发生系统性金融风险时，流动性危机和资金缺口越严重。

（4）风险关联网络和传染路径。

金融各子行业的业务交叉和跨领域投资业务日渐流行是金融体系内/外部形成高维风险关联网络的基础。对于风险传染路径的刻画，Billio 等（2012）设计了多元格兰杰因果网络检验方法；Härdle 等（2016）提出了在高维网络中度量尾部驱动溢出效应（tail-driven spillover effect）的半参数 TENET 方法；Diebold 和 Yilmaz（2014，2016）以及 Demirer 等（2018）借助于广义方差分解将标准化的广义预测误差方差转换为多维度的净溢出效应分析（风险传染路径）；等等。这些文献都是后金融危机时代研究金融风险传染的代表性文献。

（5）宏观审慎政策工具和传导机制。

系统性金融风险的作用机制具有异质性，针对不同类型的系统性金融风险，宏观审慎政策工具同样可以按照时间维度和结构维度来划分。

《宏观审慎政策指引（试行）》关于两类工具有如下表述："时间维度的工具用于逆周期调节，平滑金融体系的顺周期波动；结构维度的工具，通过提高对金融体系关键节点的监管要求，防范系统性金融风险跨机构、跨市场、跨部门和跨境传染。"具体而言，基于时间维度的政策工具涉及资本管理工具、流动性管理工具、资产负债管理工具、金融市场交易行为工具和跨境资本流动管理工具等；基于结构维度的政策工具包括特定机构附加监管规定（例如附加资本和杠杆率要求）、金融基础设施管理工具、跨市场金融产品管理工具（以跨市场监督为主）、风险处置等阻断风险传染的管理工具等。

宏观审慎政策传导机制是指通过运用宏观审慎政策工具对金融机构、金融基础设施施加影响，从而抑制可能出现的系统性金融风险顺周期累积或传染，最终实现宏观审慎政策目标的过程。畅通的宏观审慎政策传导机制是提高政策有效性的重要保障。

四、现代金融结构和风险管理理念对转型期中国的启示

当今世界正处于百年未有之大变局，中国面对的是近代以来最好的发展时期，同时也是国际格局剧烈变化的特殊时期，尤其是在数字经济和高质量发展的大背景下，伴随着我国经济结构的调整，无论是现代金融结构还是风险管理理念，都正在极大地影响着转型期的中国。任何事物的存在都应与周边环境相适应才能形成内外平衡且相对稳定的系统，软性与硬性、经济与文化、约束与发展、结构与理念都需要相互包容、彼此适应，未来国家和社会的可持续发展对两者的深入融合度提出了更高的要求。

（一）当代中国金融变革的动力

2021 年我国经济规模超 114.4 万亿元，连续多年稳居全球第二大经济体，人口超 14 亿，人均 GDP 达 80 976 元。如此庞大的经济和市场规模需要有相适应的金融体系支撑。当前我国金融体系仍是以银行业为主导的金融结构，2021 年年末社会融资规模存量为 314.13 万亿元，其中间接融资 252.83 万亿元，直接融资 61.3 万亿元，分别占比 80% 和 20%。尽管金融体系运行稳定且发展迅速，但金融结构有待优化，间接融资比重过高，融资成本下降空间有限。例如，2021 年企业债券净融资略有减少，为 3.29 万亿元，同比减少 1.09 万亿元，直接融资渠道发展乏力（如图 2 - 2 所示）。由于疫情的影响，经济增长压力巨大，企业融资成本亟须降低，原有的金融结构需要适时进行合理的变革和调整以应对内外部复杂的变化情况。因此，当前中国金融变革需要内部和外部的驱动力，本节将从几个维度进行阐述。

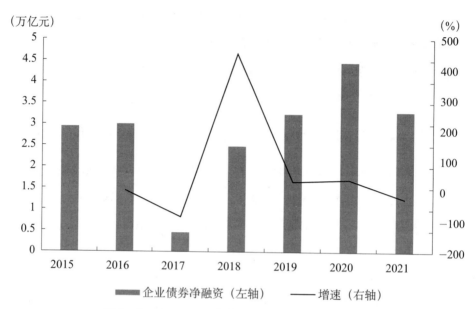

图2-2　2015—2021年中国企业债券净融资及增速

资料来源：中国人民银行、智研咨询。

1. 科技创新

从传统交易所到通信设备升级，从线上交易到最前沿的区块链、人工智能、大数据、云计算等科技手段的引入，金融市场一直伴随着科技的迭代而互促发展。科技创新也为金融监管手段、金融产品研究、金融风险管理、投资者交易场景、新的货币形态等方面提供了可能，同样科技也为现代金融风险管理理念和价值体系带来了前所未有的挑战。一种是完全颠覆性的科技。例如，截至2021年年底，虚拟货币的市值逼近3万亿美元，无论是投资需求还是支付用途，由于体量不断膨胀，各经济体政府无法忽视其存在，相继将其纳入监管范畴（如表2-2所示）。当前由于美国以及经济大国的量化宽松政策，大量资金涌入新兴市场，各个国家的货币贬值无法避免，因此，货币持续贬值的国家对虚拟货币的需求不断高涨。在阿根廷、尼日利亚、巴西等因受金融管制而难以获得外汇的国家，作为替代美元的资金"避风港"，虚拟货币成为该国资本追捧的对象。

表 2-2   **2021 年各经济体对虚拟货币的不同监管措施**

经济体	各经济体对虚拟货币的不同监管措施
欧盟	推出具有里程碑意义的虚拟货币法案
美国	发布加密监管法案，鼓励虚拟货币支付
英国	宣布加密监管新政策，重点关注稳定币
俄罗斯	支持比特币支付
乌克兰	确定比特币合法地位
新加坡	加密交易趋主流，实现分类监管
迪拜	允许进行加密货币交易
日本	修改法案，保护数字货币使用者
韩国	拟成立加密货币监管机构
印度	将对虚拟货币实行分类监管

另一种是基于原有理论结合最新的科技手段进行优化。智能投顾就是其中之一，它是人工智能在金融领域应用的重要形式，其可依据投资者的投资需求和风险偏好，提供数字化、自动化、智能化的财富管理服务。目前主流模式（狭义的定义）为基于马科维茨提出的现代投资组合理论、其他资产定价及行为金融学理论，结合投资者的财务状况、风险偏好和收益目标等，构建数据模型和后台算法，为投资者提供相关资产配置建议、交易执行及税收盈亏收割等增值服务。很多原有的传统投资行为逐渐被更加智能的技术手段所替代，机器学习、深度学习、强化学习等各种前沿科学都正在金融领域以惊人的速度渗透。图 2-3 展示了 2016—2022 年全球智能投顾资产管理规模。

科技更新的速度往往快于金融理论、风险管理理念发展的速度，由于金融结构的形成是一个缓慢的过程，金融市场对科技接纳得越快，金融市场可能受到的冲击就越剧烈、越充满不确定性。因此，在适度包容风险的前提下，拥抱科技，与时俱进，跟进科技的步伐，及时预测金融市场的变化，有序科学地调整现代金融体系是监管的必然选择。

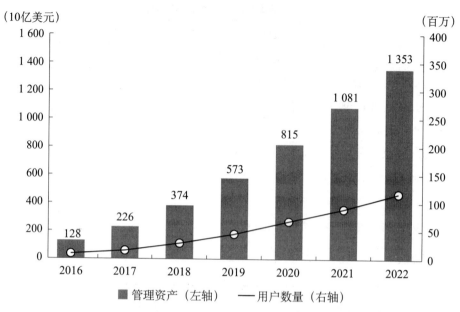

（10亿美元）   （百万）

图 2-3　2016—2022 年全球智能投顾资产管理规模

2. 对外开放

尽管从 2018 年开始贸易摩擦不断，西方国家去全球化趋势越发明显，但习近平主席强调："不论世界发生什么样的变化，中国改革开放的信心和意志都不会动摇。"开放是一个国家繁荣发展的必经之路，资源的充分利用和配置效率都将得益于开放的自由贸易。因此，坚定不移坚持高水平开放，充分融入世界经济，既助力我国经济可持续发展，又为全球经济创造价值。

当前债券市场国际影响力不断加强，截至 2021 年年末，境外机构持有银行间市场债券规模超 4.0 万亿元，占银行间债券市场的比重不断提升（如图 2-4 所示）。2020 年 4 月 1 日，金融行业开始全面开放，主要包括期货、保险、券商、信用评级等金融机构不再受持股比例限制等。国家外汇管理局于 2022 年 7 月 4 日公布了建立人民币与港币之间的常备互换安排以及启动香港与内地的"互换通"两项对外开放政策。人民币国际化进程稳步加快，截至 2021 年年底，27 家人民币清算行在 25 个国家和地区进行了授权，主要国际金融中心均有覆盖，人民币跨境支付系统（CIPS）处理人民币业务累计金额达 79.6 万亿元。2021 年第四季度，国际货币基金组织的外汇储备币种构成调查报送成员持有的人民币储备规模为 3 361 亿美元，占比为 2.79%，较 2016 年人民币刚加入特别提款权（SDR）时提升 1.73 个百分点。人民币在 SDR 中的权重于 2022 年 5 月上调至 12.28%。

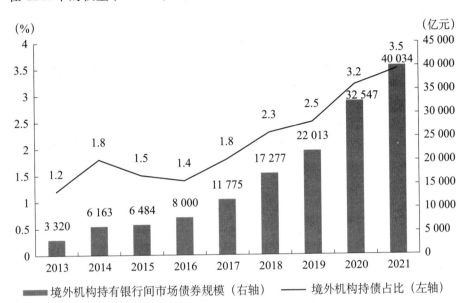

图 2-4　境外机构持有银行间市场债券规模及占比走势

根据以上数据和发展现状可以发现，我国对外开放的方向没有变化，顺应和坚持国际化的趋势没有变化，金融开放必将成为促进我国经济发展的强大动力。但与此同时，也应该清晰认识到开放后的风险，包括宏观经济的稳定、外部危机的传染、国民财富的转移、国家金融安全等。面对金融对外开放后可能遇到的风险，我国的现代金融结构是否可以识别和防范？风险管理理念是否能够适应中国金融对外开放形态的变化？这些金融对外开放带来的压力需要通过金融体系及理念的不断调整和优化助推中国顺利完成转型。

3. 实体经济

一国实体经济的水平证明了经济实力的强弱，实体经济越强，抗风险的能力越强。自党的十八大以来，习近平总书记明确指出必须把发展经济的着力点聚焦在实体经济上，中国人民银行通过深化金融供给侧改革推动实体经济高质量发展，实施稳健的货币政策，大力发展绿色金融，通过绿色贷款和绿色债券为企业提供专项融资，利用普惠金融为至少5 000万家个体工商户和小微企业发放贷款。在银行业、保险业方面，银行贷款增速、保险深度和覆盖范围均得到较大提升，目前已构建了金融与实体经济互促发展的良性循环。截至 2021 年年末，中国制造业增加值占 GDP 的比重为 27.44%，接近 2018 年水平，与日本、韩国相比，我国制造业增加值占 GDP 的比重居于前列（如图 2-5 所示）。

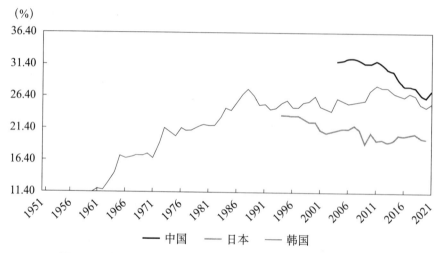

图 2-5　中国、日本、韩国历年制造业增加值占 GDP 比重比较

值得注意的是，中国 700 多万家制造企业工业制成品占中国总出口份额的比重高达 90%。从制造业采购经理人指数（PMI）的最新变化来看，截至 2022 年 8 月，中国 PMI 为 49.4%，比上月回升 0.4%，制造业情况开始好转。美国 PMI 为 52.8%，为 2020 年 6 月以来最低值，8 月季调非农就业人口增加 31.5 万人。日本 PMI 小幅下跌，英国 PMI 自 2021 年 2 月以来首次下调至 50% 以下，欧元区小幅下挫。总体来看，全球制造业整体发展趋缓，市场需求恢复乏力。

在资本市场方面，随着新三板、科创板、北交所的陆续设立，多层次的资本市场体系日趋完善，资本市场支持实体经济匹配度明显提升，注册制试点的逐步推进促使审核效率和市场化程度显著提高。2022 年我国国内上市公司已达 4 997 家，总市值达 130.22 万亿元，相较 2021 年年末下降 8 个百分点。

在未来很长一个时期，金融支持实体经济将是我国金融业发展的主旋律，无论是货币市场还是资本市场，都需要对变化趋势有清晰的认知，现有的金融结构也会随之发生演变，现行的风险管理理念和使用的风险管理方法也应根据实际情况结合最新的科技手段进行适时调整。

4. 人口老龄化

2021 年 5 月 11 日第七次全国人口普查数据显示，我国 60 岁及以上人口为 2.6 亿人，与 2010 年相比，上升 5.44 个百分点。从 1988 年开始，我国常住人口的自然增长率呈急速下降趋势，截至 2021 年年末的数据显示，自然增长率仅有 0.3‰（如图 2－6 所示），这说明我国人口老龄化程度进一步加深，未来一个时期将持续面临人口长期均衡发展的压力，尤其是 2022 年上半年，我国出生人口为 523 万，死亡人口为 531 万，首次出现人口学理论上的"死亡交叉"。

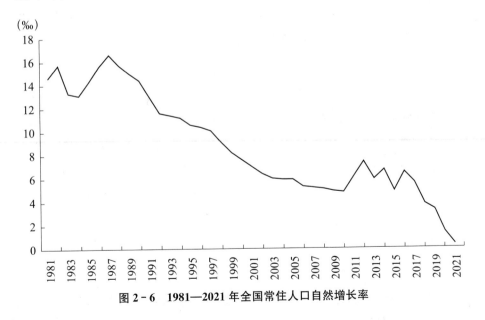

图 2－6　1981—2021 年全国常住人口自然增长率

随着我国人口老龄化时代的到来，人口结构的变化将对我国经济社会的各个方面产生影响，金融业也不可避免地受到冲击，给我国金融系统的平稳运行和金融安全带来了巨大的压力和挑战。首先，老龄化会导致经济主体的需求和心态发生变化，进而消费、储蓄、借贷、投资等经济和金融行为会发生变化，从而影响金融机构的业务模式以及金融资产的定价。若金融机构发生风险和金融资产的定价不合理，就会带来金融安全问题甚至金融危机。其次，伴随人口老龄化的养老和医疗问题，会对政府机构财政支出带来巨大压力，极大地增加财政风险。最后，人口老龄化也会为金融系统引入其他风险，例如，由于医疗技术水平的提高，人均寿命大幅高于预期，这将对政府机构和保险机构带来额外风险即长寿风险；房地产市场的风险在人口老龄化下对金融系统的影响将更加突出。

因此，"十四五"规划明确指出维护金融安全，守住不发生系统性风险底线是确保国家经济安全的重要任务之一。统筹发展和安全，建设更高水平的平安中国则是我国经济健康发展的基本要求。人口老龄化将为金融市场结构带来全新的挑战和机遇，面对金融市场结构性的差异，金融市场体系和风险管理理念应对这一长期趋势需要进行及时的调整和优化。

5. 理论创新

纵观人类社会金融理论发展史，从 1980 年至今没有系统性和实质性创新，目前在教学和市场交易过程中使用的仍是 1950—1980 年创立的金融传统理论，其中包括：证券选择与现代投资组合理论（1952）、MM 模型（1958）、戈登增长模型（1962）、资本资产定价模型（1964）、有效市场假说（1970）、套利定价理论（1976）、期权定价的布莱克-斯科尔斯模型（1973）、二项树模型（1979）、期望理论（1979）、行为金融学理论（1980）。全球金融风险成熟的测度工具和方法主要使用 VaR 相关模型，各国监管当局仍依托《巴塞尔协议Ⅲ》作为金融风险宏观审慎监管政策实施的理论基础（如图 2-7 所示）。我国金融理论方面的最大成果是关于转轨金融理论方面的创新。复杂的历史背景和改革开放后的巨大变革使如此庞大的国家从计划经济转型成为市场经济，整个过程并没有完美的参照样本。转轨金融理论的创建和形成是改革开放 40 多年实践探索中漫长而又富有成效的过程。

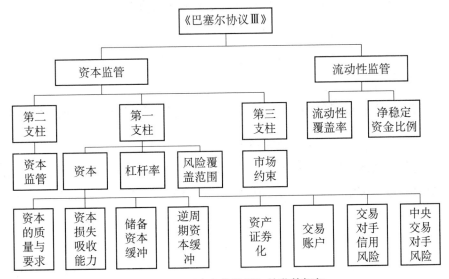

图 2-7 《巴塞尔协议Ⅲ》的监管框架

随着科技创新手段和开放经济的迅速发展，原有的金融理论需要有与现实呼应的突破和创新。例如，在原有的金融理论创立时期尚未出现虚拟货币等新兴事物，在构建方面并未考虑此类外生变量的影响，事实上，原有的定价过程、投资组合方式、风险度量方法、投资者行为变化均需重新验证其适用性，否则盲目套用并以原有的理论作为基础会导致无法解释现实存在的金融现象，或者会误导监管当局总结出错误的规律，致使监管当局制定的政策依据性不足甚至产生重大偏差。基于此，无论是金融市场结构还是风险管理理念，都需要在金融理论或风险相关理论创新的基础上进行系统性的转化，理论、理念、方法、结构、市场等一国金融体系的核心要素对整个形成过程提出了更加全面、更加深度融合的要求。

综上所述，由于外部环境的影响和内部结构的变化均会对金融变革提出新的要求，内生的推力和外生的拉力导致形成转型期中国金融变革的张力和动力。现代金融结构如何调整，调整后风险是否会加剧，风险管理理念如何与市场监管匹配，风险管理方法如何进行科学优化，以上问题都值得深入研究。本节的主要观点是不管金融结构发生多大的变化，适度包容风险的管理势态是未来必须坚持的重要系统思维方式和管理理念。通过对风险的包容过程，将风险转化为可预期并且可控的收益，运用更为先进的人工智能、大数据分析等科技手段实现"风险中取收益，监管中促创新"的最佳目标，构建良性金融生态。

（二）商业银行体系和资本市场共同主导的"双峰型"现代金融体系

1. "双峰型"现代金融体系的重要性

现代金融体系不同，则所运用的风险管理理念各有差异，同时金融监管体制机制也有区别。从现代金融体系来看，德国、日本等发达国家以及中国、印度等发展中国家均是以商业银行为主导的金融体系，英国和美国则是以资本市场为主导的金融体系。金融监管体制按照组织体系可划分为统一监管、分业监管、不完全集中监管三种，其中"牵头式"和"双峰型"均属于不完全集中监管。现代金融体系的选择决定了金融监管体制的发展方向。当前世界经济和金融发展格局发生了巨大的变化，根据我国经济和金融发展的数据和阶段性的战略选择，"双峰型"现代金融体系应该是未来我国金融体系发展的方向（吴晓求，2022）。

由于中国整体经济发展模式和结构的独特性，过去的纯大陆法系下的金融体系不能适应当前的发展趋势，资本市场和商业银行共同主导的"双峰型"现代金融体系，融合权威和市场两者的优势，达到结构性平衡，通过其不同的功能性对金融市场产生不同的推动作用。国有企业、大中型非上市企业可以继续通过以商业银行为主导的体系发挥其融资稳定、托底经济的优势，而民营企业、中小微企业、上市企业借助以资本市场为主导的体系发挥市场调节和资源配置的作用，通过规范前提下的自由交易市场，激活融资供给和需求两端。因此，"双峰型"现代金融体系的转型对于中国具有重要意义，它将决定金融监管体制机制、政策措施的方向、风险管理态度以及金融市场和经济未来的活力。

2. 构建"双峰型"现代金融体系的难点

尽管已经意识到"双峰型"现代金融体系转型的必要性和重要性，但从以商业银行为主导的金融体系转变到齐头并进的双峰模式一定不是一蹴而就的。在这个过程中有以下三个难点：一是适度包容风险的转型理念。原有的"单峰型"现代金融体系形态已存在多年，无论是银行机构还是市场，都对其认知较深且熟悉其风险管理理念和方式，因此转变为"双峰型"的过程将会遇到理念和机制的阻碍，而且面对超出认知的包容风险态度有可能进入防御性抵触。二是逐步融合的转型路径。"双峰型"现代金融体系（如图2-8所示）尽管在理论上是自洽的，但是在真实场景中的接受度和结构比例是如何逐步调整的，不同时期的最优结构是什么，如何才能完成"双峰型"现代金融体系的最终目标，等等，是融合过程中必然会遇到的问题。既要融合也要独立，融合是为了发挥两者的协同效应，独立则是要客观看待风险的属性，在包容风险的同时还需要有防范的策略，起到平稳过渡、相互支撑的作用。三是风险管理方式的合理转变。原有的风险管理方式对于以商业银行为主导的金融体系更加适应、更加有效，而转变为"双峰型"现代金融体系后，从理论上看，常规的风险管理方式会遇到挑战，资本市场的杠杆效应、集聚效应有可能加大风险的溢出效应、传染效应，商业银行体系被波及和影响的范围更广、深度更深。既有风险管理范式需要进行有益的调整，要对风险更具有包容性，以满足市场的需要。

（三）启示：寻找适合中国经济战略转型的风险管理模式

恰当的风险管理模式会助推经济更好地转型，过度或不足的模式会拖延转型或使风险加剧甚至蔓延到整个金融体系，引发更大的系统性风险。通过对英、美和德、日等国模式的对比和思考，"双峰型"现代金融体系对于中国应是最优选择，这也是对于转型期中国的重要启示。商业银行从供给端支持实体经济，资本市场从需求端满足国际化和多元化的投融资需求，两者齐头并进且相得益彰。假设我国正逐步转向"双峰型"现代金融体系，那么必然会伴随着适度包容风险管理模式的探索与实践，两者应是互融共进的关系。如果说风险不会因为变革而消失，甚至会增加更多，那么金融的核心价值恰恰是风险与监管的平衡，只有适度包容风险，更多了解风险，与风险同行，才有可能走得更远、更久，中国经济战略转型才能顺利完成成为中等发达国家的目标。

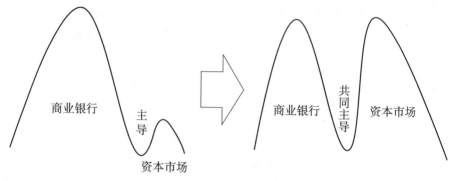

图 2-8 "单峰型"向"双峰型"的转变

参考文献

［1］吴晓求.改革开放四十年：中国金融的变革与发展.经济理论与经济管理，2018（11）.

［2］吴晓求，许荣，孙思栋.现代金融体系：基本特征与功能结构.中国人民大学学报，2020（1）.

［3］吴晓求.从传统到现代：金融变革的力量.清华金融评论，2021（9）.

［4］吴晓求，方明浩.中国资本市场30年：探索与变革.财贸经济，2021（4）.

［5］吴晓求，等.中国资本市场三十年：探索与变革.北京：中国人民大学出版社，2021.

［6］吴晓求，等.中国资本市场：第三种模式.北京：中国人民大学出版社，2022.

［7］张成思.现代金融学：货币银行、金融市场与金融定价.北京：中国金融出版社，2019.

［8］Acharya, V. V., R. Engle, M. Richardson (2012). "Capital Shortfall: A New Approach to Ranking and Regulating Systemic Risks," *American Economic Review*, 102 (3): 59-64.

［9］Acharya, V. V., L. Pedersen, T. Philippon, M. Richardson (2017). "Measuring Systemic Risk," *The Review of Financial Studies*, 30 (1): 2-47.

［10］Adrian, T., M. K. Brunnermeier (2016). "CoVaR," *American Economic Review*, 106 (7): 1705-1741.

［11］Allen, F., D. Gale (2000). "Bubbles and Crises," *Economic Journal*, 110 (460): 236-255.

［12］Allen, F., E. Carletti (2013). "What Is Systemic Risk," *Journal of Money Credit and Banking*, 45 (1): 121-127.

［13］Bernanke, B. (2009). The Crisis and the Policy Response. A Speech at the Stamp Lecture, London School of Economics, London, England.

［14］Benoit, S., J. E. Colliard, C. Hurlin, C. Pérignon (2017). "Where the Risks Lie: A Survey on Systemic Risk," *Review of Finance*, 21 (1): 109-152.

［15］Billio, M., M. Getmansky, A. Lo, L. Pelizzon (2012) "Econometric Measures of Connectedness and Systemic Risk in the Finance and Insurance Sectors," *Journal of Financial Economics*, 104 (3): 535-559.

［16］Brownlees, C., R. Engle (2017). "SRISK: A Conditional Capital Shortfall Measure of Systemic Risk," *The Review of Financial Studies*, 30 (1): 48-79.

［17］Demirer, M., F. Diebold, L. Liu, K. Yilmaz (2018). "Estimating Global Bank Network Connectedness," *Applied Econometrics*, 33 (1): 1-15.

［18］Diebold, F., K. Yilmaz (2014). "On the Network Topology of Variance Decompositions: Measuring the Connectedness of Financial Firms," *Journal of Econometrics*, 182 (1): 119-134.

［19］Diebold, F., K. Yilmaz (2016). "Trans-Atlantic Equity Volatility Connectedness: U. S. and European Financial Institutions, 2004-2014," *Journal of Financial Econometrics*, 14 (1): 81-127.

［20］Härdle, W. K., W. Wang, L. Yu (2016). "TENET: Tail-Event Driven NETwork Risk," *Journal of Econometrics*, 192 (2), 499-513.

［21］Holló, D., M. Kremer, M. Lo-Duca (2012). CISS: A Composite Indicator of Systemic Stress in the Financial System. European Central Bank Working Paper.

［22］IMF，BIS，FSB（2009）．Guidance to Assess the Systemic Importance of Financial Institutions，Markets and Instruments：Initial Considerations. Working Report.

［23］Illing，M.，Y. Liu（2006）．"Measuring Financial Stress in a Developed Country：An Application to Canada," *Journal of Financial Stability*，2（3）：243 – 265.

［24］Würtz，D.，Y. Chalabi，W. Chen，A. Ellis（2009）．*Portfolio Optimization with R/Rmetrics*. Zurich：Rmetrics Association and Finance Online Publishing.

［25］Zigrand，J. P.（2014）．Systems and Systemic Risk in Finance and Economics. Special Paper（No. 1）．London School of Economics and Political Science.

［26］Jorion，P.（1989）．"Asset Allocation with Hedged and Unhedged Foreign Stocks and Bonds," *Journal of Portfolio Management*，15（4）：49-54.

第三章

金融功能的演变趋势：从创造货币流动性到创造货币-资产双重流动性

摘　要：创造流动性是金融体系的核心功能之一。货币、资产等不同对象的流动性具有不同的含义。随着科技的进步，金融体系的传统流动性创造功能进一步深化，但也令流动性问题变得更加复杂。货币流动性、市场流动性与银行体系流动性相互关系的交织及其可能引发的风险与危机等问题值得重视。本章探讨了流动性的概念与本质，并梳理了金融体系多层级的流动性创造功能与演变。本章基于不同层次的流动性视角，深入分析了资产证券化、商品金融化等如何改变了资本市场的流动性，及其对银行体系流动性创造功能的影响。在此基础上，本章进一步探讨了科技进步与金融体系之间的互动关系，及其对货币与资产流动性可能产生的影响。

一、流动性的本质、层级与演变

（一）流动性的概念与本质

流动性具有多重含义，例如，货币流动性、资产流动性、市场流动性以及银行体系流动性等。通常，货币流动性（monetary liquidity）是指整个经济中货币的充裕程度；资产流动性（asset liquidity）是指资产变现的容易程度；市场流动性（market liquidity）是指对金融市场上资产变现难易度的讨论；银行体系流动性（banking system liquidity）是指商业银行整体资产扩张情况。

货币流动性、市场流动性、银行体系流动性相互关系的交织及其可能引发的风险与危机等问题，使得流动性问题变得日益复杂且重要。例如，货币流动性过剩会导致物价上涨和严重的通货膨胀。市场流动性状态在受到外部风险冲击时可能会突然转变，进而会引发市场流动性风险，甚至引发系统性风险等。Bark 和 Kramer（1999）认为，货币流动性由短期或中期银行负债构成，可以作为证券市场交易或承销的资金。货币流动性是市场流动性的基础，银行体系的资产是货币流动性最直接的载体和向经济注入流动性的重要途径。中国人民银行在《中国货币政策执行报告（2006 年第三季度）》中，从市场流动性和宏观流动性两个角度描述了流动性问题：其一，某个具体市场的流动性是指在几乎不影响价格的情况下迅速达成交易的能力；其二，宏观流动性常被直接理解为不同统计口径的货币信贷总量，银行承兑汇票、短期国债、政策性金融债、货币市场基金等其他一些高流动性资产，都可根据需要被纳入不同的宏观流动性范畴。

基于此，本章将从货币流动性、资产流动性与银行体系流动性创造（信贷创造）功能三个层面展开讨论。不同之处在于，一是市场流动性本质上是市场中具有不同流动性特征的货币和资产的流动性；二是强调了银行体系流动性，主要指银行体系特有的流动性创造或信贷创造功能，这一功能是非银行金融机构所不具备的。通过吸收存款与发放贷款，银行体系的流动性创造功能可以使货币得以成倍扩张。

（二）货币流动性

现金是唯一具有完全流动性的资产（Tobin，1961），但广义货币流动性可分为以下几个层次：

其一，通货本身的流动性。从长历史周期来看，货币流动性是不断增加的。例如，古贝壳通货的流动性要低于古钱币、金银等通货的流动性，而后者又要低于纸币现金的流动性。科技发展至今，数字货币、电子支付已广泛普及，利用数字智能实现快速支付，大大提升了纸币现金的流动性。Aleksander（1977）认为，智能卡消费将在潜移默化中替代流通中的货币，成为主要支付手段。数字货币的使用会影响到货币流通速度。在数字货币替代的转换阶段，货币流通速度会提高，且变得不稳定。

其二，广义货币流动性。广义货币量 M2 与国内生产总值 GDP 之比常被用来衡量经济体中的货币超发或流动性过剩程度，与之相应的概念是货币流通速度，即 M2/GDP=1/V。在一个经济体中，M2/GDP 越高，货币供给量相对于经济增长的比重越高，货币流通速度 V 越低。

其三，其他的货币流动性指标，例如，流通中的现金 C 在广义货币供给量 M2 中的占比 C/M2，狭义货币供给量与广义货币供给量之比 M1/M2（宋国青，2007）。货币增长率也可以被用于衡量货币流动性（Ferguson，2005）。M1/M2 能够反映企业和居民货币需求的不同动机，与居民资产结构变化和经济市场化发展程度相适应，受到诸多因素的影响。

（三）资产流动性

资产流动性与货币流动性密不可分，各种不同资产和货币的流动性组成了市场流动性。如果将市场流动性分为货币流动性与资产流动性两方面来理解，便更容易理解货币流动性与资产流动性之间的关系。IMF（2000）认为，资产流动性是指金融资产在多大程度上能够在短时间内以接近市场的价格出售。夏斌和陈道富（2007）认为，资产流动性是指一种资产转化为现金与支付手段的难易程度。李扬（2017）认为，资产流动性与货币流动性密切相关，若资产有了流动性，就有了一定程度的"货币性"，资产流动性越高，其货币性就越强。此外，资产流动性可以用单位时间内资产的可周转次数来衡量。资产种类也可以按照这种资产的流动性来划分。例如，可在一年及以内变现或耗用的资产，被称为流动资产（如现金、短期存款、短期投资、存货等）；准备在一年以上变现的投资，被称为长期资产（如股票、债券、其他投资等，在二级市场上交易频率越高，其流动性越强）；机械设备、房地产等固定资产的流动性较低，但固定资产在二手市场上的流动性取决于交易供给与交易需求，供给越多，流动性越弱，而需求越多，流动性越强。

市场流动性囊括了货币流动性与资产流动性两部分。一方面，货币流动性是市场流动性的基础，中央银行可以通过提供货币来支持市场流动性（Bark and Kramer，1999；北京大学中国经济研究中心宏观组，2008）。当货币资金充裕时，市场流动性充裕；当货币资金短缺时，市场流动性缺乏，即货币融资难易会影响到市场流动性（Brunnermeier and Pedersen，2007）。但将资产变现为货币的速度可以解决市场流动性匮乏的局面。资产周转为货币的速度越快，资产流动性越强。另一方面，资产流动性是市场流动性的主要组成部分。例如，股票市场、债券市场的流动性是由股票、债券等基础资产的周转速度与交易供需决定的。此外，科技进步使得市场交易成本、信息沟通成本下降，也大大提升了市场流动性，股票、债券资产的换手速度大大提高。

资产流动性依托于市场流动性而存在。在一个优质的交易市场中，资产周转速度往往较快。可以从紧度、深度和弹性三个层次度量市场流动性。紧度的衡量指标为交易价格与有效价格的偏离，偏离度越小，市场紧度越好。深度的衡量指标为在当前价格水平下能够被交易的容量，换手率可以被用来度量市场深度。弹性的指标主要被用来衡量被随机冲击发生价格偏离后，价格回到有效价格的速度。实际上，市场流动性概念更加抽象，且其状态往往具有较强的不确定性。

从市场组成来看，股票市场、债券市场的流动性是由其股票资产、债券资产等基础产品的流动性决定的。一年期及以下的债券资产流动性强，一年期以上的固收债券的流动性差一些。同理，房地产、基础设施等固定资产是具有价值且变现周期更长的、流动性差的存量资产。资产证券化业务是典型的能够令资产流动性发生改变的金融业务。通过特殊目的机构，我们可以把长变现周期的债券、房地产等固定资产，通过资产证券化业务打包成流动性强的债券，再售卖到市场中去，这便提高了固定资产的流动性，但增加了杠杆率和风险特征。

（四）银行体系流动性与货币创造

金融中介的重要功能是向实体经济提供资金并创造流动性（Diamond and Dybvig，1983）。银行与非银行金融机构之间最大的不同之处在于，银行通过吸收存款并发放贷款为市场供给信贷资金并创造流动性，而非银行金融机构并不具备这一特征。

第一，银行的流动性创造功能。作为最重要的金融中介，银行吸收存款并供给信贷的过程为市场创造了源源不断的流动性。这一原理是经典的货币乘数理论。中央银行仅向实体经济发行基础货币 B，B 被存入银行负债端，银行将其一部分留存作为存款准备金，并将剩下的大部分贷给实体企业；企业将得到的贷款再存入银行……由此，基础货币 B 便得以在商业银行体系中成倍扩张为总货币供给量 M，这一扩张倍数便为货币乘数 m，$m = \dfrac{M}{B}$。银行通过在负债端吸收存款，在资产端向市场提供信贷资金，为实体经济发展和市场有序运行输送了源源不断的资金流动性。Diamond 和 Dybvig（1983）将这一过程描述为：当银行吸收存款并贷款给企业时，它们在资产负债表上增加了非流动性资产，并为企业提供了流动性支持。也就是说，银行在负债端为客户提供可随时提取的流动性存款，在资产端将发放的贷款计为不具有流动性的资产，但发放的贷款为社会创造了资金流动性。

银行这一创造信贷资金流动性的功能，是非银行金融机构所不具备的。正因为如此，银行体系在整个金融市场中具有中流砥柱的作用，且其整个信贷创造过程被规范记录在银行资产负债表中，受到严格的监管约束从而能够预防风险。尤其是 2008 年金融危机之后，巴塞尔委员会划定了全球系统重要性银行名单，对银行的核心资本充足率、流动性监管（流动性覆盖率和净稳定资产比率）等一系列指标提出要求，以降低银行表内信贷与流动性供给的风险与系统性风险。

第二，银行表外业务创造的流动性。由于受到监管限制，商业银行会从事中间业务与表外业务以拓展盈利能力。一是传统的银行表外业务，例如信贷承诺、未贴现承兑汇率等"或有业务"。这些"或有业务"以信用额度的形式被授予企业，企业仅需支付少量佣金，便可在需要时提取额度内的信贷资金。这些资金在被企业提取的同时，也被银行计为表内信贷发放。Berger 和 Bouwman（2009）通过计算银行的表内、外流动性创造数据后发现，美国商业银行近一半的流动性创造是由表外业务活动产生的，这种表外业务创造的流动性可能导致银行提供过多流动性，并积累金融危机的隐藏风险。

2010 年，花旗银行拥有 9 600 亿美元的表外资产，相当于当年美国 GDP 的 6%（Teixeira，2013）。中国的银行表外业务资产规模增长也非常迅猛，从 2011 年的 31.96 万亿元已升至 2018 年的 302.11 万亿元；表外业务的资产规模与表内业务的资产规模之比也相应地从 35.1% 扩张到 119.69%（见 2019 年《中国金融稳定报告》）。

二是影子银行（shadow banking）及其流动性创造问题。影子银行体系拓宽了社会融资渠道，对货币供给量和货币政策传导都会产生影响（Pozsar and Singh，2011；Claessens et al.，2012；Deutsche Bundesbank，2014）。中美的影子银行构成及其流动性创造方式有所差异。中国影子银行业务主要由信托贷款、委托贷款等表外社融组成，绕过银行体系创造了表外流动性，避开对银行的监管约束向社会供给了高风险的信贷资金。美国影子银行业务主要由资产证券化（ABS）、担保债务凭证（CDO）、回购协议（Repo）等组成。证券化允许金融机构通过使用回购资金来提高杠杆率，推动信用扩张（Shin，2009）。2008 年美国次贷危机发生前，其证券化业务发展十分迅速。2007 年时，美国的住房抵押证券（RMBS）的规模为 2.5 万亿美元，到 2016 年已降至不足 1 万亿美元。如果银行需要更多的流动性，它们必须出售贷款或将其作为抵押品，或通过证券化贷款来筹集资金，以满足流动性需求（Diamond and Rajan，2001）。资产证券化等过程将不同的非标准信贷资产转化为标准化证券，提高了资产流动性和投资者投资效率，且通过结构化分层产品的设计实现了信用增级和风险有效管理。影子银行机构通过证券化等方式将资金从盈余方融通到需求方，可以被看作"影子信用中介过程"。

霍姆斯特罗姆和梯若尔（2017）认为，证券化等影子金融体系创造了大量的金融中介流动性，创造了一种安全的借贷形式，模仿了商业金融中的活期存款特性。回购市场等影子金融体系实现了社会总体流动性水平的最优状态。美国投资银行一半以上的资产是靠回购协议市场融资。回购协议交易市场能为证券化资产的发行融通大量短期、低成本资金。当资产证券化产品又被作为抵押品的时候，融资发行的规模进一步扩大，信贷得以进一步扩张。

这一循环模式抵抗流动性冲击的能力较弱。在回购协议中，抵押品（质押品）和抵押品流转速度是信用创造的关键，且抵押品的价格变化和其总规模是整个影子银行体系信用扩张与流动性创造能力的关键。

但值得注意的是，资产证券化业务等活动创造的流动性具有更高的风险特征。资产证券化给银行提供了将资产和贷款进行表外操作的机会，银行通过特殊目的机构对贷款进行打包评级，再通过抵押债券回购协议等方式将贷款出售给货币市场共同基金等投资者，从而获得资金，同时也将部分信贷风险转移给市场（Gorton and Metric，2010）。当金融危机发生，市场流动性变得稀缺时，出售证券化产品变得困难，此时会影响抵押贷款支持证券的评估，导致流动性崩溃（Acharya and Schnabl，2010）。

影子银行等表外资金流动性创造过程会对银行表内信贷货币创造和银行资产负债表的扩张产生影响。虽然"通道式"影子银行和证券化等金融创新业务创造的表外流动性对银行信贷有促进作用，但却小于挤占效果，导致银行信贷供给在不断扩大的社融规模中的比重降低。另外，融资缺口数值的测算论证了在缺失影子银行情况下商业银行信贷供给的最大规模，论证了影子银行对社融规模的补充作用。在危机期间，持有较高贷款承诺的银行会选择增加流动性资产的持有，从而影响银行贷款的扩张，使正常渠道的信贷供给减缓甚至收缩（Cornett et al.，2011）。当然，伴随着由美国影子银行问题引发的次贷危机和全球金融危机的影响的逐渐消退，各界开始更为中立客观地看待影子银行的流动性创造现象。自 2017 年起，巴塞尔委员会在其官方文件中大量减少了对"影子银行"术语的使用，而选择使用"非银行金融中介"来表述同样的问题。

二、货币的形成与扩张机理：流动性的基础

货币流动性是流动性问题的基础，对货币的形成与扩张的讨论有助于进一步理解流动性的本质。在传统及宏观经济分析意义上，流动性主要就是指货币总量与经济的比例，现实指标往往用前文提到的 M2/GDP 指代。本节

简要回顾法定货币的流动性的形成与扩张机理，以及近年来围绕这一问题的争论，例如货币的内生性问题，货币与广义信用的关系，货币与广义货币流动性的关系，等等，尝试论证法定货币在流动性体系中作为"价值锚"的基础作用。

（一）货币的形成与扩张机理

长期以来，关于货币供给是外生性的还是内生性的争论一直在持续。一方面，以货币学派为代表的传统的货币供给理论认为，货币形成与供给是外生性的，货币供给是基于货币供给乘数模型 $m = \dfrac{M}{B}$ 进行扩张的，即一个经济体的中央银行通过调整法定存款准备金率、公开市场业务和再贴现率等方式，外生地控制基础货币投放，进而影响市场的货币供给总量与银行的存款创造过程。但另一方面，以后凯恩斯学派为代表的货币供给内生理论认为，货币供给由经济活动的信贷需求决定，经济体的信贷需求增加，银行体系为满足增加的信贷需求而增加贷款供给，因此是贷款创造了存款，且为了满足存款准备金率要求，银行体系在存款增加后，再向中央银行寻求准备金。

关于货币供给是外生性的还是内生性的争论，延伸出来便是"存款创造贷款"还是"贷款创造存款"的问题。早在19世纪，古典经济学中的信用媒介学说和信用创造学说就存在着与此类似的争论。以李嘉图、穆勒为代表人物的信用媒介学说认为，银行的主要功能是信用媒介，必须在吸收存款的基础上才能发放贷款，因此银行的受信业务（即存款等负债业务）必须在时间顺序上先于授信业务（即贷款等资产业务），受信规模决定授信规模；而以麦克鲁德、阿伯特·韩为代表的信用创造学说则认为，银行的主要功能是信用创造，银行并不是有了存款才能贷款，而是可以先行贷款，然后创造出存款，其核心是阿伯特·韩的著名命题："一般商业银行的授信业务优先于其受信业务。"就此而言，货币供给内外生争论经过了两个多世纪的"马拉松长跑"后，又回到了原点。

1959年英国货币体系运行委员会撰写的《拉德克利夫报告》指出，真正影响经济的不只是传统意义上的货币供给，还包括经济体中除货币供给以外的其他流动性；决定货币供给的不只是商业银行，还包括金融体系中除商业银行以外的其他非银行金融机构；货币当局所需要控制的也不只是货币供给，还包括整个经济体的流动性。《拉德克利夫报告》进一步指出，在经济活动中更为重要的是流动性，即包括各种信贷的广义信用，而非货币供给；中央银行难以通过调节银行体系的流动性来控制银行体系的信贷和货币供给，更难以控制整个经济体的信贷或者信用。这也被认为是从流动性和广义信用的视角，阐明了货币供给在很大程度上不是由中央银行外生控制的。因此，不能单独从中央银行的角度孤立地研究货币供给过程，其他经济主体的行为对于货币供给也非常重要。其他金融机构与银行类金融机构一样也可以创造信用。货币供给的扩张过程应该是一个综合反映商业银行与其他经济参与主体行为的内生过程。

货币供给内外生争论长达四个世纪的发展历程和当前的"鸡生蛋还是蛋生鸡"的迷局表明，要破解当前货币学派和后凯恩斯学派的争论迷局，不能还是继续停留在存款与贷款的因果关系论证上。综合货币供给内外生争论在各个阶段的分析视角和理论基础，一个可破解的思路是，从货币的信用本质以及货币和信用的关系这个基础性和根源性的问题入手。在本质上，货币是银行信用，是银行与企业、家庭之间结成的借贷关系，这一点与一般商业信用是相同的。两者所不同的是，货币的信用级别要高于一般商业信用。经济主体之间的生产、交易、消费等经济活动与商业信用紧密相连，但由于不确定性的普遍存在，经济主体为扩大投资和交易并减少风险，相互之间的商业信用需要通过信用级别更高的银行信用来代替和清算。而且，在中央银行供给的基础货币与经济主体的信用升级、清算需求不一致时，斯图亚特、亚当·斯密以及银行学派提出的货币支付职能和价值储藏职能之间的转换，《拉德克利夫报告》和货币供给"新观点"提出的金融产品等准货币与货币的转换，会缓解甚至消除货币供求之间的不平衡。因此，货币供给具有内生性本质，且与货币银行制度、银行业的发展阶段、金融创新等无关（朱太辉，2014）。

（二）流动性过剩与货币流通速度

流动性过剩（excess liquidity）可被理解为"货币流动性过剩"或"信用过剩"，也可被理解为"流动资产过剩"。由于流动性过剩的概念比较宽泛，往往不容易度量，它仅停留在概念上的描述与意义的表达。货币流动性过剩是指货币数量远远超出货币需求，过多的货币追逐较少的商品，同时在货币数量剧增的状况下，货币资金为追求高额利润必然脱离实际生产体系。欧洲央行报告把流动性过剩定义为货币总量（狭义或广义货币）对名义GDP之比，即最常用的广义货币流动性指标——货币流通速度。

货币流通速度是指货币供给量相对于经济增长的比重M2/GDP的倒数，其计算方式源自货币数量方程式的收入形式，即 $MV = PY$。[①]当以一个国家为研究单位时，名义收入可以用GDP衡量，总货币数量可以用广义货币供给量M2衡量，即货币流通速度 $V = GDP/M2$。货币流通速度作为重要的宏观经济指标，其变动情况对一国的经济发展状况具有指示作用。货币流通速度及其倒数M2/GDP常被用来衡量一个经济体是否存在货币超发现象。

自1991年以来，中国的货币流通速度（以 $V = GDP/M2$ 衡量）呈逐年下降趋势（见图3-1），于2015年首次降至0.5以下，达到0.495，即M2/GDP超过2，这一度引发了不少经济学者对货币是否超发、是否存在流动性过剩问题的讨论。近年来，中国的货币流通速度走势表现已相对稳定。2021年，中国的货币流通速度为0.48，M2/GDP为2.08。虽然M2/GDP存在小幅走低，但未出现明显下降。易纲（1996）认为，中国货币流通速度下降的主要原因是经济的货币化进程会对新增的货币产生稀释作用。经济体货币化程度对货币流通速度的影响表现在：一方面，货币化程度的上升会增加货币需求，会促进人们更多地使用纸币、银行存款进行交易，从而降低了货币流通速度；另一方面，货币化程度的上升会促进金融市场的发展和金融复杂程度的提升，表现为大量的货币替代品的出现，例如股票、债券、基金、信

[①] V 表示货币流通速度；M 表示货币供给量；PY 表示经济中的名义总产出。

托、其他金融衍生品等，这些资产替代品虽然会减少持有现金货币的需求，但在经济增长下人均能够持有更多的资产价值，也会令用于衡量资产价值的货币数量的供给增加，从而导致货币流通速度的降低。2008 年全球金融危机发生后，大量学者就中国是否存在货币超发、中国的货币流通速度走低之谜等问题进行了研究与讨论。多数学者认为，货币流通速度在货币供给影响物价水平的机制中具有重要作用，进而影响到一国的通货膨胀。不断走低的货币流通速度与不断走高的 M2/GDP 水平代表着中国存在严重的货币超发和流动性过剩问题，这从 2008 年中国的物价水平不断走高得到印证（见图 3-2）。2008 年 2 月，中国的 CPI 同比增幅曾高达 8.7%，此后慢慢回落，并于 11 月回到了 2.4% 的合理区间。2012 年之后，虽然中国的货币流通速度继续缓慢走低，但并未再出现较为严重的物价上涨与通货膨胀问题。这或许能说明，相对于保证货币供给增长的稳定，保证货币流通速度走势的稳定对控制物价水平和通货膨胀更为重要。

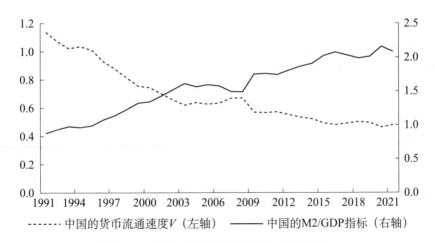

图 3-1　中国的货币流通速度与 M2/GDP 指标

资料来源：中国人民银行，国家统计局。

近年来，美国的货币流通速度走势与通货膨胀现象似乎能够再一次说明这个问题。在 2020 年全球新冠肺炎疫情大流行的冲击下，美国选择发行大

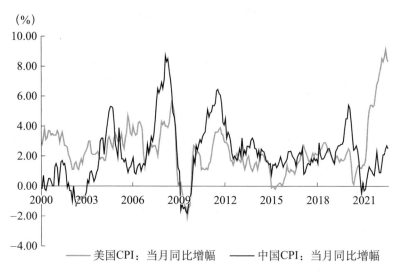

图 3-2　中国与美国历年来 CPI 走势

资料来源：Wind 数据库。

量货币以解决经济衰退问题。仅 2020 年 1—11 月，美国的货币供给量就增长了近 24%。由于疫情对经济的冲击并未得到很快缓解，这一大量的宽松货币供给很快就被体现到了美国的 M2/GDP 与货币流通速度指标上来。观察美国的货币流通速度指标走势（见图 3-3），该指标从 2019 年的 1.42 迅速降至 2020 年的 1.13，降幅达 20.4%，为自 1960 年以来从未发生过的大幅降低，在 2008 年次贷危机期间也仅降低了 8.3%。实际上，1960—2019 年间，美国的货币流通速度也仅降低了 18.02%。这可以理解为，美国在 2020 年的货币超发量超过了近 60 年来的总量。

但随之而来的问题也很快显现。自 2021 年开始，美国的物价水平便开始持续走高；到 2022 年，美国的通货膨胀水平更是水涨船高，1—8 月，美国 CPI 同比增幅达到 8.34%，其中 6 月高达 9.1%，创下了近 40 年来新高。为了应对如此严重的通货膨胀问题，美联储更是于 2022 年启动了力度非常大的激进紧缩政策，仅在 1—9 月便加息五次共 300 个基点并启动"缩表计划"，其中 3 月加息 25 个基点，5 月加息 50 个基点，6 月、7 月、9 月各加

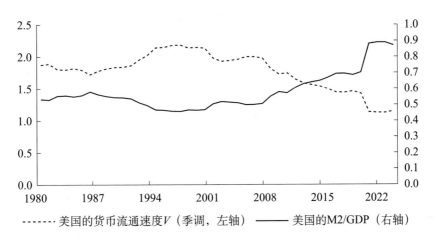

图 3 - 3　美国的货币流通速度及 M2/GDP

资料来源：Wind 数据库。

息 75 个基点，创下了近 28 年来幅度最大、节奏最快的加息力度，以期给
"高烧"中的通胀降温，但结果却是引发了全球非美货币对美元的持续贬值，
以及对新兴市场国家经济发展的冲击，而对通货膨胀却并没有明显见效。

（三）流动性对资产价格的影响

货币是流动性的基础，且法定货币在流动性体系中具有"价值锚"的基
础作用。探究货币与资产价格之间的关系不仅要从货币的价值尺度功能入
手，也要从货币供给量与货币流动性状态入手。一方面，价值尺度和流通手
段是货币最基本的职能。货币被用来衡量资产的价值，但却不能影响资产的
内在价值。另一方面，流通中的货币量虽然不能影响资产的价值，却能影响
资产的价格，这便与市场中或经济体中的流动性多寡有很大关系。市场中的
货币流动性充裕、过剩或匮乏，决定了资产在被交易流转时所处的流动性环
境是否优良，以及衡量资产价格的物价水平波动是否稳定合理。一般来说，
不利的外部环境会导致流动性资产缩水，导致实际清算价格低于内在价值，
而有利的外部环境往往可以确保流动性资产价格合理并正常满足流动性需求
（Allen and Gale，1998）。

货币流动性是否会影响资产价格变化，也是目前非常有争议的问题。大

多数研究认同货币流动性会对资产价格产生显著影响，尤其是流动性过剩会影响资产价格发生变化。但也有少数研究认为流动性与资产价格无关（Ferguson，2007）。流动性与资产价格之间的关系是非常微妙的。当探究流动性与资产价格的关系时，也可以从前文中对流动性分析的角度，即货币流动性、资产流动性与银行体系流动性创造（信贷创造）功能的角度进行思考，也包括对由货币流动性与资产流动性组合产生的市场流动性环境的讨论。

第一，货币流动性与银行体系流动性创造均体现在货币供给端对资产价格的影响。首先，从货币供给端来看，央行的基础货币发行量是控制货币供给的关键因素，也是决定市场是否会处于流动性过剩状态的关键因素。而银行体系流动性创造（信贷创造）则是决定市场货币供给量与市场流动性环境的重要因素。其次，M2/GDP、M1/M2 等货币流动性指标代表了市场流动性环境（股票、债券与房地产等资产的流动性状态也是市场流动性环境的组成部分），因此，货币流动性对资产价格的影响体现在市场流动性环境上，而银行体系流动性创造对资产价格的影响更多体现为对货币供给的影响。最后，任何金融危机的出现均代表着市场流动性的坍塌，由货币供给过剩或匮乏引发，导致货币流动性指标走势异常。当货币供给量超过或低于合理的"度"时，货币流动性和市场流动性对外部风险冲击的抵抗力更低，更易由局部风险引发系统性风险，最终体现为物价、资产价格、市场价格的坍塌，即通货膨胀或通货紧缩都不利于经济正常运转。这对经济体的货币政策的执行也有一定借鉴意义。

Machado 和 Sousa（2006）认为，与货币流动性相比，银行信贷供给对资产价格的影响更加显著。由于超出真实经济增长和物价波动所需要的货币供给才是可以用来购买各种资产的货币，即超额货币供给代表了对资产的购买力，因此货币供给的增长会导致资产价格的升高。当存在流动性过剩，物价不断上涨时，消费者也会倾向于购买更多的实物资产用于保值或投资，货币也会从金融资产流向实体经济。因此，当流动性过剩导致通货膨胀时，资产价格会下降；而当流动性匮乏导致通货紧缩时，资产价格反而可能会升高

（北京大学中国经济研究中心宏观组，2008）。传统的货币主义观点认为，货币供给量的增加会加大资产需求从而推动资产价格上涨，即货币流动性对资产价格具有驱动作用。扩张性货币政策会导致资产价格泡沫，货币扩张和信用扩张均会推升资产价格。例如，当扩张性货币政策导致市场中的货币供给量增加时，房地产市场的价格也会出现不断走高，甚至导致房地产价格泡沫的产生。流动性过剩也会导致通过价格因素影响股票市场价格的后果，但影响效果较小且偏短期（陈继勇等，2013）。

　　第二，资产本身的周转速度或资产转变为现金等支付手段的难易程度是否会影响资产价格这一问题仍值得探讨和验证。但可以肯定的是，资产的流动性不会对资产的内在价值产生影响，影响的仅仅是资产价值的实现方式，并体现为资产价格。唯一可以溯源的，还是要从 Tobin（1961）最早对资产流动性与资产价格关系的讨论中对这一问题的描绘入手，即资产价格的实际实现程度通常取决于出售资产的决定是在多久以前做出的。例如，对不具有完全流动性的资产来说，其价值的实现取决于是否有充足的时间寻找买主。对住房市场来说，住房买家在寻找时花费的时间越长，得到的信息越完全对称，寻找到的住房被实现的价值就会越多，反之则会越少。关于债券资产的例子是，对于一个打算大宗出售绩优债券的卖主，在某一特定交易日，债券的价格与他试图出售的数量是有关系的，且在债券被全部卖出前，卖主等待的时间越长，其价值的实现程度便会越高。如果在某一给定时刻对一项资产的处置不能实现其价值，那么该资产在此时便没有价值，尽管应该理解为该资产是不流动的。

　　此外，资产的证券化、商品的金融化、抵押贷款和回购合约等，均是能够改变资产流动性状态的金融创新产物，也会对资产的价格产生影响，因为这些产品均可以令不可转让的资产通过这些方式实现资产的变现。例如，将有价证券这样的资产作为抵押并取得贷款，便实现了最方便的资产价值变现途径，而资产价值实现了多少便体现为资产价格在不同时间点的不同。当然，这样的问题在具有实际市场意义时，更具有讨论价值。

三、资本市场与流动性：资产证券化与商品金融化

(一) 资产证券化与流动性

资产证券化（securitization）是近几十年来国际金融领域中最重要的一种金融创新，其模糊了贷款和债券之间的界限，改变了传统意义上金融中介的运行模式，对传统金融中介理论提出了很大的挑战。截至目前，学界已经从资产证券化的分类、流程、意义和创新方式等多种角度进行了较为全面的讨论，并形成了丰硕的成果。

资产证券化是指将流动性较差的贷款或其他债权性资产通过特殊目的机构（special purpose vehicle，SPV）进行一系列组合、打包，使得该组资产能够在可预见的未来产生相对稳定的现金流，并在此基础上通过信用增级提高其信用质量或评级，最终将该组资产的预期现金流收益权转化为可以在金融市场上交易的债券的技术和过程。邹晓梅等（2014）将资产证券化概括为将之前由金融中介持有至到期的信贷资产打包并分割成标准化的债券，最终在资本市场上出售的过程。资产证券化的实质是通过结构化安排将低流动性的非标准化资产转变为高流动性的标准化资产，因此，围绕资产证券化与流动性的研究受到了众多学者的关注。

1. 资产证券化后的流动性

一般而言，一个完整的资产证券化交易通常包括三步：（1）由发起人成立 SPV，并将需要证券化的资产转移给 SPV，该转移一般需要构成"真实出售"；（2）SPV 对资产池的现金流进行重组、分割和信用增级，并以此为基础发行有价证券，出售证券所得被作为 SPV 从发起人处购买资产的资金；（3）服务机构负责资产池资金的回收和分配，主要用以归还投资者的本金和利息，剩余部分则作为发起人的收益。

从资产流动性的角度来看，与贷款销售不同，资产证券化将分散的基础资产打包（pooling）与分层（tranching），这样可以消除单个资产的异质性风险（idiosyncratic risk），从而降低证券价值的信息敏感度以及信息优势方

拥有的信息价值，最终提高相关资产的流动性。Myers 和 Majluf（1984）认为，分层设计将违约风险集中在资产的某一部分，其余部分资产的风险显著降低，这有助于降低投资者的"柠檬贴现率"（lemons discount）。Gorton 和 Pennachi（1990）指出，将基础资产产生的现金流进行拆分，并发行以这些现金流为支持的证券，可以减少信息不对称造成的交易损失，因为上述证券的价值并不依赖于信息优势方拥有的信息。De Marzo（2005）宣称，组建资产池具有信息毁灭效应（information destruction effect）和风险分散效应（risk diversification effect）。如果基础资产剩余风险的相关性较低，那么分层可以帮助发起人充分利用打包的风险分散效应，创造出低风险、高流动性的证券。De Marzo 和 Duffie（1999）的研究显示，发起人拥有的私人信息将会降低证券的流动性。换句话说，证券的流动性取决于证券价值对发行人拥有的私人信息的敏感度。

根据信息不对称假说，资产证券化实际上是一个创造信息不敏感（information insensitive）资产的过程。资产证券化通过将流动性较差的、信息敏感（information sensitive）的信贷资产变成高流动性的、信息不敏感的债券资产，将信贷市场、资本市场和货币市场联系了起来，从而提高了信贷市场的流动性，拓宽了金融中介的融资来源。

此外，资产证券化所具有的风险隔离和信用增级功能，能够扩大可交易资产范围，从而提升资产整体的流动性。风险隔离又称破产隔离，隔离包括两层含义：其一，SPV 的经营范围仅限于从事与证券化交易有关的活动。在资产支持证券尚未清偿完毕时，SPV 不得被清算、解体和兼并重组；其二，资产原始所有人通过资产证券化将基础资产真实出售给 SPV，即使发起人出现破产清算，发起人的债权人对已出售的资产也没有追索权。在资产证券化过程中，发行人可以突破发起人的信用和融资条件的限制，以高于发行人的信用评级获得低成本的融资。这其中的风险隔离有两层含义：（1）资产的卖方对已出售的资产没有追索权，即使卖方破产，卖方及其债权人也不能对证券化的资产进行追索；（2）当资产池出现损失时，资产支持证券的投资者的追索权也只限于资产本身，而不能追溯至资产的卖方或原始所有人。资产证券化过程必须设计合理的风险隔离机制，才能确保证券化产品的风险与卖方或原始所有人无关，而只与基础资产本身相关，即资产的"真实出售"。在实现"真实出售"的前提下，证券化产品可能获得比发起人更高的信用评级，从而降低融资成本。信用增级是资产证券化的另一个重要设计。由于资产本身已经被隔离出来，目标明确，预测相对稳定，需要增补的范围可以定向，这些都使得有效或"低成本"的信用增级成为可能，从而提升证券的信用质量和现金流的稳定性，保护投资者的利益，降低发行人的筹资成本，提高资产支持证券市场的流动性。

2. 资产证券化对银行流动性的影响

商业银行与其他金融机构的最大区别即流动性创造功能。在"发起—持有"模式中，存款准备金率和存款来源的稳定性是制约商业银行提高流动性创造能力的重要障碍。而"发起—分销"模式所实现的流动性转换，其实是对商业银行的流动性创造能力进行了强化，主要体现在：一方面，商业银行一般会按照具体期限持有贷款，但"发起—分销"模式能够使商业银行在贷款到期之前进行转让，从而获取流动性。这样商业银行有了更多动力去追求信贷规模，并构建了一种"贷款发放—贷款转让—获取流动性—贷款发放……"的循环机制，由此放大了商业银行的流动性创造能力。另一方面，商业银行通过"发起—分销"模式所获取的流动性，属于资产负债表中的"资产方"，这部分资产若被纳入"可贷资金"，将不像"负债方"中的存款那样受到法定存款准备金率的约束，由此通过提高货币乘数的方式，强化了商业银行的流动性创造能力。由此可见，资产证券化创新通过"发起—分销"模式这种金融创新流程，为商业银行提供了运行机制变革的平台，并强化了流动性创造能力。从变革过程来看，这种创新流程加强了商业银行与金融市场之间的联系，间接融资与直接融资的边界也日益模糊。

资产证券化有助于商业银行将风险较高的信贷资产转换成现金和高评级债券等低风险资产，以降低商业银行的风险加权资产，从而降低商业银行的最低资本要求，提高杠杆率。此外，资产证券化能够显著提高商业银行的资产周转率。显而易见，商业银行可以利用资产证券化回笼的资金继续发放贷款，并将其证券化，从而提高资产周转率。资产证券化对商业银行资产周转率的影响机制反映了其增加资产流动性的功能，即资产证券化将分散的基础资产打包与分层，可以消除单个资产的异质性风险，从而降低资产支持证券价值的信息敏感度以及信息优势方拥有的信息价值，最终提高相关资产的流动性。

3. 资本市场对资产证券化的影响

通过提高资产流动性及银行流动性，资产证券化无疑会对资本市场的快速发展起到促进作用，与此同时，资本市场的完善与发展也会对资产证券化产生影响。

首先，资本市场制度建设是发展资产证券化的必要条件。只有资本市场发展到相当的程度，才有比较完善的制度，才能从制度安排、基础设施、政策实行等方面支持资产证券化的开展。像资产证券化这样比较复杂的创新，必须在运行良好的资本市场环境下进行。例如，对资产池资产的信息披露、对资产支持证券的信用评级、对资产支持证券的发行交易，都必须以相应的制度和基础设施作为保证，且需要较为成熟的金融机构参与。仅从操作平台这个最简单的条件看，如果资本市场缺乏一个安全、完备的发行、交易、结算系统，资产支持证券的运作就无法有效地开展。

其次，资本市场中数量众多的机构投资者群体是推广资产证券化的重要条件。机构投资者是债券市场的主体。其之所以是主体，是由债券市场的性质决定的。债券是一种固定收益类证券产品，它的收益率虽然不高，但比较稳定。对于那些资金拥有量大的机构投资者来说，投资这类金融产品是比较合适的。特别是那些对投资安全性要求高的机构投资者更是如此。在我国，目前交易所债券市场的主体是个人投资者，银行间债券市场的主体是机构投资者，从债券的托管量和交易量来看，我国债券市场的活跃为资产证券化的试点创造了良好的条件。在这一背景下，自2014年以来，我国资产证券化市场取得突破性进展。2014—2020年，信贷资产证券化年发行量从2 819.8

亿元增长到 8 041.9 亿元，年发行只数从 66 只增加到 184 只，其中 2019 年的发行量高达 9 634.59 亿元；企业资产证券化年发行量从 400.83 亿元增加到15 661.58亿元，年发行只数从 28 只增加到 1 472 只；资产支持票据年发行量从 89.2 亿元增加到 5 085.78 亿元，年发行只数从 10 只增加到446 只。

从更广泛的视角来看，资产证券化对资本市场的益处也不止流动性的提升。作为一项重要的金融创新，资产证券化的开展对于金融市场各个子市场之间的相互连通和协调发展起着十分重要的作用。首先，它有利于信贷市场和资本市场之间的连通。这一点，信贷资产证券化最为明显。信贷资产证券化的基础资产是贷款，贷款是流动性很差的资产，资金进入信贷市场基本上就无法流动了。而通过证券化，信贷市场就和资本市场连接起来，资本市场的资金就通过资产支持证券这个结合点流到信贷市场。这两个市场的连通使直接融资和间接融资得到了有机结合。其次，资产证券化有利于货币市场与资本市场的连通。货币市场与资本市场的连通有很多渠道，资产证券化也能为它们之间的连通提供一条通道。一方面，在资产支持证券发行的时候，一部分货币市场的短期资金也会认购这种证券，不管它持有的时间是长是短，在其持有期间，实际上就使资金从货币市场流入到资本市场。另一方面，在资产支持证券交易流通时，也有一些资金从资本市场流向货币市场。例如，一些保险机构从银行手里买入资产支持证券，作为长期运用资金的保险资金也就流入银行，并可能进入货币市场。

（二）商品金融化与流动性

1. 商品金融化后的流动性

资产种类是影响资产流动性的重要因素，由于风险和盈利不同，不同的资产种类具有不同的流动性。通常市场上的做法是将产品金融化，使其成为金融产品，从而具有流动性。金融产品的流动性包括四个维度：一是交易价格偏离市场公允价格的程度，这由买卖价差衡量，价差越小，资产流动的交易成本越小；二是在不影响市场价格的情况下可接受的最大交易量；三是一且有投资者交易意愿，总能立即找到对手；四是一旦价格发生异动，恢复均衡价格的速度（Black，1971）。

商品金融化过程就是将难以变现的商品，如大宗商品，生成易于转让的注册仓单，仓单持有者在有需要的时候可在交易平台上将仓单转让给他人，并在此基础上开发一系列衍生品工具，实现商品资产证券化。这一系列的措施将极大地提升商品的流动性，使企业变"存"为"通"，帮助企业应对流动性危机，减轻企业资金压力。

从商品金融化后形成的金融衍生品方面来看，商品金融化有助于增加金融市场的流动性。Mayer（2008）研究发现，大宗商品是投资组合中一个独特的品种，不能被其他投资品的组合所表示，因此具有较高的多元化收益，且由于其具有抵抗通胀风险、汇率风险的特性，被纳入多种资产配置组合。殷剑峰（2008）认为，现在的商品市场已经被金融化了，商品市场中的金融交易量已经远远超过实物交易量，而在市场中占据主导地位的参与者已经由厂商、买家变成了各种类型的金融机构。当前，衍生品市场的交易规模远远大于实物现货市场，活跃在商品衍生品市场的交易主体包括套期保值者和金融机构。套期保值者就是商品的买家和卖家，参与市场的动机主要是利用衍生品来对冲其现货头寸的风险。金融机构根据其动机和功能可分为以下几类：购买期货多头并持有高信用等级债券类型的投资者，通过高杠杆控制衍生品头寸的对冲基金，联结投资者与市场的金融中介，以及小额投资者。当市场的各交易主体为了不同的目的进行头寸交易时，就发展出了指数化投资、融资、质押、仓单等多样化创新的交易模式，也促使金融机构丰富商品、债券、股票、物品等可选择的资产种类，推动货币的空间坐标维度不断拓展，市场变得活跃，资金得以在社会不同部门间流动。此外，在商品金融化之后，资产种类增加，竞争性增强。市场竞争的程度也会影响到流动性。当资产竞争性强时，资产的买卖价差会较小，资产的交易成本就会降低，从而增大市场流动性。当资产竞争性强时，资产的交易量会增加，资产买卖双方匹配的效率也会提高，这也增大了市场的流动性。

2. 商品金融化对银行流动性的影响

商品金融化之后可以作为抵押资产的一种，企业可利用该抵押资产向银行贷款，自此商品金融化进入影响银行流动性乃至货币流动性的过程。

商品金融化将显著增加银行流动性和货币流动性。例如，在大多数新兴市场国家缺乏可接受的抵押品，这成为金融机构为农业提供信贷的一个关键制约因素。通常有三种主要的抵押品可用于农业融资：农田、设备和农业商品。然而，在许多经济体中，由于没有土地所有权或土地市场效率低下，使用农田作为抵押品的能力受到阻碍。同样，由于农业缺乏机械化，缺乏有利于租赁的法律和监管框架，或者在违约情况下设备的二级市场有限，抵押或出租设备并不总是可能的。因此，各个国家正在不断探索使用农业商品作为抵押品，特别是在拉丁美洲、南亚和东非，金融机构已经开发出使用商品作为贷款抵押品的信贷产品。这种农业商品具有既定的价值和市场，在理论上，快速清算机制可以提供足够的资金，在发生违约的情况下支付以其为抵押的贷款。总的来说，利用农业库存的商品担保融资是使农业信贷和专业仓储更容易获得的整体方法的一个重要组成部分（Varangis and Saint-Geours，2017）。商品金融化为农业生产等较难获得抵押品的行业提供了融资思路，农业生产金融化有利于提高金融机构如银行体系向农业的资金配置，增加银行体系的流动性，进而增加货币流动性。

中国的商品金融化大多通过商品融资交易（Chinese commodity financing deals，CCFD）进行，而这通常代表了对商品作为抵押品的需求。这种来自融资目的的额外需求是相当可观的。例如，作为抵押品的铜的需求估计约为2012年中国年铜消费量的5.7%（或世界消费量的2.4%）（Tang and Zhu，2016）。商品金融化满足商品作为抵押品的需求，可增加商品流转效率，增加投资者资金配置范围和资产种类。

商业银行在通过流动性创造向经济体提供流动性的过程中，其自身流动性也会发生变化。商品金融化抵押资产增多，可能会导致流动性期限错配，加剧自身流动性风险甚至出现银行挤兑的现象。在宏观经济过热时，银行对抵押资产的质量要求会降低。正如 2008 年全球金融危机前期美国形成的次级贷款一样，银行次级贷款增加，不良贷款率上升。若遇到外部负面冲击，极易造成银行挤兑现象，大大降低市场流动性。

3. 资本市场对商品金融化的影响

银行体系流动性风险会影响商品作为抵押品的需求（Jo et al.，2022），资本市场的发展也会增加商品金融化的需求。

第一，资本市场开放增加了商品作为抵押品的需求。由于存在资本管制，投资者可以进口商品，并将商品作为抵押进行融资，购买高收益的资产，如人民币存款和财富管理产品等期限相对较短的国内资产（Yuan et al.，2014），这些交易使投资者能够利用国内和国外市场的利率差异，同时规避资本管制（Jo et al.，2022）。

第二，资本市场发展为商品金融化提供了基础设施。首先，资本市场提供了金融资源富集的场所，有利于商品的金融价值体现。根据周丽娜（2007）提出的商品金融化三阶段：金融资源的富集作用导致商品金融属性增强和金融价值显现，市场主体积极参与该商品价值重估，形成完善的市场交易机制。由于市场资本的介入，金融资源的富集作用使得市场需求变成消费和投资需求共存，商品的金融属性随着投资量的增大而增强。其次，资本市场的交易主体可以更为集中地参与商品价值重估。在商品的金融价值显现后，市场主体出于规避现货市场风险、获得投机性收益的动机产生交易需求，达成以该种产品为标的物的契约。最后，在资本市场内更易形成商品金融化后的交易机制。如果这种交易需求是广泛性的，便成为一种普遍认可的金融产品，带来规范的市场交易机制，从而完成商品金融化。张成思等（2014）提出在商品交易机制中，商品的金融属性逐渐增强，以至于商品的价格决定越来越不取决于实体层面的供求因素，而是取决于进入市场的资金量的大小。在价格形成机制趋于稳定后，商品价格的运行规律与原有价格运行规律背离，也就是不再仅由市场供求决定，并且商品与金融产品在资本聚集度等方面出现具有相似性和相关性的现象。由此可见，资本市场是商品金融化实现的基础，资本市场提供了商品金融化的基础设施，得以形成商品的资产价格。

第三，资本市场提高了商品金融化后的资产交易效率。首先，资本市场聚集了较多的投资者，在这里买卖双方达成交易的成本降低，交易效率提高。在一个有效率的市场中，价格反映了交易对象的预期价值，资产的流动性提高。其次，资本市场的交易机制可推动价格形成，并真正形成资产的流动性。在竞价机制中，指令驱动市场投资者的买卖指令进行配对交易，形成买卖委托的流量。

四、科技进步与流动性：互动与效应

（一）科技进步对金融体系的影响

科技进步对金融体系整体带来了一定的冲击，其作为数字金融的底层基础，一度引发了对数字金融和传统金融之间关系的讨论。陈涤非（2002）认为科技为金融发展提供了强有力的知识准备和技术基础，金融为科技发展创造了资本动力。科技和金融在相互融入和互动中可实现同步发展。彭文生（2019）从货币政策传导机制角度出发，认为数字货币的出现将改变货币政策传导机制。央行可以通过调整数字货币的量或价格，将其作为政策操作的标的，而且因为数字货币是由非金融部门的个人和企业持有的，货币政策传导机制绕过了商业银行，传导的效率和调控的精准度将增加。吴非等（2021）从企业角度发现企业依靠科技进行数字化转型会显著改善信息不对称，促进企业研发，提升股票流动性。盛天翔等（2022）从银行角度发现金融科技会显著提升商业银行流动性创造能力。

随着科技的发展，其在金融行业中的价值和作用越来越突出。更多的科技公司开展金融服务，不仅在金融结构上带来了一定的积极变化，也在金融产品的多样性上做出了贡献。在传统金融体系中，金融服务主要由金融机构开展。大数据、云计算和人工智能等技术的发展使得大型科技公司建立起了良好的科技生态，为其开展金融服务奠定了坚实的基础。例如，蚂蚁金服依靠支付宝、淘宝、天猫等互联网平台开发了"余额宝""花呗""借呗"等理财和信贷产品。腾讯依靠微信等社交网络平台开发了零钱通等金融产品。这不仅增加了居民获得金融服务的来源，也为居民提供了更多的资产种类选择，大大增加了金融市场的流动性。

科技是金融产品创新的关键动力。在技术驱动方面，当前我国存在大量金融产品同质化现象，大数据、云计算等技术可对金融数据进行挖掘、分类、筛选、建模，驱动金融产品精准创新，并加快产品的更新周期。在客户需求方面，我国还有很多"长尾客户"无法获得金融服务，伴随着收入的普遍提高，长尾客户的金融需求日益增长，金融机构可依靠科技对中小客户的信息进行收集整理和分析，推出相应的金融产品，扩大业务范围。例如解决小微企业信贷问题，释放长尾市场潜力。在交易成本方面，科技允许机器替代人工，更能全方位感知客户，为客户提供交互服务。以科技推动的产品创新推动运营成本降低，也为更多的金融产品创新提供了资金。为了进一步降低交易成本，金融机构可加大线上产品和渠道的创新与开发，取消人工服务和物理网点，大大降低人工成本。

科技在减少信息不对称、提高资产交易效率方面具有较大作用，因此总体上也会提高资产证券化和商品金融化效率。郑尊信等（2019）提出传统库存理论主要以实体库存供求均衡为基本框架，其定价模型难以适应商品金融化趋势。而且，根据既有经验来看，大宗商品在金融化过程中价格易受到美元汇率或指数、货币供给量等因素的影响。金融科技在业务发展场景上可根据金融产品进行差异化定价，并进行智能营销和客服。在金融产品的创新过程中，金融科技的应用可对各种指标进行建模，依据有效模型合理定价，并进行智能营销等。这将加快金融产品创新速度，进一步提高金融市场流动性。同时，科技中的机器人使用可以为理财赋能，基于个人风险偏好水平提供智能投顾服务。机器人理财的智能化水平提高了金融产品交易过程中的交易匹配度和精准度，也会加快金融产品的流动效率，提高金融市场流动性。

科技应用提高了研究和量化投资水平，有利于降低金融市场价格波动风险。在金融产品创新过程中难免会加剧价格波动的频率和幅度，并且价格变化的趋势难以准确预测，这使得企业面临的外部经营风险更加复杂严峻，防控难度不断加大。而且，机构投资者进入大宗商品期货市场，助推了商品金融化、资产证券化等金融产品创新。金融产品与基础资产的关联度增加，金融市场容易将外部冲击传递给金融产品价格，也会进一步影响到资产的现货价格。科技中的人工智能算法可通过自主学习寻找信息和资产价格的相关性，自然语言处理技术可以理解新闻、政策文件、社交媒体中的文本信息，寻找市场变化的内在规律，通过知识图谱的建模方式把行业规则、投资关系等常识赋予计算机，帮助机器排除干扰，更好地实现信息结构化。因此，在微观个体层面，企业利用人工智能分析的各种信息可以了解金融产品的价格风险属于哪一类风险敞口，针对风险敞口具有风险不确定性的特点，对风险进行评估，通过定量分析对企业的风险承受能力进行衡量。在宏观总体层面，金融市场管理者可以依靠科技明确市场系统风险，并采取预警措施，降低金融产品价格和金融市场资产价格的波动。

在科技助力金融体系变革的同时，科技发展也会带来一定的风险。以数字货币为例，第一，虚拟货币的产生增大了资产的投机性，不利于金融体系稳定。一方面，虚拟货币通常缺乏足够的实体资产支撑和信用背书，价格不稳定。另一方面，虚拟货币在技术上采用的是去中心化的公有区块链的架构，这意味着全网验证需要超大规格的数据同步和节点运行能力，目前这个问题还无法解决。第二，数字货币的使用会改变中央银行和商业银行的关系。数字货币具有央行账户的属性，居民在商业银行存款和数字货币之间的转换体现出央行和商业银行之间的竞争关系。

（二）科技进步与货币流动性

由纸币和硬币构成的现金在当今社会经济运行中依然发挥着重要作用。在绝大多数国家，现金需求和现金流通都在持续增长，增速基本上可比或者超过 GDP 增速。截至 2021 年年末，我国流通中的现金有 9.08 万亿元，同比增长 7.7%。随着科技的进步，数字货币和移动支付的广泛普及在一定程

度上影响了现金流动性。移动支付和数字货币在影响现金流动性和货币创造
方面的机制略有不同。

　　移动支付依靠移动终端和互联网技术，实现资金一秒到账，无论是现金
之间的交换速度还是银行存款与现金之间的转换速度均大大提高，流通成本
大幅降低。在科技普及之前，居民消费使用的现金需要去银行取款。受限于
金融机构网点的数量以及地理和空间距离，银行存款流转效率较低。随着互
联网技术的发展，移动电话和电脑等基础设施普及，银行存款与现金之间的
转换逐渐增多。从货币的支付手段功能来看，移动支付增强了货币的支付手
段功能。2020 年，网上商品和服务零售额达 11.76 万亿元，是 2015 年的
2.03 倍。移动支付目前还是依赖于银行账户，相应的电子货币可能会使得现
金交易规模变小，现金流动性下降。2020 年，我国银行非现金支付业务笔
数、金额分别达 3 541.21 亿笔、4 013.01 万亿元，分别较 2010 年增长了
11.78 倍、3.43 倍。移动支付对小额现金结算的替代作用更为明显。随着移
动支付的日益普及，百姓使用移动支付的场景越来越下沉，移动支付单笔交
易额持续下降。在货币流动性创造方面，移动支付的使用造成商业银行的现
金漏损率降低，货币乘数增大（杨戈帆，2014）。

　　数字货币作为现金的"替代"，可以即时转换为支付手段而不必承受损
失，具有很大的流动性。传统的流动性资产包括现金、银行存款、短期国债
等，未来数字货币将成为流动性资产的新类别。数字货币未来可能不完全依
靠银行账户，而是通过客户端的钱包直接实现点对点的现金交易。一方面，
数字货币可弥补网上银行和线下小额现金找零的不便，增强现金流动性。秦
彦英和刘晓莹（2022）研究发现银行卡存现、取现业务量步入下降通道，说
明社会对传统现金的需求下降。数字货币将来的普及有利于提高使用现金的
便捷性，从而增强现金流动性。另一方面，数字货币也将为强化数字现金的
交易信息透明和反洗钱能力提供重要手段，增强现金流动性。虽然我国反洗
钱法律制度和大额现金管理机制不断完善，但在社会部门中，现金使用监
测、申报和坐支现金管理等法律法规体系仍不健全，因而仍然存在地下钱

庄、洗钱犯罪活动等，这对社会的现金流通存在一定程度的负向影响。数字货币在保证匿名性的同时，仍能依靠技术留下交易痕迹，大大增强了交易的安全性，有力打击了违法交易，对现金流通带来了积极影响。从货币流动性创造方面来看，由于现金和存款之间的转换效率增强，商业银行的现金漏损率可能会提高，尤其是在宏观经济环境下行时期。

随着线上理财的发展，具有流动性和安全性的资产不断出现，为居民提供了大量的活期理财机会。由于投资股票、债券等传统资产从投入到变现的时间较长，出现了很多居民放弃投资或者资金被市场套牢等现象。蚂蚁金服的余额宝和腾讯的零钱通等的出现方便了居民进行零钱投资，增强了货币的价值储藏功能。

科技进步使得现金流通出现了年龄和地区分化。在年龄上，年轻人对科技更容易接受和适应，是使用移动支付、线上理财和数字货币的主要群体。在日常交易中，年轻人使用现金的情况微乎其微。老年人对科技的接受和使用程度较低，而且移动终端的普及率较低，因此在日常交易中仍主要使用现金（秦彦英和刘晓莹，2022）。在地区上，城镇地区居民知识水平较高，而且由于工作性质，支付结算方式易达成统一，更容易受科技影响，使用移动支付和数字货币。农村地区居民受知识水平所限，受科技影响较小，而且在农产品的交易过程中，支付结算方式统一难度较大，因而更多使用现金进行日常消费。

（三）科技进步与资产流动性

科技进步对资产流动性的影响主要表现为其对资产流动性的紧度（资产交易价格）、深度（换手率）以及弹性的影响。

第一，科技进步对资产流动性的作用体现在资产流动性的紧度方面，即让资产价格更好地贴合资产价值。基于信息效率观，资本市场信息效率主要衡量股票价格对市场信息、行业信息和公司特质性信息反映的及时性和充分性。当股票价格能充分包含这些信息时，资本市场完全有效。金融科技可以减少资本市场中的信息不对称，催生出更高效的信息机制，并从多种渠道对资本市场信息效率产生影响。

金融科技发展可以提高上市公司信息披露质量，从而提高资本市场信息效率。大数据、人工智能等技术的发展使得监管部门可以通过创新技术应用，使金融科技与风险监管相融合，从而能够有效地增强金融监管的风险识别和监管合规，提高自身风险定价与管理能力，促进传统监管方式的转型升级，维护金融稳定。正是金融科技带动监管科技的升级，催生出公司内部更高效的信息披露机制，打破公司与监管部门之间的信息结界，最终提高公司内部信息披露的质量，促进公司股价进一步反映公司特质性信息，缓解信息不对称现象，降低股价同步性，提高资本市场信息效率。

金融科技发展可以通过提高政府补助，缓解公司财务困境，进而提高资本市场信息效率。金融科技发展所带来的先进技术的普及和应用能够全方位评估企业特征，这为政府提供了更多微观企业运行现状信息。作为一种信号显示机制，金融科技能够帮助政府高效识别亟待补贴的公司，缓解信息不对称，推动政府补助等资源的有效配置，最终有利于缓解上市公司财务状况，减少上市公司隐瞒内部信息的掩饰行为，提高个股股价反映公司特质性信息的程度，并最终提高资本市场信息效率。

金融科技发展可以提高资本市场关注度，进而提高资本市场信息效率。金融科技发展能够使得本就在信息获取和处理方面存在优势的金融研究机构进一步利用大数据等先进技术提高挖掘公司特质性信息的广度和深度，凭借自身专业知识和金融素养，提高信息分析和盈余预测的精度。因此，金融研究机构的广泛关注能够向市场提供合理反映证券内在价值的信息，从而提高公司个体信息融入股价的程度，缓解信息不对称，充分发挥价格机制的传递信号功能，最终提高资本市场信息效率。

第二，科技进步对资产流动性深度（换手率）的影响。从资产流动性深度方面，科技进步能够极大地便利资产的交易，通过提高资产换手率提升资产流动性。近年来，基于人工智能的量化交易基金数量增长迅速。人工智能与量化投资领域的结合主要应用在两个方面：一是深度学习，通过人工智能辅助量化交易。国内一些私募基金已经开始将人工智能的三个子领域——机器学习、自然语言处理与知识图谱——融入量化投资策略中。二是智能投顾，即通过机器模仿和复制优秀基金经理的模式，用人工智能和大数据分析等手段实现资产管理。技术的进步降低了资产交易的门槛，借助智能投顾等金融科技工具，更多人可以参与到资产市场的交易活动中，从而提高资产换手率。

第三，科技进步对资产流动性弹性的影响。在实际市场中，由于非理性行为的存在，价格经常会发生偏离，科技进步能够通过提升资产回到有效价格的速度提高资产流动性弹性。De Bondt 和 Thaler（1985）从行为金融视角发现了股市的过度反应问题，认为投资者限于心理认知偏差，在面对突发事件时倾向于过度重视眼前的信息并轻视以往的信息，容易引发股价的超涨超跌。从金融科技的技术基础来看，通过机器学习模型和大数据挖掘技术，金融科技可实现对股价信息的全方位解构，譬如多维度的非结构化以及结构化数据的分类和聚类分析，辅以边际成本近乎为零的深度学习算法与投资组合模型，能够充分发掘影响股价的信息以及各类影响因素之间的关联。投资者在借助金融科技平台破除与企业之间的信息不对称后，也会大幅减少因心理认知偏差和非理性情绪而对股票价格产生的不确定性冲击，为缓释股价超涨超跌进而改善错误定价提供助益。

参考文献

［1］北京大学中国经济研究中心宏观组. 流动性的度量及其与资产价格的关系. 金融研究，2008（9）.

［2］陈继勇，袁威，肖卫国. 流动性、资产价格波动的隐含信息和货币政策选择：基于中国股票市场与房地产市场的实证分析. 经济研究，2013（11）.

［3］李佳，罗明铭. 金融创新背景下的商业银行变革：基于资产证券化创新的视角，财经科学，2015（2）.

［4］林华. 金融新格局：资产证券化的突破与创新. 北京：中信出版社，2014.

［5］彭兴韵. 流动性、流动性过剩与货币政策. 经济研究，2007（11）.

［6］夏斌，陈道富. 中国流动性报告. 第一财经日报，2007 - 07 - 09.

［7］殷剑峰. 商品市场的金融化与油价泡沫. 中国货币市场，2008（11）.

［8］谢平，刘海二. ICT、移动支付与电子货币. 金融研究，2013（10）.

［9］张成思，刘泽豪，罗煜. 中国商品金融化分层与通货膨胀驱动机制. 经济研究，2014（1）.

［10］朱太辉. 货币供给的内/外生争论：起源、演进和迷局. 金融监管研究，2014（2）.

［11］邹晓梅，张明，高蓓. 资产证券化的供给和需求：文献综述. 金融评论，2014（4）.

［12］Cornett, M. M., J. J. McNutt, P. E. Strahan, H. Tehranian (2011). "Liquidity Risk Management and Credit Supply in the Financial Crisis," *Journal of Financial Economics*, 101 (2)：297 - 312.

［13］Diamond, D. W., P. H. Dybvig (1983). "Bank Runs, Deposit Insurance, and Liquidity," *Journal of Political Economy*, 91 (3)：401 - 419.

［14］Ferguson, N., M. Schularick (2007). " 'Chimerica' and the Global Asset Market Boom," *International Finance*, 10 (3)：215 - 239.

［15］Gorton, G., A. Metrick (2012). "Securitization," NBER Working Paper, No. 18611.

［16］Jo, Y. S., J. Kim, F. Santos (2022). "The Impact of Liquidity Risk in the Chinese Banking System on the Global Commodity Markets," *Journal of Empirical Finance*, 66 (C)：23 - 50.

［17］Tang, K., H. Zhu (2016). "Commodities as Collateral," *The Review of Financial Studies*, 29 (8)：2110 - 2160.

［18］Varangis, P., J. Saint-Geours (2017). Using Commodities as Collateral for Finance (Commodity-Backed Finance). World Bank Publication-Reports 28318, The World Bank Group.

［19］Yuan, R., M. Layton, J. Currie, D. Courvalin (2014). Days Numbered for Chinese Commodity Financing Deals. Goldman Sachs Commodities Research.

第四章

资本市场的制度变革：对科技创新的适应性调整

摘　要： 随着全球科技竞争的日益激烈，如何促进科技创新成为举世瞩目的话题。不论是国际发展环境恶化的外部冲击，还是科技创新与资本市场内在的耦合关系，都要求资本市场要顺应现代高科技企业发展的新趋势来推动制度上的变革。本章总结了适应科技创新的制度变革趋势，包括发行和上市制度改革、多层次资本市场建设、金融新业态发展、公司治理机制优化、证券法律体系变革等方面，而这些新趋势正是中国资本市场制度变革的重点。

科技竞争力是国家综合实力的重要体现。各国之间在科技领域的竞争由来已久，并且已经渗透到经济、政治、军事等领域。与"两弹一星"等采取的举国体制不同，现代科技竞争主要集中在新兴产业领域，如半导体、新能源、量子信息、生物科技等，需要将科技创新在市场中进行广泛应用和推广，进而实现产业链和供应链的安全性和完整性。

过去三次产业革命的历史经验告诉我们，科技创新与金融变革始终密切联系、互相促进。在产业革命的演进过程中，科技创新要求金融体系逐步走向市场化，资本市场则对科技创新的风险态度越来越包容，由此二者的耦合关系不断加深。如今，第四次科技革命蓄势待发，互联网、大数据、生物医药、清洁能源等新兴产业诞生出一批现代高科技企业，成为经济增长的强劲动能。资本市场如何进行制度变革来适应科技创新的新趋势，是资本市场与科技创新耦合的关键。

一、资本市场与科技创新的耦合关系

（一）国内外发展环境分析

进入新发展阶段，中国制定了到 2035 年人均国内生产总值达到中等发达国家水平的远景目标，为在本世纪中叶建成富强民主文明和谐美丽的社会主义现代化强国奠定坚实基础。为此，中国经济要深刻认识面临的国际环境和国内情况，采取合适有效的举措实现经济转型和产业升级战略，为经济可持续增长、社会稳定发展体系奠定良好基础，从而逐步形成以国内大循环为主体、国内国际双循环相互促进的新发展格局。

从国际发展环境来看，中国当前面临的世界经济形势大不如改革开放早期和加入 WTO 初期所处的有利发展环境，所遇到的外部挑战越来越多，既包括全球经济发展环境恶化的整体性趋势和全球性重大风险事件的多次冲击，也包括日益激烈的全球科技竞争以及极少数国家或经济体对中国长远发展目标实现的阻挠和扼制。自 21 世纪以来，逆全球化思潮在世界范围内蔓延并愈发盛行，导致一些国家受民粹主义、贸易保护主义、单边主义等封闭保守势力影响，对全球经贸往来和国际分工体系产生了深远的负面效应。与此同时，一些全球性的重大风险事件频频发生，除经济和金融危机以及军事冲突和战争外，尤以新冠肺炎疫情最为突出，其对世界经济平稳运行产生的深远影响实属罕见。在如此环境下，各国经济出现了不同程度的增长乏力，开始对国家发展战略和国际贸易政策进行调整，其中不乏一些针对中国经济发展的阻碍性战略，如美国在"亚太再平衡"和"美国优先"等战略驱动下发动中美贸易战，同时削弱中国与全球各贸易伙伴的合作关系，拉拢中国周边国家与中国形成对抗态势。目前来看，中美贸易战已经对中国产业链和供应链的安全形成了一定冲击，特别是一些针对中国高科技企业的制裁手段，正在阻碍中国对部分关键核心技术的突破。

现阶段，中国经济正在从要素驱动的高速增长向创新驱动的高质量增长进行战略转型，推动着内生性资本和需求成为中国经济增长的驱动力，从而实现高水平的社会主义市场经济。由于科技是先进生产力的表现，中国经济高质量发展对科技创新的内生要求自然就发生了本质性变化。中国科技企业要实现从"模仿者""追赶者"向"并跑者""领跑者"角色转变，即从"模仿创新"向"原始创新"和"颠覆式创新"转变，由此才能打通产业链和供应链的阻塞点和风险点，打破"卡脖子"技术的封锁线。与此同时，中国要实现"双碳"目标，走生态优先、绿色低碳的高质量发展道路，需要科技创新来促进产业升级、优化能源结构，从而实现生产生活的绿色转型。因此，通过科技创新来挖掘内生经济增长动力，是解决中国经济发展问题的关键，也是中国经济实现发展新目标的必然选择。

（二）资本市场与科技创新的耦合分析

从第一次产业革命开始，科技创新逐步进入蓬勃发展时期。不论是生产力进步，还是综合国力提升，人类社会生产和生活的方方面面均离不开科技创新的推动。随着产业时代的快速变革，科技创新越来越复杂化、集成化，特别是原始创新、领跑式创新以及关键核心技术的突破，往往是一个高风险、高投入、长周期的行为集合，涉及的基础研究、技术开发、产业应用等阶段都需要大量的创新要素投入，且面临失败的风险。尽管如此，一旦技术创新成功并得到市场推广，所得的回报也将是十分丰厚的。从金融功能观来看，金融体系能够发挥为企业提供资金筹集和所有权分散机制、进行跨时空金融资源配置和风险管理、提供解决激励问题或委托-代理问题的工具等核心功能（Bodie and Merton，1998），与科技创新的特点和需求十分匹配。

商业银行具有看重资产抵押或担保、偏好收益稳定的贷款人等特征，这决定了商业银行的风险承担能力十分有限，其信贷资金更偏好于稳定成熟的工业企业，大大限制了高不确定性的企业科技创新和新兴产业崛起（吴晓求和方明浩，2021）。高科技企业在技术创新方面高投入、高风险、高收益的特点使其难以获得传统融资方式的青睐，加上有限的政府财政资金大多投向一些基础性、战略性的高科技企业，难以满足量大面广的高科技企业融资需求，而资本市场则能够为处于不同发展阶段、具有不同发展规模的高科技企业提供多样化、有针对性和连续性的服务。资本市场通过股票或债券等形式满足企业的直接融资需要，其较高的风险容忍度能更好地匹配创新活动的基本特征。通常而言，科技创新能够为企业带来较好的成长性，而资本市场通过价值发现功能和激励机制，对成长性的企业予以高估值和高回报，从而促进资本与创新形成良性循环。因此，从最优金融结构理论出发，市场主导型金融体系具备更高的风险容忍度，更适合高研发投入、高技术创新的经济体，更满足当前和未来一段时间中国产业升级与经济转型的需要（吴晓求等，2020）。

资本市场不仅能够促进资金与创新活动风险特征的合理匹配，还能产生出大量专业的金融机构和新业态，尤其是风险投资和私募基金等投资机构，能够更好地为高科技企业提供各类专业化的服务。风险投资具有高风险、高收益、权益性、专业性、长期性等特点，不仅能够为蕴藏较大失败风险的初创型科技企业提供资金支持，还能够凭借自身的资源、能力和网络等，帮助高科技企业建立竞争优势。近些年，新兴的、非金融性的风险投资如企业创业投资、政府引导基金等不断涌现，这些市场参与者凭借自身特点给市场带来新的变化。以企业创业投资为例，它使用科技型初创企业母公司的互补资源来提升创新和成长效率，同时也为母公司带来新知识、新资源和新机会（杜什尼茨基等，2021）。

（三）现代高科技企业新特征

不同于传统制造业企业，现代高科技企业通常具有高研发投入、轻资产、技术依赖、成立时间短、成长性强等特点，对人力资本、技术、知识产权等无形资产高度依赖。现代高科技企业由于缺乏充足的抵押品和稳定的收入来源，难以满足银行的信贷要求，银行作为债权人会面临风险收益结构不对称的问题（Stiglitz，1985），因此高科技企业难以从银行获得信贷资金，转而需要资本市场的支持。高科技企业在不同成长阶段需要资本市场提供不同的融资及其他金融服务的支持，如在初创和成长阶段需要风险投资等机构的投入与帮助，以支持企业高风险的研发活动，在成熟和扩张阶段需要通过上市满足更多的融资需求以及部分股东退出的交易需求等。与此同时，现代高科技企业不再以固定资产投资为先，更加重视先进技术和科技人才等无形资产的投入。一方面，高科技企业通过丰厚的待遇吸引科技人才的加入，进而实现原有技术的升级和新技术的开发；另一方面，一些成熟的高科技企业往往通过并购或直接购买技术，实现技术积累和人才储备，进而保持其产业优势。

由于科技创新越来越复杂化和集成化，现代高科技企业必须有自己的核心技术和人才储备库，要有能力在产业链和供应链的关键核心地位立足，在高度专业化分工的市场中进行技术协作和整合，从而向市场提供有竞争力的产品和服务。这些企业通过强大的集成能力将大量技术和功能整合于一身，并将各个部件的生产和开发分工给产业链和供应链的各个企业，往往较少参与甚至不参与直接生产就可以得到丰厚的利润。一些以互联网为核心的高科技企业更是以技术见长，通过为消费者和传统制造业企业提供数字化服务和技术支持，就可以获得可观的回报。高科技企业对技术存在高度的依赖性，使得人力资本得到大量投入和支持，不仅体现在薪酬、股权激励等回报上，还在公司治理特别是表决权方面予以支持，如双重股权结构。

尽管资本市场对高科技企业的支持存在明显的优势，但是资本市场的一些制度可能存在缺陷，不能够及时适应高科技企业发展新趋势，需要进行适当的调整和完善。以上市制度为例，资本市场过去针对传统工业企业以盈利为主的上市要求显然不适合这些企业，那么就需要调整原有的上市规则以及上市标准，譬如设立创业板、降低盈利要求等。因此，资本市场需要适应科技创新的发展趋势，才能更好地服务于高科技企业。

二、适应科技创新的制度变革趋势

随着经济的蓬勃增长和市场的快速发展，一些金融政策和制度出现了不适应的情况，譬如主板的盈利要求和同股同权严重限制了一批高科技、高成长性企业的上市，迫使这些企业去境外上市（郑志刚等，2016）。近年来，中国资本市场进行多次重大改革，如科创板注册制试点、创业板注册制改革、新三板改革和北京证券交易所的设立等，使得资本市场在上市发行、并购重组、交易、退市、转板、监管、对外开放等方面得到不断调整和完善。

（一）上市制度的变革

从美国发行审核制度看，美国本土公司在境内上市采取双重注册制，联邦注册制以信息披露为主，各州的证券发行监管实行实质审核（沈朝晖，2011）。为适应经济发展、政策走向和市场环境的变化，纽交所和纳斯达克适时调整上市标准。20世纪末，美国开始大力发展信息产业，许多轻资产、前期投入大、没有盈利的科技类公司无法满足当时净利润和净有形资产的上市标准。为适应形势变化，纽交所和纳斯达克放松盈利要求，增加"市值""收入"等上市标准。2008年金融危机后，美国出台支持创新创业企业的《乔布斯法案》，降低盈利要求，从而提升对中小创新创业企业的上市服务力度。同时，纽交所和纳斯达克通过市场内部分层更好地服务不同规模和类型企业的融资需求，并通过制定多套差异化的上市标准实现对上市资源的精细化管理和精准服务。具体来说，针对经营风险高的小型企业特点，纳斯达克增加以"股东权益"为核心的上市标准；针对处于高成长阶段的中型企业，纽交所和纳斯达克制定更加灵活多元的上市标准，除"股东权益"指标外，还设有"市值""总资产＋收入"等标准；针对大型成熟企业，纽交所和纳斯达克制定较为严格的上市标准，对盈利和现金流均有一定要求，设有"税前利润""市值＋总收入＋现金流""市值"等指标。综上，纽交所和纳斯达克引入不同层次差异化的上市标准，为不同类型企业提供了有较强针对性、适应性和有效性的上市服务。

在中国资本市场过去的制度改革中，最为核心的内容就是发行制度的演进，中国资本市场先后实行了审批制、核准制、注册制，共经历了六个阶段。审批制为带有计划经济色彩的行政主导型资源配置方式，而核准制则向市场化方向前进，但仍属于市场化的过渡性制度安排。现阶段推行的注册制改革属于高度市场化的发行制度，政府不再对企业能否上市做出实质性判断，而是对信息披露的完整性和真实性进行核查。注册制的核心是证监会只负责审查上市文件的真实性、完整性，而不负责审查其实质内容，将鉴别选股的责任更多地投向市场（吴晓求和方明浩，2021）。

　　总的来说，中国资本市场从无到有，发展迅速。新股发行制度改革基本沿着逐步放权、逐步市场化、逐步加大投资者保护力度的思路进行，并充分体现了资本市场改革对实体经济的融资支持。2021年，中国A股注册制方式新上市公司数量为402家，占新上市公司总数的76.72%（见图4-1）。科创板和创业板实行注册制，有利于创新创业企业直接对接资本市场，改善科技创新企业的资本环境。目前中国已形成包括主板、创业板、科创板、新三板和区域股权交易市场在内的多层次资本市场，对支撑实体经济和完善中国金融生态环境发挥重要作用。

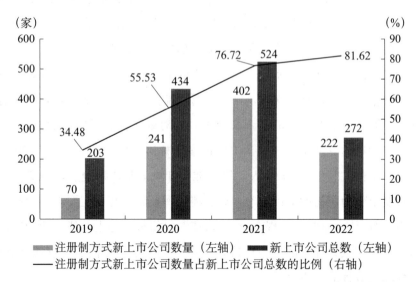

图4-1　2019—2022年中国A股新上市公司中注册制方式新上市公司数量及比例

资料来源：Wind数据库。

注：2022年统计数据截止到2022年9月13日。

1. 特殊投票权制度

受大陆法系传统理念的影响，中国上市公司长期以来实行一股一权的原则。随着互联网经济和高新技术产业的快速发展，一些高科技企业担心上市后发生控制权转移，便倾向于选择发行具有双重股权结构的股票。美国资本市场率先探索双重股权结构的上市制度，如谷歌、脸书等美国高科技企业以及京东、百度、优酷等在美国上市的中国企业。同时，还出现了其他形式具有"不平等投票权"本质的股权结构，如阿里合伙人制度、腾讯"大股东背书"模式。2018年7月，港交所开始尝试双重股权结构的上市安排，而小米则成为港交所首家采取"同股不同权"架构的内地企业。注册制改革后，科创板和创业板先后推出特殊投票权制度，并付诸实践。

2. SPAC制度

SPAC（special purpose acquisition company）也叫"特殊目的收购公司"，是一种为公司上市服务的金融工具。与买壳上市不同的是，SPAC自己造壳，该公司成立的唯一目的是并购其他公司，是借壳上市的创新融资方式。由于SPAC只有现金而无实际业务，所以也被称作"壳公司""皮包公司"，该公司通过首次公开发行集资，在24个月内，需要寻找到并购标的，并经过大多数股东批准完成并购，经过"De-SPAC"并购交易步骤，目标公司与SPAC整合为一体，SPAC终止上市，目标公司代替SPAC取得上市地位。

综上，与IPO相比，SPAC上市的流程更简单、估值定价更多取决于发起人和赞助人，并且与传统的买壳上市相比，SPAC的壳资源干净，没有历史负债及相关法律等问题。

3. 双重上市制度

双重上市是指同一家公司在两个不同的证券交易所挂牌上市的行为。双重上市的公司应完全满足两地监管要求，也更容易被国际投资者接受，股票流动性得到显著提高。以阿里巴巴为例，2022年7月26日，阿里巴巴集团发布公告：董事会已授权集团管理层向香港联合交易所提交申请，拟将香港新增为主要上市地。在香港联交所完成审核程序后，阿里巴巴将在香港联交所主板及纽约证券交易所两地双重主要上市。阿里巴巴在香港和纽约双重主要上市后，在纽约挂牌的存托股和在香港上市的普通股依然可以继续相互转换，投资者可以继续选择以其中一种形式持有阿里巴巴股份。实行双重主要上市之后，中概股美股和港股的定价相互独立，有望提升中国香港证券市场的定价能力，流动性的增加和定价能力的提升将有利于中国香港进一步巩固和增强国际金融中心地位。中概股企业选择双重主要上市，并不影响其在美国的上市地位。长期以来，海外资金对中国科技企业的发展作用显著，阿里巴巴等一批中概股企业在美上市，也增进了全球资本对中国企业和中国市场的了解。

与双重上市制度不同的是，二次上市是指公司在两地上市相同类型的股票，通过国际托管行和证券经纪商实现，这种方式主要以存托凭证的形式存在，从而实现股份跨市场流通。二次上市的优势是在监管上需要满足的要求比较简单，相对于双重上市有较多豁免优待条款，上市成本较低。

（二）多层次资本市场的演进

1. 美国多层次资本市场演变

美国资本市场的多层次体现在场内市场与场外市场的分层，以及交易所不同板块的分层。场内市场由全国性交易所与区域性交易所构成；场外市场更为丰富，分为另类交易系统（ATS）、场外交易（OTC）市场和特殊 OTC 市场。

随着 20 世纪 80 年代技术革命的兴起，为了推动创业企业发展，纳斯达克首先在内部进行分层。以苹果公司为代表的部分高科技企业的市值及交易占整个股票市场的较大份额，形成了事实上的独立分层，被命名为纳斯达克全国市场，以苹果、微软、雅虎、亚马逊、谷歌等公司为代表。2006 年纳斯达克交易所注册为全国性交易所，将全国市场改为全球市场，小型资本市场改为资本市场，针对大型优质公司设立全球精选市场。同样，纽交所为与纳斯达克展开竞争，其内部也开始分层。2005 年完成公司制改革后，纽交所设立 NYSE Arca 板块，即高增长市场，形成 NYSE 与 NYSE Arca 两个板块，但这两个板块在上市标准与投资者门槛方面没有差异。2006 年纽交所为与纳斯达克全球精选市场竞争，增设 NYSE MKT 板块。2009 年纽交所收购全美交易所并整合 NYSE Arca，建立独立的 NYSE MKT，并形成与 NYSE 畅通的转板机制，暂不满足 NYSE 上市条件的企业可先在 NYSE MKT 上市，待满足条件后直接转板至 NYSE。

场外市场主要由特殊 OTC 市场、场外交易市场和另类交易系统构成。特殊 OTC 市场主要涉及私募股权交易、限制性股权交易、非标准化股权交易等，然而这些交易缺乏统一标准与透明度。场外交易市场形成于 20 世纪初期，分布在全美各地。1971 年全美证券交易商协会从场外挑选出 2 500 家相对优质企业形成高端市场，其余为便士股票市场。1990 年便士股票市场进一步被分为公告栏市场（OTCBB）与粉单市场（OTC Pink）。1999 年粉单市场采用实时报价的电子报价系统吸引了大批企业转入，一时间市场繁荣，之后粉单市场更名为场外交易市场（OTC Market）。而公告栏市场由于美国证监会加强了监管标准，从而导致不少企业流入粉单市场后逐渐衰落。另类交易系统是在交易所之外以匹配成交买卖双方委托指令为目的的交易平台。另类交易系统由于在交易环节具有匿名、低费率等独特优势而对交易所产生巨大压力，美国场外市场的分层也由此诞生。

综上，由于技术革命推动了美国产业升级，随之涌现的一批具有新风险特征与融资需求的企业是发行市场层次化演进的直接动力。此外，交易所之间的相互竞争与交易所自身自我制度安排是多层次制度演化的重要因素。同时，美国证券交易所对于自我制度安排具有较大的自由决定权，能够根据市场灵活调整以适应相应变化，美国多层次资本市场应运而生。

2. 日本多层次资本市场演变

20 世纪 60 年代，随着日本经济复苏，企业上市需求与日俱增，日本证券市场也由此迎来快速发展阶段，为满足不同层次企业的融资需求开始设立不同板块。1961 年，东京、大阪和名古屋的三个交易所分别增设了门槛略低的二部，形成了一部和二部两个市场层次。1999 年，为了满足日本新兴企业的融资需求，东京证券交易所模仿纳斯达克增设高增长新兴股票市场（MOTHERS）板块。高增长新兴股票市场的上市标准远低于主板市场，主要面向高成长性的初创企业。在 21 世纪初期，随着信息技术的进步和电子化交易的普及，交易所之间的竞争变得日益激烈，东京证券交易所与广岛、新潟的证券交易所合并，京都证券交易所与大阪证券交易所合并；直到 2013 年，东京证券交易所和大阪证券交易所合并，成立了日本交易所集团 (JXP)。JXP 成为全球第三大证券交易所集团，JXP 的证券交易份额占日本全国证券交易份额的 90％以上。2009 年，东京证券交易所为了借鉴英国另类投资市场经验，与伦敦证券交易所合资设立了 TOKYO AIM 市场。TO-KYO AIM 市场的上市标准更低，对信息披露的要求更灵活。2012 年，东京证券交易所收购了伦敦证券交易所持有的 TOKYO AIM 股份，并更名为东京专业市场（TOKYO PRO)。由此，日本证券交易所的多层次资本市场基本建立。

3. 中国香港多层次资本市场演变

中国香港没有正式的场外市场，其资本市场主要包括香港联合交易所主板和创业板，多层次性主要体现在同一交易所内部。在 20 世纪 80 年代之前，中国香港的交易所呈现远东、金银、香港、九龙等多家交易所相互竞争的局面。在 1973 年中国香港发生史上最大规模股灾后，政府对中国香港证券市场进行整合，并于 1985 年将 4 家交易所合并为香港联交所。香港联交所于 1999 年正式推出创业板。该创业板是在学习纳斯达克分层经验后设立的，主要是为了服务中小型企业及高科技企业。2000 年左右，由于互联网泡沫消退，创业板上市公司陷入流动性危机，香港联交所被迫对创业板进行改革，在维持现有创业板基础结构的基础上将创业板作为主板上市的次级板块，并设置简易转板制度。在简易转板制度下，创业板上市公司在申请转板期间不必摘牌，只需发布公告便可转板，直接在主板继续交易，且不需要聘请保荐人、编制招股文件等，极大降低了转板成本。在简易转板制度下，2008 年掀起了转板热，至 2016 年新上市企业数量增加了 20 余倍。

然而在简易转板机制实施后的一段时间里，出现了以全额配售、简易转板、借壳上市为手段的套利行为。为解决简易转板制度带来的监管套利问题，香港联交所对创业板制度进行了改革，重新定位创业板。香港联交所明确指出，香港创业板是为增长企业而设的市场，创业板接纳各行业中具有增长潜力的企业上市，规模大小均可，科技行业的公司是优先考虑的对象。综上，中国香港多层次资本市场的设立受到纳斯达克分层浪潮的影响。

4. 中国台湾多层次资本市场演变

中国台湾资本市场主要包含四个层次。第一个层次是公司制的台湾证券交易所的集中交易市场，其从 1962 年正式开业到现在为止一直是中国台湾唯一的证券集中交易场所，主要业务是提供场地设备及服务，供证券商竞争买卖上市证券，为其办理成交、清算及交割事宜。第二个层次是柜台市场，也称为"二板市场"，以竞价制度为主，做市商制度为辅，由于其长期承担辅助上柜股票转为上市股票的任务，被视作上市股票的"预备市场"。第三个层次是兴柜市场，属于新开发的股票市场，目的是取代以"盘商"为中介的未上市上柜股票的交易，将未上市上柜股票纳入制度化管理，为投资者提供一个合法、安全、透明的交易市场。第四个层次是创柜市场。创柜市场是非公开的股权交易市场，在创柜市场买卖股票流通性低、交易成本高，筹资效果受到限制，但创柜市场确实是中小企业从资本市场集资的一个来源，对小型创新创业企业形成了有效扶持。综上，创柜市场的出现标志着中国台湾形成了多层次的资本市场体系。

5. 中国多层次资本市场演变

中国资本市场的正式形成以 20 世纪 90 年代上海证券交易所与深圳证券交易所的成立为标志。随着中国经济的发展和国内外环境的变化，国务院于 2003 年提出建立多层次资本市场体系，满足不同企业融资需求，从战略角度出发确立了多层次资本市场方向。2004 年深圳证券交易所为解决中小民营企业融资问题设立中小板，2009 年深圳证券交易所为满足民营企业融资的现实需求又设立创业板，创业板的发展促进了风险投资行业的发展，并为私募股权投资/风险投资（PE/VC）机构提供了良好的渠道。2012 年，证监会开始试点全国中小企业股份转让系统，同时试点新增天津滨海、上海张江以及武汉东湖三家高新技术园区，取得成效后国务院决定推广至全国。2019 年，上海证券交易所设立科创板并试点注册制，开启了中国资本市场新时代。2021年，国务院批准北京证券交易所注册成立，其历史定位为统筹新三板各层级协调发展，发挥带头作用，做活做强基础层与创新层，加强与沪深交易所、区域性股权市场的互联互通，加快完善中小企业全链条制度体系。至此，中国形成了由主板、科创板、创业板、新三板以及区域性股权市场构成的多层次资本市场体系。

从中国多层次资本市场历史演进来看，中国资本市场体系的底层基础设施和监管体系等在符合中国特色的同时，逐渐与国际市场接轨，其主板、科创板、创业板、新三板及区域性股权市场等各板块和市场功能定位明确，层层递进，错位发展，形成了支持处于不同成长阶段和不同类型企业创新发展的资本市场体系，实现了资产的优化配置。

（三）新金融业态的发展

推进中国金融的发展离不开创新，而新金融则是金融创新的结果，为了更好地服务实体经济而发展起来的新金融业态则代表着金融业创新发展的新趋势，并且有着广阔的发展空间与发展潜力。新金融是与传统金融相对而言的，它是对传统金融的演进、延伸和补充，也是金融业的创新。中国金融业有着严格的监管，相对于实体经济的发展，中国金融业处于压抑状态。因此中国需要加强金融创新，加快新金融发展，以更好地服务实体经济，从而更好地实现金融的功能。

近些年，风险投资不断发展以及新兴的、非金融性的风险投资如企业创业投资、政府引导基金等不断涌现，这些市场参与者凭借自身特点给市场带来了新的变化。

1. 风险投资的有限合伙制

风险投资由于其高风险、高收益、权益性、专业性、长期性等特点，更为偏好成长性强、科技含量高的初创型高科技产业，并为其提供资金支持（武巧珍，2009），有助于缓解初创企业研发初期的资金短缺问题。不仅如此，风险投资机构在市场中摸爬滚打，具有丰富的资源、能力和网络，能够利用自身优势帮助企业建立巨大的竞争优势（董静等，2017）。此外，在投后管理方面，风险投资可以通过在被投资企业董事会中任职等方式发挥积极的"监督"效应（Barry et al.，1990），降低风险投资家与企业家之间的代理冲突，更好地帮助企业提升创新能力。风险投资对企业技术创新的促进作用在现有文献中也得到了丰富的经验证据的支持（陈思等，2017；张学勇和张叶青，2016）。

随着经济社会的进一步发展，有限合伙制已经成为世界上风险投资企业主要的组织形式。与原先的有限责任制、无限责任制等形式相比，有限合伙制能够最大可能地规避基金管理者的道德风险与逆向选择行为，进而能更加有效地实现对风险企业的监控。在有限合伙风险资本终止时，风险企业的相应股权通常要被赎回，但是一旦成功IPO，风险资本就会因为股权价值的流动性增强所导致的升值而促进进一步的投资。然而，目前中国采取有限合伙制的风险投资机构还比较少，在当前"大众创业""金融科技"的背景下，风险投资的发展具有重要意义。

2. 企业创业投资

企业创业投资（corporate venture capital，CVC）是指企业成立独立的风险投资部门或风险投资机构，使用自有的非金融资金投资母公司战略发展目标范围内或者产业链上下游的中小企业，以配合企业长期战略发展和创新扩张的一种新型的创投组织形式。随着注册制的实施和产业资本力量的加强，CVC受到越来越多上市公司的关注。上市公司开展CVC，一方面有利于为VC/PE市场增添新力量，另一方面也为创新型小微企业提供更多发展路径，与上市公司产生协同效应。杜什尼茨基等（2021）发现，CVC使得科技型初创企业可以利用创投平台母公司的互补资源来提升创新和成长效率，同时也带来了新知识、新资源和新机会来为母公司服务。虽然CVC在中国发展迅猛，但无论在理论上还是实践上，对CVC的专业化管理模式的探索仍在进行之中，因此现阶段对CVC还存在着市场化激励不足、投资标的狭窄以及市场感知敏锐度弱等局限性。

3. 政府引导基金

发展政府引导基金是供给侧改革的重要抓手，其目的是发挥财政资金的杠杆放大效应，引导社会资金"补短板"，加大对创业投资领域的资本供给。从中国实践看，政府引导基金所扶持的产业主要包括信息、生物、航空航天、新能源、海洋等符合国家产业政策并具有良好前景的产业，并且主要以中小高科技初创企业为主。这类企业在成长性极强的同时也蕴含了极大的风险，大量商业性资本不愿意涉足，而通过政府引导基金和相关配套政策的引导，能够克服单纯通过市场配置创业投资资本的市场失灵问题。

在各地方政府引导基金运营模式中，合肥政府探索的带有地方特色的政府引导基金运营模式是一个亮点。2014年，江淮为当时尚未获得生产资质的蔚来投资23亿元，试图打造高端纯电动乘用车工厂。2019年，合肥建投联手三级国资平台接盘投资70亿元，将亏损112.9亿元的蔚来引至合肥落户。紧接着，合肥围绕新能源车引进康宁汽车内饰玻璃、建设乘用子午线轮胎新工厂、商用轮胎新工厂，由此形成一整条智能汽车产业链。目前，合肥已集聚了蔚来、江淮、安凯、大众、长安、奇瑞（巢湖）、国轩高科、华霆动力、巨一动力等一批龙头企业，在新能源汽车领域站到了领先位置（朱克江，2021）。可以看出，合肥的产业布局策略是在整个投资大体系中筛选出与本土金融环境相融合、集各方优势的一批高精尖的企业，政府引导基金运营模式在合肥取得了巨大成功。

（四）公司治理机制的优化

中国"十四五"规划明确体现出了国家对企业创新主体地位的肯定与支持，并提出"完善技术创新市场导向机制，强化企业创新主体地位"，而以公司治理为核心的市场机制是企业实现科技创新的重要因素和必要制度保障（Belloc，2013）。在科技创新过程中，投资者与企业家之间的信息不对称问题严重阻碍了金融市场对科技创新的支持效果。一方面，外部中小投资者难以对创新活动的风险和收益做出准确判断，因此更容易出现逆向选择问题。另一方面，在获得资金支持后，公司管理层也可能发生机会主义行为，可能倾向于谋取短期利益，不注重风险高、周期长的创新项目。因此，有效的公司治理机制应能够降低管理层短视行为、提高企业家风险承担能力和创新意识，从而加大科技创新项目投入力度，提升科技创新效率。

1. 独立董事制度

独立董事制度是英美法系下的产物，而大陆法系的公司则更多地通过"独立第三方"的监事会制度来监督大股东和高管，从而构建有效的公司治理体系。独立董事在以美国为代表的西方国家董事会中基本上是作为被选择的股东代表，根据股东和社会的利益去监督和监控公司的管理层，并且被期望利用他的诚实和能力去审视公司的战略、计划和重大的决策。对首席执行官、公司高层管理团队的选择和评价是董事会最重要的功能。由此，西方国家独立董事的主要功能之一是监督约束和评价。另外，改善公司的治理结构和提高公司的经营水平也是独立董事的一个职责。

依据《中华人民共和国公司法》（简称《公司法》），中国上市公司形成了股东大会下设董事会和监事会的"双层治理模式"。《公司法》要求上市公司应聘任独立董事，这标志着中国最终从法律层面确立了独立董事制度，旨在改善董事会的结构和公司法人治理结构，减少内部人控制，强化对内部董事及经理层的约束和监督机制，保护中小股东及利益相关者利益，从而增强企业的长期可持续发展能力，提高上市公司信任度，促进上市公司规范运作。

随着独立董事制度越来越规范成熟，顶尖科学家担当独立董事（两院院士及其候选人）越来越得到广泛关注和重视。从治理职能的发挥来看，首先，声誉机制保证了院士（候选人）发挥治理职能的激励和动力。一方面，就独立董事声誉带来的经济收益来说，独立董事在人力资本市场上传递的声誉在很大程度上决定了他们当前和未来的职业前景，因此独立董事声誉可以充当一种隐性的薪酬契约，提高独立董事职业生涯未来的货币薪酬。另一方面，独立董事在任职公司因失误决策或违法决策带来的声誉损失及由此造成的种种不良后果即是声誉成本，并且独立董事任职时的声誉越高，声誉受损的经济成本也就越高。然而，由于中国目前尚缺乏一个成熟的独立董事劳动力市场，隐性薪酬契约机制还难以有效发挥作用，因而声誉提升带来的经济收益对独立董事的激励效果较小。因此在中国，声誉减损所要付出的经济成本才是声誉机制激励约束独立董事的主要机理。其次，院士（候选人）的行业专长使得他们有能力发挥治理职能。顶尖科学家往往拥有较高的人力资本，大部分的科研产出和创新成果经常来自极少数的顶尖科学家。院士（候选人）担任独立董事可以以专业性的眼光，对公司的发展战略、技术路线等重大命题提供战略服务，发挥战略咨询作用。与此同时，顶尖科学家往往具有较高的创新绩效和社会声望，处在社会网络的核心位置，从而在企业、大学和学术圈等社会网络中起着重要的桥梁作用，对于促进企业与外部知识的交流与产学研合作发挥了尤为重要的作用。

2. 董事高管责任保险

董事高管责任保险（简称董责险）在 1934 年产生于美国，20 世纪 80 年代被引入大陆法系国家，是董事、监事及高管在履行职责过程中，因工作疏忽、行为不当被追究责任时，由保险公司赔偿法律诉讼费用及承担其他相应民事赔偿责任的保险（宋一欣和孙宏涛，2016）。美国的董责险覆盖率很高，超过 90% 的美国上市公司为高管投保董责险。2002 年，中国证监会和国家经贸委联合发布的《上市公司治理准则》提到，"经股东大会批准，上市公司可以为董事购买责任保险"，自此董责险进入快速发展阶段。虽然中国上市公司目前有 20 万人以上董责险的适保对象，但直到 2020 年董责险投保率仅为 8% 左右。可见，中国董责险还有很大的发展空间。图 4-2 显示了2002—2021 年中国 A 股上市公司购买董责险的公司数量及其所占比例。

实际上，董责险是一个重要的市场化治理机制。在 Jensen 和 Meckling（1976）提出的委托-代理理论中，企业高管具有风险厌恶倾向。这导致其在经营管理和行为决策过程中，为了规避潜在的诉讼风险而畏首畏尾，从而致使企业错过发展良机。因此，Core（1997）把企业高管厌恶风险看作上市公司引入董责险的一个关键需求动因，希望通过董责险的引入解除管理层在经

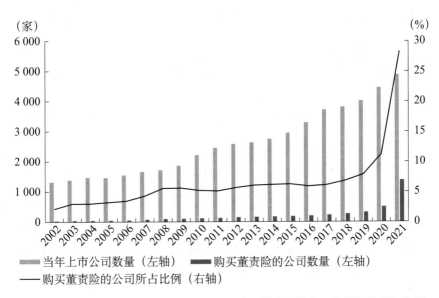

图 4-2　2002—2021 年中国 A 股上市公司购买董责险的公司数量及其所占比例

资料来源：CSMAR 数据库。

营管理过程中由于过失和疏忽致使被诉的后顾之忧，激励具有风险厌恶倾向的董事和高管大胆进取。借助这一机制将保险人这一专业的风险管理机构引入上市公司，不但能够监督董事高管的履职行为，加强内部控制，提升信息透明度，还能够吸引优秀人才加盟公司，激励公司创新，从而增加公司价值，保护投资者利益，降低违约风险。李从刚和许荣（2019）研究发现，董责险的引入显著提高了公司的创新产出和创新效率。在中国科技创新促发展的背景下，可对公司治理进行优化，充分发挥公司治理方面的比较优势，为核心技术突破领域提供更有力的支持。

（五）证券法律体系的变革

资本市场是一个基于信息进行交易的市场，交易者或投资者基于对信息的判断确定价格，因而价格相关信息的有效产生与公开透明直接影响资本市场的稳定运行和资源配置。保持市场竞争性和信息有效性的法制化和透明度，是资本市场存在和发展的基础性要求。然而，无论是中国资本市场还是全球资本市场，一直存在违法违规事件，主要包括违规披露、财务造假、内幕交易、欺诈上市、操纵股价等。

早期美国证券法规的监管重心在于防止证券欺诈行为，以形成法制威慑力和自我约束力来减少违规的动机。堪萨斯州在 1911 年率先通过"蓝天法案"，授予州银行专员对投资公司发行金融工具进行"实质监管"的权力。随后，美国各州政府针对股份公司发行新股票制定了一系列法律，也称"蓝天法案"。

同时，美国加大对上市公司违法处罚力度，并于 2002 年出台《萨班斯法案》，该法案被认为是美国自 20 世纪 30 年代大萧条以来涉及范围最广、处罚措施最严厉、影响力最大的上市公司法案，它关于内部控制、信息披露的规定以及对控制、披露工作不适当的处罚都是极致的。为进一步改善美国金融体系问责制和透明度，保护纳税人和消费者利益，美国出台了《多德-弗兰克法案》，此次金融监管改革的总体原则是强化监管。继《萨班斯法案》《多德-弗兰克法案》之后，美国资本市场和公司证券领域又出台了一部里程碑式的法案——《乔布斯法案》。该法案大幅修订了美国《证券法》《证券交易法》等的相关规定：通过减轻各项法定义务、允许对注册表草稿秘密审议、放松对分析师参与的限制等，为"新兴成长公司"重启美国资本市场；大幅放松了对私募中广告或公开劝诱的禁止；分类调整了公众公司门槛，增强了企业的灵活自主性。同时，法案拓展或创设了三类发行注册豁免机制，以便利中小型企业融资。

从中国实践来看，随着注册制改革步伐的加速向前和国务院试点注册制的期限即将届满，资本市场对基本法律制度的需求越来越急迫。在此背景下，为加快基本法律制度的供给，2019 年 12 月 28 日，第十三届全国人民代表大会常务委员会第十五次会议审议通过了修订后的《证券法》（以下简称"新《证券法》"），并自 2020 年 3 月 1 日起施行。相较于旧《证券法》，新《证券法》增设了信息披露和投资者保护两个专章，主要在以下五个方面进行了修订：

第一，新《证券法》最重要的修订无疑在于股票发行制度由"核准制"转变为全面推广"注册制"。在全市场推行注册制不仅能够大力推动资本市场更好地服务实体经济，而且能够不断推动资本市场的市场化，将资产配置和定价权交还给投资者。

第二，新《证券法》加大了对证券违法行为的处罚力度。对于欺诈发行行为，大大提高了罚款金额；对于上市公司信息披露违法行为，从原来最高可处以六十万元罚款提高至一千万元；对于发行人的控股股东、实际控制人组织、指使从事虚假陈述行为，或者隐瞒相关事项导致虚假陈述的，规定最高可处以一千万元罚款等；对于内幕交易和市场操纵行为，均完善了对应的认定标准及责任承担，并加大了对违规主体的处罚力度。

第三，新《证券法》进一步完善了信息披露制度。新《证券法》在旧《证券法》"持续信息公开"一节的基础上，设立专门的章节规定信息披露制度，要求发行人及法律、行政法规和证监会规定的其他信息披露义务人应当及时依法履行信息披露义务，对信息披露的内容进行了较大幅度的修改和完善。

第四，新《证券法》强化了投资者保护制度，在关于投资者保护的第六章确立了代表人诉讼制度。新《证券法》第九十五条第一款规定："投资者提起虚假陈述等证券民事赔偿诉讼时，诉讼标的是同一种类，且当事人一方人数众多的，可以依法推选代表人进行诉讼。"新《证券法》第九十五条第三款规定："投资者保护机构受五十名以上投资者委托，可以作为代表人参加诉讼，并为经证券登记结算机构确认的权利人依照前款规定向人民法院登记，但投资者明确表示不愿意参加该诉讼的除外。"这就是所谓的"默示加入、明示退出"的中国特色集体诉讼，只要证券代表人（投资者保护机构）胜诉，法院做出的判决裁定就将覆盖所有参加登记的投资者，这大大降低了投资者的维权成本，有助于动员广大投资者对违规行为进行威慑。

第五，新《证券法》不再强调盈利能力，转而关注持续经营能力。一直以来，盈利能力和财务状况是企业上市、退市的核心条件。但随着注册制的落地，这一规定就显得有些生硬了，尤其是对于在北交所和科创板上市的中小企业来说。这些企业经营风险较大，盈利不稳定，若是以盈利和亏损作为上市和退市的指标，显然不合适。亏损的企业只要有可持续的经营能力，那就可以上市，可以留在市场上。新《证券法》在公司IPO条件上删除了以上关于盈利和财务状况的表述，只是要求企业"具有持续经营能力"。

为进一步加强对公司、企业或个人违法犯罪行为的直接量刑，《中华人民共和国刑法修正案（十一）》（简称《刑法修正案（十一）》）对刑法做了修改。将刑法第一百六十一条修改为："依法负有信息披露义务的公司、企业向股东和社会公众提供虚假的或者隐瞒重要事实的财务会计报告，或者对依法应当披露的其他重要信息不按照规定披露，严重损害股东或者其他人利益，或者有其他严重情节的，对其直接负责的主管人员和其他直接责任人员，处五年以下有期徒刑或者拘役，并处或者单处罚金；情节特别严重的，处五年以上十年以下有期徒刑，并处罚金。"将刑法第一百六十三条第一款修改为："公司、企业或者其他单位的工作人员，利用职务上的便利，索取他人财物或者非法收受他人财物，为他人谋取利益，数额较大的，处三年以下有期徒刑或者拘役，并处罚金；数额巨大或者有其他严重情节的，处三年以上十年以下有期徒刑，并处罚金；数额特别巨大或者有其他特别严重情节的，处十年以上有期徒刑或者无期徒刑，并处罚金。"将刑法第一百七十五条之一第一款修改为："以欺骗手段取得银行或者其他金融机构贷款、票据承兑、信用证、保函等，给银行或者其他金融机构造成重大损失的，处三年以下有期徒刑或者拘役，并处或者单处罚金；给银行或者其他金融机构造成特别重大损失或者有其他特别严重情节的，处三年以上七年以下有期徒刑，并处罚金。"将刑法第一百七十六条修改为："非法吸收公众存款或者变相吸收公众存款，扰乱金融秩序的，处三年以下有期徒刑或者拘役，并处或者单处罚金；数额巨大或者有其他严重情节的，处三年以上十年以下有期徒刑，并处罚金；数额特别巨大或者有其他特别严重情节的，处十年以上有期徒刑，并处罚金。"还有相应其他剩余条款，均已经大幅提高违法违规行为的处罚上限。

　　然而，尽管新《证券法》和《刑法修正案（十一）》已经大幅完善企业违法违规的法律规范，但多层级的内部行政程序、模糊的行政处罚委员会机制、存疑的听证程序矫正功能等问题的存在，对监管部门的裁量之治形成了制约。因此，可以从改善组织机制、优化处罚程序、合理使用裁量空间等方面入手，逐步形成一套有效的行政判罚机制来合理判罚违规行为。总之，法律机制不仅强调法律制度的完善，而且重视如何在法制框架下有效、合理地判罚违法违规行为。不论提高稽查概率，还是加大处罚力度，都是为了提高违法成本、增强法律的威慑力，反过来促进市场自律机制的形成，以达到透明度建设的目的。

三、中国资本市场制度改革的重点

　　中国资本市场在过去三十多年的艰难探索中，吸收发达资本市场的先进理论与发展经验并融入中国经济发展的实践基础与现实需要，形成了中国特色的资本市场体系，极大促进了经济发展历史进程。然而进入 21 世纪以来，一些制度上的缺陷慢慢显露出来，中国资本市场的进一步发展受到制度性制约。从中国资本市场发展的历史使命来看，资本市场发展的核心就是服务于国家经济战略转型，因此资本市场制度改革的方向应配套服务于科技创新的持续发展，适应本土科技企业的现实需求，使更多优质的企业在本土上市并得到有效的支持和健康的成长，海外一些优质中概股回归 A 股，同时为中小企业提供更多融资便利。

（一）上市制度与退市制度的完善

　　上市制度是资本市场的基础制度之一，是企业由私人、闭锁模式走向公众模式的重要步骤。当前中国正处于注册制改革阶段，大量企业具有强烈的 IPO 上市意愿，即使在注册制下，也出现了企业排队等待上市的情况。从交易所端来看，虽然短期内 IPO 数量并不会大幅度下降，但随着排队等待上市的企业逐渐上市以后，交易所上市制度设计中必须考虑如何补充上市资源、保持注册制下的股票持续供给。而从企业端来看，完善中国企业上市制度应围绕增加更多的上市渠道、降低上市成本等方面进行。

注册制改革的重要一环是市场化的退市机制，而市场化的退市机制作为注册制改革的基础，在中国制度设计上却长期以来处于缺乏状态，导致监管层面和上市公司治理层面各方激励约束出现恶性循环，不利于激励上市公司提高质量（李自然和成思危，2006）。中国上市公司退市机制实践效率低下的原因既来自资本市场大环境，也来自退市机制本身的制度设计。资本市场大环境方面的改善是涉及注册制改革全过程的一项系统性工程，需要在发行制度、信息披露、投资者保护、证券交易规则、多层次资本市场的建立等方面进行全面完善，这些重要环节在完善过程中应充分考虑其与退市机制的联动关系，并且在证券法修订中将现有退市机制相关规定上升到法律层面，实现退市法定，从而真正营造出"有进有出，能进能出"的生态，促进资本市场健康稳定发展。

（二）多层次资本市场的协调发展

为深化新三板改革，打造服务创新型中小企业主阵地，北京证券交易所应势而生。北交所与上交所、深交所一道形成了共同服务实体经济、服务科技创新的资本市场新格局。同时，北交所的历史使命也决定了其与上交所和深交所的差异化定位与错位发展，共同协调多层次资本市场的发展布局。

在健全中国特色的多层次资本市场体系下，中国应继续完善主板市场、中小板市场、创业板市场、科创板市场、新三板市场和区域性股权市场的发展，激发各个市场主体活力，并且进一步形成适应不同类型、不同发展阶段企业差异化融资需求的多层次资本市场体系，尤其是提升针对科技型成长性中小企业的服务能力。在深化资本市场改革中，应科学把握各层次资本市场定位，完善差异化的制度安排，畅通转板机制，进一步发挥新三板市场与交易所市场和区域性股权市场的衔接作用，真正打造出一个错位发展、功能互补、有机联系的资本市场体系。

（三）风险投资新业态的规范

随着市场经济的快速发展，风险投资、政府引导基金、产业基金等已经成为当前社会关注的重点。风险投资、政府引导基金、产业基金等一定程度上有利于促进中国社会经济的健康发展，但是在实际的管理环节中仍然存在一些显著的问题。在金融风险管理工作过程中，应根据金融风险发展的实际情况制定完善的金融风险管理制度，并注重金融风险投资的监督管理工作，使之适应社会主义现代化建设的实际需要。

从风险投资来看，首先，应根据金融风险投资行业的实际情况制定完善的税收优惠制度，有利于促进金融风险投资行业的顺利运行，从而有利于提升金融风险投资行业的整体管理水平。其次，为了保证金融风险投资行业的顺利运行，应该充分发挥政府的宏观调控作用，根据金融风险投资行业发展的实际情况制定完善的政策法律法规，并逐步规范金融风险投资行为。通过建立政策法律法规来弥补金融风险投资行业在实际发展环节中的弊端，针对出现的违规操作行为进行严肃处理，从而提升金融风险投资管理水平。最后，政府应该及时加强对金融风险投资企业的监督管理力度，对金融风险投资的各个环节进行及时的监督，根据情节的轻重对其进行严厉的处理（赵文峰，2020）。

从政府引导基金和产业基金来看，政府引导基金和产业基金与社会其他资本的投资目的存在很大不同，决定了政府引导基金和产业基金不能够完全将管理的职责全部交由非政府主导的风险投资管理公司履行。所以政府引导基金和产业基金的总体定位应重点放在解决市场失灵问题，提高资金使用效率，引导社会资金向资金短缺的领域投入上。在基金运行中，政府引导基金和产业基金的定位应放在治理角色上，日常管理以制衡和监督为主，加以政策引导，确保基金在正确的轨道上运行。

（四）公司治理机制的完善

公司治理问题是全球性世纪难题，全球典型的公司治理模式有两种：一是大陆法系的二元制模式；二是英美法系的一元制模式。大陆法系的二元制模式执行职能和监督职能分开，董事会负责执行职能，监事会负责监督职能，整体注重三会构造，其中股东会是最高权力机构，董事会和监事会分别对股东会负责。而英美法系的一元制模式下的董事会集执行职能与监督职能于一身，股东会下只设董事会、不设监事会，董事会内部把董事分为负责运营的执行董事和负责监督的独立董事，运营和监督寓于一体。执行董事牵头组成执董会负责公司日常运营，独立董事通过审计、薪酬、提名和战略委员会履行监督职能。目前，中国上市公司治理采用混合模式，独立董事制度与监事会制度并存，但在实践中并没有发挥良好的制衡作用。因此，结合中国实际，改革现有的独立董事制度和监事会制度具有重要意义。

从推动独立董事制度来看，应积极推动独立董事职业化，建立独立董事人才数据库，改革独立董事的候选人机制，并且完善独立董事薪酬制度，例如在未发生虚假披露、经营风险和损害投资人事件的前提下，给予一次性年度激励薪酬。在监事会制度的完善方面，应赋予监事会独立的法律地位、完善监事资格认定制度、完善职工监事行使监督权的保障机制、健全监事会激励机制、健全监事对公司承担责任的制度等。从员工视角来看，实现创新驱动发展的核心是人才驱动，基于未来收益的股票期权激励计划是吸引人才的有效手段。参与股票期权激励计划的员工可以通过持有待上市公司股票期权在公司未来上市或被并购时实现高回报。目前在互联网、医药生物等创新产业中，绝大部分企业都有员工持股计划，以此稳定和激励公司核心员工（李明，2019）。未来中国要进一步建立完善具有适应性的股权激励法律制度，充分激发高质量发展阶段各方面人才的创造力。

同时，董责险是一种重要的公司外部治理机制，具有外部监督职能，可以保护股东和董事高管的利益；同时保险公司作为独立的理性经营主体，有着极强的利益动机来谨慎评估公司治理风险，并通过保险合同条款来干预并约束公司董事高管的行为。然而，中国上市公司董责险投保率虽逐年上升，但还有很大的发展空间。另外，根据美国、加拿大等国家董责险产品市场的发展及其参与公司治理的相关经验，上市公司认购董责险及相关信息的详细披露应是董责险产生积极作用的内在条件，而投资者维权意识的提高则是董责险体现强大生命力的根本保证。因此，从发展的角度来看，董责险机制在中国参与公司治理并能长期地发挥积极功效还有待公司治理理论界、实务界及政府监管部门的共同努力（胡国柳和胡珺，2014）。

综上，在中国科技创新促发展的背景下，应对公司治理进行优化，充分发挥公司治理方面的比较优势，为核心技术突破领域提供更有力的支持。

（五）法律执行效率的提升

资本市场法制化对资本市场化改革有深远意义，一系列司法解释和规范性文件加大了对证券违法犯罪行为的打击力度，规范了所有市场参与者的权利与义务，然而，证券市场内幕交易、操纵市场等危害市场秩序和投资者利益的行为仍时有发生。因此，中国证券立法和司法执法还要在具体操作层面做出细化规定，且在实际操作中完善规范。

在完善法律责任体系时，可从刑事责任、民事以及行政责任方面做出具体细化。从刑事责任方面看，应进一步细化证券违法犯罪的量刑，加强处罚的威慑力度。从民事方面看，应进一步支持投资公众对欺诈发行、内幕交易、操纵市场等行为进行集体诉讼和公益诉讼，完善集体诉讼和公益诉讼制度，通过这种制度可以进一步加大违法者的成本，也可最大限度地保护众多中小投资者的利益，还可从根本上治理证券违法犯罪。从行政责任方面看，应进一步提升信用制度的适用性、提高行政处罚的法定数额，扩大失信主体市场禁入的适用范围，对具有专业技术资格的直接责任人员也实施相应的长期市场禁入制度。

另外，在国际化的背景下，利用资本市场监管国际合作是证券监管的必由之路。中国以往证券监管的国际合作方式主要为签订双边备忘录，今后还可多采用司法互助协定等其他多边合作方式；合作从内容上也不停留在框架性的协议或原则性的声明上，重点在于实质性的具体操作方式和执法监管（吴弘，2019）。

参考文献

[1] 陈思，何文龙，张然. 风险投资与企业创新：影响和潜在机制. 管理世界，2017（1）.

[2] 董静，汪江平，翟海燕，等. 服务还是监控：风险投资机构对创业企业的管理——行业专长与不确定性的视角. 管理世界，2017（6）.

[3] 胡国柳，胡珺. 董事高管责任保险与公司绩效：基于中国 A 股上市公司的经验分析. 经济评论，2014（5）.

[4] 加里·杜什尼茨基，余雷，路江涌. 公司创业投资：文献述评与研究展望. 管理世界，2021（7）.

[5] 李从刚，许荣. 董事高管责任保险、公司治理与企业创新：基于 A 股上市公司的经验证据. 金融监管研究，2019（6）.

[6] 李自然，成思危. 完善我国上市公司的退市制度. 金融研究，2006（11）.

[7] 沈朝晖. 流行的误解："注册制"与"核准制"辨析. 证券市场导报，2011（9）.

[8] 吴弘. 完善证券法制建设 优化资本市场生态. 清华金融评论，2019（10）.

[9] 吴晓求，方明浩. 中国资本市场 30 年：探索与变革. 财贸经济，2021（4）.

[10] 吴晓求，许荣，孙思栋. 现代金融体系：基本特征与功能结构. 中国人民大学学报，2020（1）.

[11] 武巧珍. 风险投资支持高新技术产业自主创新的路径分析. 管理世界，2009（7）.

[12] 张学勇，张叶青. 风险投资、创新能力与公司 IPO 的市场表现. 经济研究，2016（10）.

[13] 赵文峰. 新时期完善我国金融风险投资管理的有效路径. 企业改革与管理，2020（1）.

[14] 郑志刚，邹宇，崔丽. 合伙人制度与创业团队控制权安排模式选择：基于阿里巴巴的案例研究. 中国工业经济，2016（10）.

[15] Barry, C. B., C. J. Muscarella, J. W. Peavy Ⅲ, M. R. Vetsuypens（1990）. "The Role of Venture Capital in the Creation of Public Companies: Evidence from the Going-Public Process," *Journal of Financial Economics*, 27（2）: 447 - 471.

[16] Bodie, Z., R. C. Merton（1998）. A Conceptual Framework for Analyzing the

Financial Environment. Working Paper No. 95 - 062.

[17] Core，J. E. (1997). "On the Corporate Demand for Directors' and Officers' Insurance," *Journal of Risk and Insurance*，64（1）：63 - 87.

[18] Jensen，C.，H. Meckling（1976）. "Theory of the Firm：Managerial Behavior, Agency Costs and Ownership Structure," *Journal of Financial Economics*，3（4）：305 - 360.

[19] Stiglitz，J. E. (1985). "Credit Markets and the Control of Capital," *Journal of Money*，*Credit and Banking*，17（2）：133.

第五章 >>>>>>

资产定价模型的演变：科技创新与影响因子的变化

摘　要：资产定价理论经过了漫长的演变与发展，从较早的均衡体系定价理论、套利定价理论到多因子定价理论；资产定价异象伴随着有效市场假说与资本资产定价理论的实证研究而被逐渐发现。随着人工智能、大数据、机器学习等的兴起，并且为了在众多因子中去伪存真，科学技术的革新刺激资产定价理论进一步完善与发展。在第三次科技革命的浪潮下，研究发现科技进步正向作用于公司股价的预期收益率，科技创新能力强的公司将直接受益。科技进步还会辐射到整个产业，带来溢出效应，能够为受辐射的企业带来更高的收益。此外，社交平台的兴起创造了海量数据，学者们由此发现了散户评分、社交情绪等因子，这些因子对股票收益率有很强的解释力。

一、资产定价理论的演变

金融学发展至今，重点考察在将来收益充满不确定性的前提下，各金融主体如何分析并比较收益与风险之间的联系，从而经由市场操作完成资源的跨期优化配置。跨期（时间）与收益不确定性（风险）是影响收益与风险权衡的重要因素，其中的核心问题就是构建合理的均衡价格体系，即资产定价问题。资产定价理论经过了漫长的演变与发展，从早期的均衡体系定价理论（现代投资组合理论、资本资产定价理论等）、套利定价理论发展到多因子定价理论，特别是人工智能、大数据、机器学习的兴起也刺激了资产定价理论的进一步完善与发展。

（一）现代投资组合理论

1952 年，金融微观领域的学者马科维茨完成了一篇对该领域影响深远的学术论文，该论文第一次引入了数学中的边际研究方法，将数理统计知识应用到了经济模型之中，构成了现代投资组合理论或均值-方差分析方法，对后续金融理论的发展具有先锋作用。马科维茨以严谨的数学形式展示了从一个风险厌恶的投资者角度，如何从众多风险资产中选取最优投资组合。该理论也标志着现代金融体系的开端，即从外延和形式上发展了投资多元化的理念，主要结论是相比单独持有一类资产而言，多样化的金融资产所引致的投资风险更低。

具体来说，现代投资组合理论一共由两个互相关联的部分组成：第一部分是数理统计意义上的均值-方差分析，它提供了基本工具，是建立模型的基础；第二部分是金融领域中的投资组合有效边界模型，它将均值与方差的衡量协调起来，是前一部分的进一步实现。投资的本质就是投资者如何权衡不确定性的收益与风险。为了描述这两个重要概念，理论引入了数学统计中的均值和方差两个指标。第一个指标均值对应投资组合的期望收益率，计算方式是加权平均各类资产的期望收益，权重是指各类资产所占据的资金比例。在计算股票的期望收益时，不仅需要考虑每期利息，还要注意不要遗漏股票的增值收益。第二个指标方差对应的是投资组合的收益率的方差，进一步地，称收益率的标准差为波动率，用来描述投资组合的风险水平。这两个指标之间存在制衡关系，理性投资者不能同时要求最高的期望收益和最低的方差水平，而是需要在固定风险水平后达到最高期望收益率和固定收益率水平后达到最小期望风险两者间做抉择。如果我们把收益率作为 y 轴，把波动率作为 x 轴，在它们组成的平面上勾勒出上述理性投资者选择的最优投资组合，可形成一条曲线。这条曲线上最靠近 y 轴的点就是最小方差点，它的波动率是最低的。平面上自该点往上的所有点构成投资组合有效边界，我们称位于边界上的投资组合为有效投资组合。根据上述描述可以发现，投资组合有效边界的形状是一条斜率为正的凹曲线。

现代投资组合理论区分了单个证券的风险和对应证券对组合整体风险的影响，这是它最重大的贡献。马科维茨的这篇论文提到，理性投资者如果希望降低投资组合的风险，不能只依赖于对多种证券的投资，同时还需要尽可能规避收益关联性较强（即高协方差）的资产。尽管如此，马科维茨的这篇论文依然无法处理个体投资者的投资决策问题，也就是说，我们无法辨别投资者最终将持有投资有效边界上的哪一种有效组合。

Tobin（1958）在马科维茨理论的基础上引入无风险资产，提出了两基金分离定理（two-fund separation theorem）。该定理指出最优风险投资组合与投资者偏好完全独立，即这一投资组合内部的资金分配比重与在无风险资产和风险资产两者之间的持有比重无关。在该理论框架下，对于所有风险厌恶的投资者，投资于风险资产的投资组合是相同的，而不同之处在于每个投资者的风险厌恶系数不同，导致其效用函数不同，因而他们会对两种风险类型的资产分配不同的比重。

在资产选择理论方面，Sharpe（1963）为了改善计算的缺陷，开发了指数模型，使计算得以简化。指数模型认为股票收益率 r_i 与市场指数的收益率 r_M 之间具备线性关系，即股票收益率会随指数变化而以最为简单的线性形式变化。这一关系可以表示为 $r_i = \alpha_i + \beta_i r_M + e_i$，$e_i$ 是指每只股票具有的特定风险，并且任意两只股票之间的风险水平 e_i 和 e_j 不相关。从方程可以推导出，不同股票的收益率互相之间不相关，仅经由市场指数这个中介存在关联，同时每只股票的期望收益率会随市场指数的期望收益率的波动而波动。这种计算方式可以大幅度减少估计特定投资组合的均值与方差等参数，因此方便投资者用最少的工作时间来完成投资组合的最优选择。

基于市场参与者在制定自己的主观概率时是理性和无偏的，Fama（1970）构想和发表了有效市场假说（EMH）：如果一个证券市场是有效的，那么投资者不能通过价格本身来获得超额利润，因为价格已经吸收了所有的已知信息，准确全面地表露了资产的真实水平。有效市场假说有三个基本假设：（1）市场将立即对新的信息做出反应，调整至新的价位，股价呈随机走势；（2）新的信息随机出现，可能是好消息，也可能是坏消息；（3）投资者都从个人利益的角度出发对市场信息进行挖掘解读，并做出对应的投资管理决策，合理化配置最优投资组合，不相互影响。Fama（1970）依据市场效率性质提出弱式有效市场、半强式有效市场及强式有效市场概念。

（二）资本资产定价理论

Sharpe（1964）等基于现代投资组合理论，构思并形成了资本资产定价理论，设计了资本资产定价模型（CAPM），其含义是资产的超额收益为市场超额收益乘以风险系数（即 beta），表明资产的预期收益会随着整体的风险溢价水平发生线性变化，这是符合理论直觉的。

资本资产定价理论的贡献如下：（1）风险资产价格仍由风险定价，且风险指的是系统性风险，并非现代投资组合理论中的总风险；（2）定价关系仍为线性关系，资产定价以市场投资组合为基准，beta 值越大，则风险溢价越高，预期收益也就越大；（3）模型的前提条件是市场均衡，同时运用到了分离定理，即市场只要达到均衡条件，资产定价按照资本资产定价理论运行，市场中就不存在套利机会。

有效市场假说阐明了已知的信息对获利无帮助，而资本资产定价理论解释了风险溢价来源于承担更大的风险，在一定程度上填补了有效市场假说的空白。

Mayers（1972）尝试改动资本资产定价模型的基本假设，不再要求模型中所包含的一切资产都能通过市场交易，并引入了其他不可交易的资产，但最后证明在这种方式下建构的模型与资本资产定价模型并无二致。次年，Merton（1973）试图从连续的时间维度对资本资产定价模型进行修正，并据此构造了跨期资本资产定价模型（ICAPM），它证明了仅仅利用均值和方差这两个统计指标并不能完全反映投资者的需求，还需考虑投资者想要努力应对未来负面冲击的这一事实。ICAPM 由于是连续的，所以能够被运用于所有时间点，这是一项突出的贡献，虽然它同样存在一些反直觉的问题。

Breeden（1979）为了统一 CAPM 与 ICAPM，将投资者的偏好定义在消费上，并假定投资者致力于在全生命周期内获得最多的消费效用，以效用最大化为目标构建了一个新的理论模型，即消费资本资产定价模型（CCAPM），它是在原先 CAPM 上的继承和创新。从 Breeden（1979）提出 CCAPM 以来，后续 20 年的学术研究都主要围绕着对这个模型的验证而展开。

（三）套利定价理论

Ross 和 Roll（1976）建构了以用多种因子对资产进行定价为中心的套利定价理论（APT）。它将各种宏观经济（系统）风险变量与金融资产的定价联系起来，被认为是资本资产定价理论的改进替代方案。套利定价理论建立在一价定律之上，这表明在均衡市场中，理性投资者将实施套利，最终实现均衡价格。套利定价理论的核心内容是，当套利机会在给定期间耗尽时，资产的预期收益是各种因子或理论市场指数的线性函数，其中每个因子的敏感性由特定因子的 beta 系数或因子载荷表示。因此，它为交易者提供了"真实"资产价值参考，并能够利用市场价格偏差进行套利而获利。套利定价理论的线性因子模型结构被用作评估资产配置、管理基金业绩以及计算资本成本的基础。

套利定价理论的贡献如下：市场上存在若干对某项资产收益率产生显著影响的风险因子；影响方式为线性的；各个因子之间相关性弱或者相互独立。倘若资产的市场价格高于"真实"水平或低于"真实"水平，就说明金融市场出现了利用套利获利的可能性，实际上投资组合资产管理中的积极策略有一部分就是利用这种价格偏离（资产被市场过低估价或过高估价）而调整资产权重的。

套利定价理论假设证券的收益受多种因子的影响，这些因子囊括了对市场收益率起基础作用的因素，以此构建资产定价的多因子模型。把它与资本资产定价模型相比较后，人们可以看出它们本质上都认同收益率是受如市场组合这样的单个因子影响，因此两者实质上是等同的。广义上来说，套利定价理论能被当作后者的一种特殊类型，投资者为了更具体地衡量证券收益与风险之间的联系，可以使用这种理论模型。

（四）多因子定价理论

在实证资产定价领域中，传统且占据主流的理论就是多因子定价理论。由于 CAPM 基于 EMH，它将市场因子作为唯一的系统性风险来源，而系统性风险又被作为唯一的资产风险溢价的来源。随着无法被 CAPM 解释的异象层出不穷，更高维度的系统性因子被引入，逐步形成了多因子定价模型。其中最经典的非 Fama-French（1993）的三因子模型莫属，该模型将风险溢价的来源解释为市场因子、规模因子、价值因子，且该模型在早期美股实证中表现出了优异的收益率预测能力。大量学者对该模型进行了延伸与拓展，基于难以被该模型解释的异象，构建了新的特征因子，例如盈利因子、投资因子、动量因子等，以期获得更好的收益率预测能力。时至今日，Fama-French 三因子模型依旧是全球股票市场实证资产定价的首选，且学术界推出的主流因子模型也均是建立在该模型之上。

表 5-1 列出了主流多因子定价模型，其中的部分模型本章之后的内容会有更详细的说明。

表 5-1　　　　　　　　　　主流多因子定价模型

模型	文献	模型所含因子
Fama-French 三因子	Fama and French（1993）	市场、规模、价值
Carhart 四因子	Carhart（1997）	市场、规模、价值、动量
Fama-French 五因子	Fama and French（2015）	市场、规模、价值、盈利、投资
Hou-Xue-Zhang 四因子	Hou et al.（2015）	市场、规模、盈利、投资
Stambaugh-Yuan 四因子	Stambaugh and Yuan（2017）	市场、规模、管理、表现
Daniel-Hirshleifer-Sun 三因子	Daniel et al.（2020）	市场、长期行为、短期行为

针对层出不穷的异象与多因子定价模型，Cochrane（2011）颇为戏谑地将此类资产定价异象集合称为"因子动物园"。不断涌现的大量资产定价异象对于 EMH 和 CAPM 提出了严重的质疑与挑战：到底是市场对信息的反应

不充分导致 EMH 失效，还是 CAPM 以及多因子定价模型不能有效捕捉影响预期收益率的潜在变量？

一方面，在理想状态下，纳入资产定价模型的特征因子越多，一定程度上能够解释的异象越多，定价模型的样本内表现越好；另一方面，高维数据使得依靠投资组合排列和线性回归等传统方法提取定价因子不再可行，定价系数的估计演化成维度灾难问题。利用高维因子构建定价模型，极易出现过拟合问题，导致样本外的拟合优度极差，而因子数量的增加又将使得模型预测的方差不断增大，样本外夏普比率不断下降。

随着人工智能、机器学习在其他领域的广泛运用和大获成功，也有不少学者尝试将其引入资产定价领域中。Feng 等（2020）构建了资产定价因子选择方法——正则化双通道横截面回归方法，该方法系统性地评估任何新因子对资产定价的贡献，而不是采用现有因子的高维集合进行分析。随着时间的推移，递归地运用该方法，可发现众多因子中只有少数因子是重要的。Sak 等（2021）结合机器学习与投资组合分析，揭示了重要时变特征（因子）的模式。在样本外机器学习投资组合分析中，他们对机器学习发现的不可观察的重要特征进行逆向工程，解释了信贷周期如何从根本上帮助解释随着时间推移而变化的横截面股票收益。

二、资产定价模型

（一）资本资产定价模型

1. 资本资产定价模型概述

资本资产定价模型（CAPM），也称资本资产价格决定模型，在资产定价和公司金融领域被大量实践，基本形式如下：

$$R_i = \alpha_i + \beta_i R_M + e_i$$

其中，R_i 为股票超额收益（又指风险溢价，代表单只股票扣除无风险收益率后的超额收益）；R_M 为市场风险溢价（即用市场投资组合期望收益率减去无风险收益率，代表市场整体的超额收益）；α_i 为常数项；β_i 为股票 i 的系统性风险系数，$\beta_i = \dfrac{\text{cov}(R_i，R_m)}{\text{Var}(R_m)}$；$e_i$ 为每个公司特异性的、均值为 0 的残差项，且与股票和市场因素无关，代表可分散化的、非系统性的、特异性的风险。一只股票的总风险分为两部分，分别对应方程中的回归项与残差项，具体由系统性风险（$\beta_i R_M$ 的方差）与非系统性风险（e_i 的方差）衡量。因而，风险溢价的期望和方差分别为：

$$E(R_i) = \alpha_i + \beta_i E(R_M)$$

$$\sigma_i^2 = \beta_i^2 \sigma_M^2 + \sigma^2(e_i)$$

n 只股票权重分别为 w_i 的投资组合 P 的超额收益由 α、β 以及残差依照如下方式组成，新生成的方程系数是对应系数的期望值，即：

$$R_P = \sum_{i=1}^{n} w_i \alpha_i + \sum_{i=1}^{n} w_i \beta_i R_M + \sum_{i=1}^{n} w_i e_i = \alpha_P + \beta_P R_M + e_P$$

上述所介绍的模型强调投资组合的预期收益不会和除系统性风险以外的因素相关。当使用 CAPM 时，由于存在对残差项的基本假设，我们应尽力消除单只股票的分散化风险，因此需要尽可能丰富投资组合的内涵，从而囊括一切有风险的资产，特别是证券。

2. 资本资产定价模型的假设

资本资产定价模型是建立在一系列假设的基础上的，其中主要包括以下几点：

（1）同质性预期假设，即市场上的全部投资者持相同的预期，包括且不限于一切投资组合收益的均值、变异数及共变异数等，在这一点上不存在任何个体异质性；

（2）一切投资者在市场上进行买卖操作时，总能以无风险的利率成本使用资金，无论是自己主动调用还是借给别人；

（3）一切投资者均以自己一个周期内的效用为优化目标，按照均值-方差分析方法做出合理的投资决策；

（4）市场具备足够的流动性，投资者在市场上进行的全部交易都不存在成本，同时一切资产都能细分；

（5）一切投资者都只能被动接受市场价格，他们的交易操作无法改变资产的价格；

（6）资产数量之总和固定。

3. 资本资产定价模型所受质疑与拓展

资本资产定价模型允许无限制做空，即拥有一项资产空头头寸的投资者的负债可能是无限制性的，因为价格可能会无止境上涨。然而在现实中提供给做空者的股份是有限的；做空受证券交易市场的法律法规的限制，例如中国境内金融市场严禁做空。

针对前述假设（4）中的充分流动性与交易成本，实际金融市场中的流动性受多方面因素影响，容易出现投机交易动机，导致股市流动性降低；交易成本包含佣金（包含经手费和监管费等）、印花税、过户费等。这两点是对资本资产定价模型最大的质疑。

尽管资本资产定价模型的提出对现代金融理论的发展有卓越的贡献，但在实践中它并不能让人满意，已经有多项研究证明了它的缺陷，即它的结论无法吻合历史投资结果。基于这一点，1977 年洛尔（Roll）对此进行了两个角度的质疑：一是 CAPM 可能是无效的；二是 CAPM 存在模型的设定误差。此即所谓的洛尔批判。

不少学者针对 CAPM 进行改进，比如 CCAPM 就是在原有模型上加入投资者的效用函数，设定投资者的相对风险厌恶系数来为投资者行为"画像"，将要素市场、金融市场等不同类型的市场彼此联结，形成对投资组合进行管理决策的一般均衡分析。

基于 CAPM 存在模型的设定误差这种可能性，套利定价模型和多因子定价模型不断发展，例如 Fama-French 三因子模型等。

（二）多因子定价模型

截至目前，我们假定只有一种因素影响股票预期收益。实际上这条假设过于简单，我们容易发现许多受经济周期推动而影响股票收益的因素，例如通货膨胀率和利率的波动。这些因素影响股票的风险，进而影响它的预期收益率，从而我们推导出了包含不同风险来源的多因子定价模型。

将单因子定价模型拓展为两因子定价模型：

$$R_i = E(R_i) + \beta_{i1} F_1 + \beta_{i2} F_2 + e_i$$

其中，因子 1（F_1）是 GDP 实际增长率与预期增长率之差，因子 2（F_2）是未来利率的变化。由于每个因子都是测度系统变量未预期到的变化而非变量本身，因而每个因子的期望值均为 0；同理，单只股票自身具有的残差项 e_i 的期望值也为 0。

现在介绍纯因子组合（factor portfolio）概念。假设市场中存在一个足够分散化的投资组合，按照两因子定价模型的设定，我们分别将两个 β 参数赋值为 1 和 0。这种设定能够确保构建出的投资组合收益只与一些特定的宏观环境风险变量的变化相关，排除了另外的因子影响，方便衡量单一因子对投资组合收益的作用，并且该组合也能被用于多因子定价的计算之中。

如果存在两个纯因子 1 与 2，对应的期望收益率各自是 $E(r_1) = 12\%$ 和 $E(r_2) = 16\%$，无风险利率为 4%，则通过计算可以得到它们的风险溢价分别为 8% 和 12%。现构造投资组合 A，其中因子 1 的 β_{A1} 为 0.5，因子 2 的 β_{A2} 为 0.75，则投资组合 A 的总体风险溢价的计算需要对两个因子的风险溢价进行加总。首先计算出投资组合 A 中因子 1 产生的风险溢价为 $\beta_{A1}[E(r_1 - r_f)] = 0.5 \times (12\% - 4\%) = 4\%$，然后用同样的方法可以计算出因子 2 产生的风险溢价为 $\beta_{A2}[E(r_2 - r_f)] = 0.75 \times (16\% - 4\%) = 9\%$，最后通过加总即可得到投资组合 A 的风险溢价为 $4\% + 9\% = 13\%$，A 的总收益率为 $13\% + 4\% = 17\%$。

倘若投资组合 A 的期望收益率是 16%，不是上述计算出的 17%，投资者可构建具有与 A 相同 beta 值的投资组合 Q，其中因子 1 与因子 2 的权重分别为 β_{A1} 与 β_{A2}，无风险资产为权重为 $1 - \beta_{A1} - \beta_{A2}$ 的国库券。投资组合 Q 的期望收益率为 $0.5 \times 12\% + 0.75 \times 16\% - 0.25 \times 4\% = 17\%$。

现投资 1 美元在投资组合 Q 上，同时卖出 1 美元投资组合 A，虽然净投资为 0，但期望收益率为：

$$1 \times E(r_Q) - 1 \times E(r_A) = 1 \times 0.17 - 1 \times 0.16 = 0.01$$

将这个观点一般化，对于由两个纯因子构成的新组合，纯因子与无风险资产的权重之和必然为 1，因此它的期望收益率由投资组合因子 1 的权重 β_{P1}、投资组合因子 2 的权重 β_{P2} 和国库券的 β 值 $1 - \beta_{P1} - \beta_{P2}$ 计算得出，可表述为如下形式：

$$E(r_Q) = \beta_{P1} E(r_1) + \beta_{P2} E(r_2) + (1 - \beta_{P1} - \beta_{P2}) r_f$$
$$= r_f + \beta_{P1} [E(r_1) - r_f] + \beta_{P2} [E(r_2) - r_f]$$

倘若不存在套利机会，按照上述方式构建出的参数分别为 β_{P1} 和 β_{P2} 的组合所计算得到的结果就是其实际收益率。通过这种过程得到的多因子定价方程形象地刻画了证券收益率是如何受多种因素影响的，从而构成了多因子定价理论的基础。

当套利机会出现时，市场将会对此做出及时反应，具体表现为卖出被高估的资产并且买入被低估的资产，买入-卖出的交易最后会抹平所有套利空间。

（三）Fama-French 三因子模型

在多因子定价模型被提出来之前，CAPM 是资产定价的唯一基石。然而，自 20 世纪 70 年代以来，陆续有学者发现 beta 无法完全解释资产的预期收益，而按照某种风格"打包"的股票能够战胜市场。有实证研究表明，股票市值（size）、账面市值比（book-to-market ratio，BM）、财务杠杆和市盈率的倒数（E/P）等指标对股票收益具有较好的解释能力，而 CAPM 却无法解释这些异象。这些异象的产生使人们陆续对 CAPM 的有效性提出质疑，但此时仍没有一种新的系统性定价理论产生，因此 CAPM 的地位依然稳固。直到集大成者 Fama 和 French 在 1993 年提出了三因子模型，研究 1963—1990 年在纽约证券交易所、美国证券交易所和纳斯达克证券交易所交易的股票（除金融类股票）的平均收益与三因子的关系。通过横截面回归分析可知，如果分别将收益对每种因子单独进行回归检验，则每种因子的影响都十分显著；而一旦开始多变量回归后，只有 size 因子和 BM 因子仍然显著，另外的因子的影响不再显著，这说明其他因子都是通过前两种因子作用于平均收益的。

Fama-French 三因子模型如下：

$$R_{it} = \alpha_i + \beta_{iM} R_{Mt} + \beta_{iSMB} SMB_t + \beta_{iHML} HML_t$$

其中，R_{it} 是投资组合的期望收益率；R_{Mt} 是市场组合的风险溢价；三个变量的待估系数 β_{iM}、β_{iSMB}、β_{iHML} 是市场组合风险溢价、规模溢价、市净率溢价三个因素的变化对期望收益率的影响，其中市场组合风险溢价的系数 β_{iM} 概念接近于 CAPM 中的 beta 系数，公司规模变量 SMB_t 是指由市值小的公司组成的投资组合收益与由市值大的公司组成的投资组合收益之差，市净率溢价 HML_t 是账面价值比较高的公司投资组合收益与价值较低的公司投资组合收益之差；α_i 是超额收益率，从理论上来说，三因子以外的因素不再贡献对模型的解释力，α_i 不应为任何非零常数。

为构建价值因子和规模因子，我们按照账面市值比和市值的大小交叉排序，把市值分为大小两类，而把账面市值比以 30% 和 70% 为界限分为三类，如图 5-1 所示。

		账面市值比		
		高（H）	中（M）	低（L）
市值	小（S）	SH	SM	SL
	大（B）	BH	BM	BL

图 5-1　账面市值比与市值的双重排序

$$SMB = \frac{1}{3}(SH + SM + SL) - \frac{1}{3}(BH + BM + BL)$$

$$HML = \frac{1}{2}(SH + BH) - \frac{1}{2}(SL + BL)$$

通过上述计算方式可以得出这两种因子的数值，然后就可以通过线性回归的方法得到各自的对应系数。在这种构建模式下，回归数据显示因子模型大概可以解释七成的收益率；如果对模型进一步修正，则超过九成的收益率可以被因子模型加以解释，并且两种因子的系数都是显著的。这说明 Fama 和 French 提出的三因子模型能够反映除市场因素以外的大部分信息，具备不错的解释能力。值得注意的是规模因子的回归系数不为负，证明对于规模较小的公司证券而言，它们将提高投资组合的整体风险，由此获得更高的风险溢价水平。

注意在这一模型中市场指数起着举足轻重的作用，它用于测度源于宏观因素的系统性风险。选中公司特征变量的原因是公司规模与账面市值比可用于预测平均股票收益率，这与 CAPM 估计类似。Fama 和 French 通过实证研究验证了该模型，即尽管 SMB 与 HML 这两个变量是相关风险因素的代理变量，但它们可被近似看作某些潜在未知的更基本的风险变量。比如，一家账面价值比较高的公司在财务上可能面临更多挑战，以及小公司对商业条件变化更为敏感。

（四）Carhart 四因子模型

尽管 Fama-French 三因子模型的创新性显而易见，但它的应用范围却并不宽广，存在不少其无法解释的异象，其中一种就与动量有关。如果运用 $t-12$ 到 $t-1$ 这 11 个月期间的总收益率把全部股票按从高到低进行排序（剔除最近一个月的数据是为了规避市场短期存在的反转现象），将会发现做多这 11 个月内收益高的股票就能获得超额利润，这种现象也被称为"赢家通吃"。受此启发，Carhart（1997）在 Fama-French 三因子模型中加入了截面动量因子并提出了 Carhart 四因子模型：

$$R_{it} = \alpha_i + \beta_{iM} R_{Mt} + \beta_{iSMB} SMB_t + \beta_{iHML} HML_t + \beta_{iMOM} MOM_t$$

其中，MOM_t 为动量因子收益率，系数 β_{iMOM} 为动量因子变化对期望收益率的影响，其他变量与 Fama-French 三因子模型一致。

Carhart 将三因子模型延展为四因子模型，可以更好地解释投资收益以及评估市场参与者主动进行投资决策的能力。

（五）Fama-French 五因子模型

Fama 和 French（2015）在三因子基础上增加了盈利因子与投资因子，提出了 Fama-French 五因子模型：

$$R_{it} = \alpha_i + \beta_{iM} R_{Mt} + \beta_{iSMB} SMB_t + \beta_{iHML} HML_t + \beta_{iRMW} RMW_t + \beta_{iCMA} CMA_t$$

其中，盈利变量 RMW_t 是盈利能力强的公司组成的投资组合收益与盈利能力弱的公司组成的投资组合收益之差；投资变量 CMA_t 是投资性较高的公司组成的投资组合收益与投资性较低的公司组成的投资组合收益之差，β_{iRMW} 和 β_{iCMA} 分别代表盈利变量与投资变量的变化对 R_{it} 的影响，其他变量和设定与三因子模型相同。

同时，Fama 给出了零截距假设的解释，SMB、HML、RMW 和 CMA 这些因子只是表征了对未知状态变量的不同风险敞口的组合。与市场组合和无风险资产一起，因子组合跨越了相关的多因子有效集。在这种情形下，方程式提出的因子使我们能够在不识别状态变量的前提下捕捉其预期收益效应。

该模型从股利贴现模型出发推导出如下关系式：

$$\frac{M_t}{B_t} = \frac{\sum_{\tau=1}^{\infty} E(Y_{t+\tau} - dB_{t+\tau}) / (1+r)^{\tau}}{B_t}$$

其中，M_t 为 t 时刻的市值；B_t 为 t 时刻的股票账面价值；$Y_{t+\tau}$ 为 $t+\tau$ 期的净利润；$dB_{t+\tau}$ 为未来 $t+\tau$ 期的账面价值变化；r 为股票预期收益率。

Fama 和 French（2015）通过分析上式得出了如下结论：

- 当除了 M_t 和 r 的其他变量不变时，更小的 M_t 对应更大的 r；
- 当除了 $Y_{t+\tau}$ 和 r 的其他变量不变时，更大的 $Y_{t+\tau}$ 对应更大的 r；
- 当除了 $dB_{t+\tau}$ 和 r 的其他变量不变时，更大的 $dB_{t+\tau}$ 对应更小的 r。

上述后两点说明：r 与预期盈利因子正相关，r 与预期投资因子负相关。

如何围绕预期盈利和预期投资构建因子呢？对于预期投资因子，运用总资产变化率的历史数据做朴素估计时，实证结果显示它与收益率呈显著负相关关系；对于预期盈利因子，使用净资产收益率的历史数据回归预测误差极小。因此分别选取净资产收益率、总资产变化率两个变量构建预期盈利因子、预期投资因子。

在构建因子时，对于新加入的盈利因子和投资因子，依次使用净资产收益率和总资产变化率与市值进行 2×3 的双重排序，分别得到六个投资组合，如图 5-2 所示。

		净资产收益率		
		稳健（R）	中性（N）	疲软（W）
市值	小（S）	SR	SN	SW
	大（B）	BR	BN	BW

		总资产变化率		
		激进（A）	中性（N）	保守（C）
市值	小（S）	SA	SN	SC
	大（B）	BA	BN	BC

注：市值分组依据为 NYSE 中位数。盈利因子与投资因子分组依据为 NYSE 30％与 70％分位数。

图 5-2　净资产收益率、总资产变化率与市值的双重排序

关于盈利因子的构建，依据净资产收益率高低分为稳健（robust，即净资产收益率在 70％分位数之上）、中性（neutral，即净资产收益率介于 30％和 70％分位数之间）以及疲软（weak，即净资产收益率在 30％分位数之下）三组。这三组和市值分别按照大小顺序排列，最后一共分出 6 个投资组合：SR、SN、SW、BR、BN、BW，每个投资组合的收益率使用各组成分股收益率的市值加权获得，为后续计算因子数值作铺垫。对于盈利因子，由于预期盈利和预期收益率正相关，因此使用稳健组 SR 和 BR 与疲软组 SW 和 BW 的收益率之差构建盈利因子（robust-minus-weak，RMW）：

$$RMW = \frac{1}{2}(SR + BR) - \frac{1}{2}(SW + BW)$$

类似地，对于构建投资因子，将数据根据总资产变化率高低分为激进、中性、保守三类，再与市值大小两类实行 2×3 双重排序，得到 6 个投资组合。由于投资因子与预期收益率负相关，因而使用保守组和激进组收益率之差构建投资因子（CMA）：

$$CMA = \frac{1}{2}(SC + BC) - \frac{1}{2}(SA + BA)$$

最后，针对构建规模因子，Fama 和 French（2015）考虑到了账面市值比、净资产收益率和总资产变化率三者构建规模因子时具有同等地位，于是仍以市值大小分为两类，考虑两类市值因子与三者的交叉组合。最终，规模因子（SMB）为：

$$SMB = \frac{1}{3}(SMB_{BM} + SMB_{OP} + SMB_{Inv})$$

其中：

$$SMB_{BM} = \frac{1}{3}(SH + SM + SL) - \frac{1}{3}(BH + BM + BL)$$

$$SMB_{OP} = \frac{1}{3}(SR + SN + SW) - \frac{1}{3}(BR + BN + BW)$$

$$SMB_{Inv} = \frac{1}{3}(SA + SN + SC) - \frac{1}{3}(BA + BN + BC)$$

除此以外，Fama 和 French（2015）也尝试过构建因子的其他方式，比如市值与账面市值比的 2×2 双重排序法；市值与账面市值比、净资产收益率、总资产变化率的 2×2×2×2 四重排序法。

（六）Daniel-Hirshleifer-Sun 三因子模型

Daniel、Hirshleifer 和 Sun（2020）提出了 Daniel-Hirshleifer-Sun（DHS）三因子模型，首次把对投资者的个体行为分析引入资产定价领域，这是将行为金融学应用至资产定价的一个尝试。他们站在行为金融学的角度，分别从长期和短期构建出两个行为因子来刻画投资者在时间维度上的行为影响，并将其与市场因子一并构成复合三因子模型：

$$R_{it} = \alpha_i + \beta_{iM} R_{Mt} + \beta_{iFIN} FIN_t + \beta_{iPEAD} PEAD_t$$

其中，FIN_t、$PEAD_t$ 分别表示长期与短期行为因子的预期收益，β_{iFIN} 与 β_{iPEAD} 分别表示长期行为因子溢价、短期行为因子溢价变化对期望收益率的影响。融资因子 FIN 捕获在较长时间段内对于资产的错误定价行为，疏忽因子 PEAD 捕获在较短时间段内对于资产的错误定价行为，长时间与短时间的概念在这里是相对的，比如当短时间指的是月度概念时，长时间指的就是年度概念。

这两个行为因子旨在捕获由于过度自信和有限注意力造成的错误定价，以此说明此前研究证实的许多选股异象。从行为金融学的视角来说，不同股票收益率之间产生的联动效应通常有两个原因：（1）不同股票错误定价上的共性；（2）投资者无法及时注意到新信息的发布从而做出错误反应的共性。

第一个原因指的是市场上的投资者会以相似的方式错误地对同一类股票定价，因此这些股票的预期收益之间存在很强的关联性。第二个原因则是说市场参与者在短时间内具有有限的注意力，这使得他们无法迅速吸纳市场发布的新信息，因此对股票的预期收益有了错误的判断。因子信息反映了那些长期或短期被投资者误判的收益，因此可以运用这两种行为因子来更全面地说明股票预期收益的组成与不同。

针对构建融资因子 FIN，使用上市公司股票发行（issuance）和回购（repurchase）计算。研究表明，由于具备信息优势，企业在观察到股票市场中的错误定价后，会采取一系列市场操作对该价格做出反应：如果企业发现自己的股价被高估，它们就会增发股票；相反，如果企业发现自己的股价被低估，它们一般采取回购的措施。与此同时，市场上的投资者是不理性的，对于管理层的这种操作应对不及时、不准确，使得股价不会在短期迅速修正。

大量美股实证表明，增发股票与预期收益率负相关，而回购股票与预期收益率正相关。为此，Daniel 采用两个指标构建了他们的融资因子 FIN：a）过去一年股票净发行量（net-share-issuance，NSI）；b）过去五年复合股权发行量（composite-share-issuance，CSI）。

通过对过去一年股票净发行量和过去五年复合股权发行量进行计算可以得到 FIN 因子，它的数值越小，代表企业的股价越被低估，未来的预期收益越好。与此同时，DHS 借鉴了 Fama-French 三因子构建方法，对 FIN 因子与市值进行了 2×3 双重排序，如图 5-3 所示（FIN 因子的划分依据为 20％与 80％分位数）。

		FIN 因子		
		低（L）	中（M）	高（H）
市值	小（S）	SL	SM	SH
	大（B）	BL	BM	BH

图 5-3　FIN 因子与市值的双重排序

依据图 5-3 的划分，FIN 因子的构建为：

$$FIN = \frac{1}{2}(SL + BL) - \frac{1}{2}(SH + BH)$$

增发和回购股票存在法律法规限制，因而不能频繁运用。此外，增发或回购股票的市场操作不能在短期内反复发生，否则可能引致市场的怀疑。所以 FIN 值很难在短期内有明显变动，只会在拉长的时间维度上逐渐对定价进行修正。它仅能解释时间尺度较长的异象（一般为 3～5 年），而对时间尺度较短的异象解释能力欠佳。

为此，DHS 提出了第二个行为因子，即 PEAD。正非预期盈余股票收益在未来 6～9 个月内显著高于负非预期盈余股票收益。其中缘由是市场投资者只拥有有限的注意力，从而无法迅速地吸纳新的信息。为了捕捉上述反应不足，以上市公司最近一个财报的披露日期为时间零点，将披露之前两个交易日至披露之后一个交易日的相对于市场的累计超额收益率（cumulative abnormal return，CAR）作为评价指标：

$$CAR_i = \sum_{d=-2}^{1} (R_{i,d} - R_{m,d})$$

其中，$R_{i,d}$ 与 $R_{m,d}$ 分别为股票与市场最近一个披露期窗口内第 d 日的收益率。由于投资者对于信息反应不足，该窗口内收益率与预期收益率正相关，因而指标越大越好。同构建 FIN 因子的方法类似，对 CAR 与市值指标进行 2×3 双重排序，如图 5－4 所示（CAR 因子的划分依据为 20% 与 80% 分位数）。

市值		CAR		
		高（H）	中（M）	低（L）
	小（S）	SH	SM	SL
	大（B）	BH	BM	BL

图 5－4　CAR 与市值的双重排序

依据图 5－4 的划分，则 PEAD 因子的构建为：

$$PEAD = \frac{1}{2}(SH + BH) - \frac{1}{2}(SL + BL)$$

（七）因子动物园与机器学习

资产定价异象伴随着 EMH 与 CAPM 的实证研究而被逐渐发现。质疑 EMH 与 CAPM 的合意性的学者最早可以追溯到 Basu，在 Basu 发现盈价比异象的随后 30 多年，不同种类的异象纷纷被发现。学者们发现了"规模异象"，即小市值公司的股票预期收益率高于大市值公司；"流动性异象"，即股票的买卖价差与预期收益率正相关，流动性越差的股票未来收益率越高；"动量异象"，即过去 3～6 个月收益率越高的股票组合在未来有越高的收益率；"IPO 和 SEO 异象"，即首发新股或增发股票的公司在未来较长一个时期内的股票预期收益率更低；"基本面异象"，即基本面质量优良的公司未来具有更高的收益率。

近年来，由于 Cochrane（2011）构建的因子动物园（factor zoo）影响力日益扩大，对于上述异象的探索不复以往的火热之势，研究重点转到了多因子模型大战（factor war）上。多因子模型的合意性是指模型尽可能多地解释资产定价异象，同时保证市场定价的有效性。从这种意义上讲，通过结合计量经济学与机器学习研究因子动物园问题，可对众多因子去伪存真，保证模型的合意性。因子动物园与机器学习的研究虽然种类频繁，但按照实践总结主要可以分成四大类：

（1）提高新因子接受壁垒，扩大因子动物园。

Foster 等（1997）解决了资产定价中潜在的数据挖掘问题，该问题与易于评估数据的可用性增加相关。他们提出调整临界最大 R^2 值来考虑解释变量窥探。Hou 等（2020）研究表明，在 5% 的显著性下，调整后的 2.78 的 t 统计量将拒绝 80% 的已发表异象。Chordia 等（2019）运用数据挖掘方法，生成 200 万个交易策略，使用多重假设检验来解释交易信号与收益的协方差，并提出在 5% 的显著性下，t 统计量阈值应接近 4.0，以控制错误拒绝的比例。

（2）运用数据降维，缩小或驯服因子动物园。

Freyberger 等（2018）使用自适应最小绝对收缩和选择算子（LASSO）来选择能提供独立信息的特征因子。为了解决模型选择偏差，Feng 等（2020）将 LASSO 与双通道回归算法相结合，确定适当有限控制变量集，以评估新的候选因子。他们评估任何新因子的解释力，而非现有高维因子所涵盖的解释力，且发现：对于文献中已知的数百个因子，只有一小组特征因子具有统计学上的解释力。

（3）运用主成分分析（或因子分析），提取共同或潜在的因子。

Light 等（2017）应用偏最小二乘法估计从特征因子中提取一组有限的共同潜在特征因子。他们的研究结果表明，潜在特征因子投资组合比单个特征因子投资组合产生更大的利差收益。Kozak 等（2020）利用收缩和选择方法估计能解释大量股票收益的随机贴现因子。Freyberger 等（2020）采用类似的方法来逼近预期收益的非线性因子结构。

（4）对因子动物园的投资组合进行应用分析。

Moritz 和 Zimmermann（2016）采用基于树模型构建的投资组合分类，考虑到了双向交互，基于这种理论的交易策略的信息比率是 Fama-MacBeth

回归的两倍。Gu、Kelly 和 Xiu（2020）利用增强树和神经网络允许特征因子之间的非线性交互能力，构建投资组合，其投资收益相对于文献中的回归策略翻了一番。Sak 等（2021）运用极度随机树、梯度提升决策树来构建投资组合，揭示了重要时变特征（因子）的模式。

三、创新与技术进步相关因子

科技革命开启了技术进步的崭新篇章，这种改天换日般的革命至今大约有三次。第一次科技革命为人类带来了蒸汽机，并为社会创造出巨大的生产力。第二次科技革命则为世界带来了电力，推动了生产力的急速跃升。计算机、互联网等领域的日新月异则代表了最近一次科技革命，这些领域的发展即将再度改变人类的生存方式和生活条件，是新时代的福音。科技革命的发生往往由一些重点领域连续的突破和进步累积而成。这些微小的技术进步迸发于一个个公司中，革新它们所在的行业和领域。当我们把视线从人类的历史进程缩小到一个个公司的生命周期之中，我们不禁会问：创新与技术进步是如何影响公司股价的？

（一）科技进步因子

Chan、Lakonishok 和 Sougiannis（2001）发表于《金融杂志》的研究对科技如何影响公司股价的问题提供了一些解释。该文的作者研究了股票与研发（R&D）的关系。作者提出：一方面，在一个有效市场中，股票价格应该已经体现了研发资本，所以研发资本和股票预期收益率应该并无相关性；另一方面，许多注重研发的公司都只拥有很少的有形资产，这些公司运营的成功与否完全取决于这些未被测试的新技术的前景。因此，这些科创公司的收益是高度不确定的，股价可能并不能反映它们的研发水平。在当时，这些相互矛盾的观点激烈碰撞，使得股票价格是否充分反映了公司的无形资产，特别是研发投入，成了一个炙手可热的问题。

实证结果发现，1975—1995 年，具有高研发股票市值比（R&D-to-market）的股票取得了较高的超额收益率。一个可能的解释是：相对于其他股票而言，研发排名靠前的股票通常表现较差。尽管这些公司过去业绩不佳，且背负削减成本的重压，但它们依然大量地发放研发资金，这代表了管理者对公司未来前景相对乐观的态度。然而，市场往往对这一信息不屑一顾，并在调整预期方面行动迟缓，这使得股价无法及时反映这些公司的价值。这篇论文从实证的角度揭示了技术创新与股票收益的关系，并对注重研发的公司的超额收益率给出了市场注意力有限的解释。但作者也发现，在不考虑市值的情况下，注重研发的公司与不注重研发的公司的未来收益率差别不大。这说明仅仅使用研发投入来衡量公司的科技进步是不够的。

为了更好地度量科技进步，学术界展开了广泛的尝试。一般来说，专利相关的数据往往代表一家公司的研发成果，能够全面地衡量公司的技术水平。Hirshleifer、Hsu 和 Li（2012）在《金融经济学杂志》上刊登的论文使用了创新效率来度量一家公司的创新能力。创新效率指的是公司发明新专利的能力，即每单位科研投资带来的专利引用量（专利引用量/研发投资额）。分母研发投资额衡量了对创新的资源投入，分子专利引用量则衡量了创新的产出。作者使用了 1982—2007 年的数据将公司按市值大（B）、小（S）分为了两组，按创新效率分为了低（L）、中（M）、高（H）三组，并通过（$S/H+B/H$）/2—（$S/L+B/L$）/2 构建了创新效率因子，并且发现创新效率因子的月平均收益率为 0.41%，远高于规模因子（0.07%）、价值因子（0.37%）等传统因子的收益。

为了解释创新效率因子的超额收益率，作者提出了两个可能的解释。第一个解释是：由于理解专利信息需要对相关技术和上下游行业有一定的知识基础，所以关于创新的信息往往难以被投资者完全接受，造成对专利信息的反应不足。因此，那些在创新方面效率更高的公司的价值会被低估，而拥有更高的预期收益率，而低效公司的价值则会被高估，并拥有更低的预期收益率。第二个解释是：具有较高创新效率的公司往往利润更高，资产收益率也更高。这是因为当一家公司为了购买创新资本而进行研发支出时，其支付的价格会因风险而适当打折扣。具体来说，例如，当一家公司以具有竞争力的市场价格收购了高科技资本（比如专利）时，如果一家公司购买的创新资本具有高风险，则其创新支出平均可获得较高的收益作为对风险的补偿，如果创新资本的风险相对较低，则公司会获得较低的收益。与此同时，过去的创新效率是风险的代名词，因此，具有较高创新效率的公司应获得更高的利润和股票收益。

5年之后，Hirshleifer、Hsu和Li（2017）在他们发表于《金融研究评论》上的论文中又提出了一个新的基于科技和创新的因子：创新原创性。一般来说，从跨度更大、范围更广的技术中汲取知识的专利往往更具原创性，因为它们往往在更大程度上偏离当前的技术轨迹。举例而言，脱氧核糖核酸（DNA）双螺旋结构的研究过程就受益于其他领域的知识启发。克里克的X射线结晶学知识帮助他和沃森解释了著名的X射线衍射结果，这些结果对他们成功模拟DNA双螺旋结构至关重要。因此，作者通过公司最近的专利所涉及的平均知识范围，即公司最近授予的专利所引用的不同类别技术类专利的平均数量，来衡量公司的创新原创性。如果一家公司的专利引用了涵盖多种技术的其他专利，那么这家公司的创新原创性得分就会很高。

作者还发现，创新原创性对公司未来收益率的影响要远远大于他们五年前提出的创新效率。此外，即便控制了创新效率以及规模、市值和动量等传统因子，根据创新原创性构建的投资组合依然表现出较高的收益率。创新原创性因子背后的解释与创新效率因子无异，作者依旧认为对公司创新原创性的解读需要深厚的专业知识，因此市场上的投资者存在对创新原创性强的公司低估的倾向，这使得这些价值被低估的公司拥有更高的预期收益率。

综上所述，科技进步对一家公司股价的预期收益率有正面影响，创新能力越强的公司往往预期收益率越高。这是因为市场在分析创新相关信息时速度更慢，使得那些科技潜力强、创新能力强的公司的价值被低估。

（二）科技关联因子

除了衡量科技进步对公司的单独影响外，科技进步对整个上下游产业链的影响也至关重要。某家公司的技术突破往往会带来整个产业链效率的提高，并使得其他使用类似技术的公司获益。Lee、Sun、Wang 和 Zhang（2018）发表于《金融经济学杂志》上的论文研究了公司之间的科技关联度和公司股票未来预期收益率之间的关系。他们发现科技进步也会作用于拥有类似技术的其他公司，从而改变这些公司的基本面，并最终被反映到公司的股价之中。作者通过美国专利商标局对专利划分的 427 个科技大类来度量两家公司在专利上的关联。两家公司的科技关联度，即专利分布之间的相关性，可以用两家公司过去五年所获得的全部科技专利在相同科技类别内的比例相对于它们所有专利在所有科技类别的比例之比衡量。在获得这个关键变量后，作者将其用于具体的实证研究中，发现可以通过计算技术关联度强的公司的收益来预测公司自身的未来收益。

科技关联度在选股方面之所以有效，是因为它发现了在技术上具有相似性的公司之间的关系。作者以 Regeneron 和 Illumina 这两家公司为例解释了科技关联度的作用。Regeneron 是一家制药公司，而 Illumina 生产生命科学工具并提供遗传分析服务。两家公司主营业务的领域各异，同时在产业链上毫无合作，普通投资者几乎不可能根据其中一家公司的表现对另一家公司的股票进行买卖。但科技关联度表明了两家公司在技术上存在千丝万缕的联系，它们实际上拥有很多重合的科技专利，科技关联度超过 70%。

为了解释科技关联度的显著性，作者发现，研发开销（科技强度）大、专利集中度（科技专度）高的公司获得的科技关联度收益更高。投资者对于科技强度大和科技专度高的公司的估值变化反应不足，这导致了较慢的科技信息扩散过程。此外，作者还发现关注度低的公司，即市值小、分析师报告和媒体报道少、机构投资者占比低的公司，往往可以获得更高的科技关联度收益。综上所述，科技关联度的背后依旧是投资者对科创相关信息吸收不足所导致的股价低估。

不仅公司使用的专利之间存在科技关联，公募基金之间同样存在科技关联。McLemore、Sias、Wan 和 Yuksel（2021）发现一些基金经理对技术创新作用的超常认识可以用于解释基金的超额收益。我们已经提到过，许多论文认为，科技因子的超额收益率都是由市场对科技创新类的信息吸收速度过慢所致。在这里我们不禁想问：既然市场普遍对科技创新信息的理解不足，那么如果存在某些理解科技领域的投资者，他们是否能获得超额收益呢？这篇论文便回答了这个问题。

具体而言，作者提出了一个假设：由于公募基金经理相比其他投资者对科技信息理解更深刻，所以他们更能发现那些价值被低估的科技公司，并获取超额预期收益。为了验证这一假设，作者首先提出了科技相似性因子，该因子衡量了某基金所持有股票之间的科技相似性，科技相似性因子趋于 0 说明该基金所持有的股票背后的专利之间不属于同一个科技大类，趋于 1 则说明该基金所持有的股票背后的专利属于同一个科技大类，表明该基金经理洞察到了某一科技领域发生技术突破的可能性。当基金经理投资组合的科技相似性增加时，该基金往往会在未来获得超额收益。如果按科技相似性把基金分为五档，那些科技相似性最高档的基金比那些科技相似性最低档的基金的年阿尔法要高 282 个基点。

即便科技相似性因子拥有高收益率，我们依旧不能断定基金的高收益率是来源于基金经理的科技知识储备。为了打消这一疑虑，作者验证了科技相似性与预期收益率的正相关性是否为基金经理主动交易的结果。举例而言，如果基金经理的信息优势表明某项技术目前被低估，那么基金经理将增加其投资组合对该技术的暴露。反之，随着技术的价值被市场认可，不再被低估，基金经理将减少对该技术的敞口。为了验证这一假设，作者将共同基金的每一笔交易分为科技相似性递增交易和科技相似性递减交易。作者发现，科技相似性的增加将与未来正的异常收益相关，而科技相似性的减少应当与未来的异常收益无关。因此，高科技相似性基金的收益跑赢低科技相似性基金的收益这一现象主要可以归功于基金经理的交易水平。

上述研究都是在探讨产业链上相互平行的公司之间是如何通过科技水平相互链接并相互影响的。我们不禁好奇：当研究者不只局限于公司层面的分析视角，而是看向整个产业链时，之前的研究结论是否还成立？换句话说，科技进步是否也在产业链内垂直传导？这种传导对于上下游公司的股票收益率究竟是有益还是有害？Gofman、Segal 和 Wu（2020）发表在《金融研究评论》上的论文从产业链的角度分析了科技创新的传导和对产业链上公司的影响。该论文主要的贡献在于研究了生产网络对股票收益的作用。从直觉上来讲，并非产业链上的所有公司都能从技术进步中获得同等程度的收益。上游公司的创新可能会使其下游公司的现有资本发生贬值。这就使得整个产业链上的公司对生产率冲击拥有不同的敞口。为了衡量产业链上各家公司的位置，作者提出了产业链层级这一概念。具体而言，作者将生产网络分成不同的层级，最低层级的公司生产最终消费品，更高层级的公司向低层级的公司输送原材料和中间产品。而一家公司在产业链上的位置就由该公司到最低层级公司间的最小网络链接数衡量。举例而言，如果某公司至少会供给原材料或中间产品给一家层级为 0 的公司，则该公司的层级为 1。

利用产业链层级的概念，作者的研究证实了处于不同层级的公司具有不同敞口这一假说。作者的主要发现有二：首先，公司离最终消费者越远（即产业链相对位置越高），其平均股票收益率越高。作者利用产业链相对位置变量进行了 TMB（top-minus-bottom）因子构建，在 1980—2013 年，做多与消费者距离最远（产业链层级最高）的公司并做空与消费者距离最近（产业链层级最低）的公司的投资策略可以获得的每月收益率为 105 个基点。其次，作者发现公司对总量生产率的敞口随着产业链高度而增加。

作者构建了一个一般均衡模型以解释这个结果。作者发现，一个正的总体生产力冲击（一般视为科技进步）对公司估值有两个影响。一方面，科技进步会对每个产业链层级带来正向需求冲击，相应的公司会有更高的未来现金流和增长，并获得更高的估值。另一方面，产业链上处于与该类公司较远或较近位置的公司也会面临这种冲击，因此它们的生产力也会提升。当它们都变得更有生产力时，该类公司投入的供给曲线向右移动。这种供给效应对公司现有资产的估值产生了下行压力，上游公司的创新使下游公司的已安装资本贬值。这一供给冲击的效果随产业链层级的高低而变化，因此，产业链底层公司受到供给冲击的影响最大。作者很直观地将这一冲击称为创造性破坏。

总结而言，除了科技创新因子，科技关联因子同样也能解释某些公司和基金高额的收益率。这说明科技进步的正面效应从来都不只局限于某家公司，而是会辐射到整个产业，带来溢出效应，并反映在公司股价的变化上。这种溢出效应在科技关联度高的公司之间是正向的，能够为受辐射的公司带来更高的收益。但当我们聚焦于产业链时，科技创新对下游公司的影响便不一定为正，创造性破坏可能会使得下游公司资本贬值。

（三）金融科技与社交媒体带来的新因子

金融科技的发展使得投资者可以以更低的成本获取更多的数据，并因此改变投资者和公司的行为。金融科技所带来的新数据同样也催生了大量新因子的出现，如何解释这些金融科技因子的收益率便成为学术界近年间一个热门的话题。这里我们主要介绍了几个著名的金融科技因子和它们背后的逻辑。

除了新因子的出现，对于金融科技对投资者行为的影响究竟是正面的还是负面的，学界仍有较大的争议。一方面，更丰富的数据意味着更复杂详尽的判断；另一方面，投资者也可以通过金融科技本身向市场传达自己的情绪，影响其他投资者的判断，使得市场更加复杂。

上文提到，许多科创公司的价值被低估是因为市场对这些公司技术专利的判断不够准确，而那些对科技领域足够了解的基金经理往往能为基金创造超额收益。因此，对行业乃至公司的了解程度是投资者能否获得超额收益的一个重要前提。通常而言，一线公司员工对公司产品和业务的问题与前景可能有着比公司高管更直观的认知。理论上来说，如果为了评估公司的前景或者发现潜在的问题，搜集员工的看法是一种有效渠道，然而员工评价的数据并不易得。好在随着金融科技的发展，市场上出现了 Glassdoor 这样的能为金融研究提供更详尽的数据的社区。Glassdoor 创立于 2007 年，主要是提供岗位搜寻、点评的自由平台，在职员工可以在网站上发表自己对于所处岗位的真实看法，涵盖且不限于其薪酬水平、职场环境、面试问题等信息。

Green、Huang、Wen 和 Zhou（2019）发表于《金融经济学杂志》上的论文全面地搜集并分析了 Glassdoor 拥有的各项数据，用以了解在职员工对公司的看法与股票收益的联系。他们发现评价变化能够预测股票的预期收益。关于数据本身，Glassdoor 拥有在职员工对公司多个维度的评价数据，且所有评价皆为 1～5 星。作者研究了 2008—2016 年间的共 1 238 家公司。作者依据员工评价变化将股票从低到高分为 5 组。直观来看，员工对公司的评价越好，说明公司越处于稳定发展的状态并且越可能拥有不错的预期前景，如果控制其他变量不变，公司的预期收益也会有显著提升。作者发现员工评价上升的公司往往有更好的表现，无论是等权还是市值加权投资组合，都有着显著的超额收益和四因子阿尔法。

资产定价领域研究的一个重要的问题是：投资者是如何对未来资产的收益形成预期的？现有的论文已经证实了过度外推的存在，即投资者对资产未来收益率的预期和资产过去的收益率存在正相关关系。然而，关于过度外推的实证论文都是基于股票市场总体的数据。不过，随着金融科技的发展，散户投资者对股票的评价数据也变得易于获得。借助新的数据，学者得以研究投资者如何形成对个股收益的预期，以及这些预期和股票未来收益的关系。

Da、Huang 和 Jin（2021）发表于《金融经济学杂志》上的论文发现投资者会根据股票最近的收益进行过度外推。Forcerank 是一个用于股票排名的平台。在这个平台举办的预测比赛中，投资者按照自身对这些股票在预测过程中（一般是一周）的表现来预测它们未来的收益，并按照预测的收益对它们进行排名。作者使用了 Forcerank 一致得分，即每只股票在所有比赛中的平均排名，来衡量投资者对个股收益率的期望。

通过将个股投资者的期望对股票历史收益和其他控制变量做回归，作者发现，投资者的预期与股票过去的收益率正相关。此外，距离现在越久远的历史收益率与投资者预期的相关性越小，四周前的收益率和预期的相关性只有最近一周的 9％左右。这说明投资者普遍存在过度外推的非理性行为，且投资者更倾向于使用股票最近的收益率作为外推的根据。

至此，作者向我们展示了投资者预期的形成逻辑，即投资者会认为股票未来的表现与过去呈正相关关系。我们不禁会问：这些投资者的预测准确吗？为了解答这个问题，作者将股票收益率对投资者预期和 Fama-French 三因子做了回归，发现投资者预期的系数显著为负。这说明投资者预期会上涨（下跌）的股票往往会下跌（上涨），所以投资者的预测是不准确的。

最后，作者发现 Forcerank 的评分变量可以作为因子在市场上赚取超额收益。具体而言，在作者选择的样本中，在完全控制 Fama-French 五因子以及动量和短期反转因子后，做多 Forcerank 分数较低的股票并做空 Forcerank 分数较高的股票的交易策略能产生每天 7 个基点（相当于每年约 18％）的显著利润。然而我们不禁会质疑这一策略的实用性，因为并非每一只股票都有 Forcerank 评分，也许基于 Forcerank 投资者预期的策略仅在 Forcerank 所涉及的股票中能获取收益。为了打消我们的疑虑，作者进一步将这一策略拓展到了所有股票。对于那些没有 Forcerank 评分的股票，作者通过 Forcerank 对股票特征的回归系数计算了预测 Forcerank 评分。

与实际 Forcerank 分数相同，这些预测分数与未来一周的非 Forcerank 股票的全部样本的收益呈负相关关系。使用预测分数作为分类基准的交易策略依旧展现出了显著的超额收益。该收益优于以过去一周或过去一个月为期限的短期收益逆转策略的收益。

当然，Forcerank 的用户并不能代表整个市场的投资者，而且该论文的样本区间仅包括 2016 年 2 月至 2017 年 12 月，仅涉及不到 300 只股票和 1 000个用户。但基于预测分数策略的显著高收益也从某种程度上为投资决策的流程提供了一种解释：许多投资者是通过历史收益率来判断个股未来表现的，而他们判断的结果往往是错误的。

通过这些学者的研究，我们得以理解金融科技及其带来的巨量数据是如何更好地指导投资者理解市场情绪并展开投资的。不过，比起社交网络所制造的数据量，金融科技的数据量只能算是九牛一毛。我们不禁会好奇社交网络数据能否在大数据时代帮助我们更好地为资产定价。这个问题的答案是肯定的。Liew 和 Budavari（2017）通过对社交媒体用户的情绪记录进行分析发现博客记录对股票收益率的影响显著。金融学界在过去并不重视社交网络数据对资产收益率的影响，这是因为社交网络数据的质量往往参差不齐、信噪比较低。一个用户在社交网络上对股票的评价往往夹杂着许多网络用语，这使得针对某股票的社交网络数据难以被分类为看多或者看空。不过，StockTwits 网站解决了这一问题。StockTwits 是一个投资者分享观点的博客类网站，当用户在网站上点评某只股票时，用户可以选择看空和看多标签中的一个，以表达自己的立场。作者正是利用了这个网站的特性，通过计算个股在一定时间内收获的看多标签数占总标签数的比例，得出了用户对该股票的平均情绪。利用情绪变量，作者发现，在控制了 Fama-French 五因子后，情绪与股票日收益率正相关。以苹果公司为例，如果用户情绪变量上升一个标准差，苹果公司股票的日收益率会增加 47 个基点。这说明社交网络情绪因子对股票收益率有很强的解释力。

然而，这篇论文同样也存在一些问题：由于这个分析需要充足的情绪标签，只有 15 只股票满足条件，因此这篇论文的样本只有 15 只股票；此外，情绪标签的时间效力并没有得到明确，举例来说，当我们在数据中看到某一条评价的情绪为负时，我们不知道这位用户是预测当前股票收益率会降低还是一个月后会降低。尽管存在这些问题，这篇论文依旧给其他学者一个很好的启发：随着金融科技和互联网的发展，越来越多的用户数据被制造、被分享，利用这些数据，学者们可以更好地理解金融市场，理解投资者行为。

综上所述，金融科技的发展为资产定价带来了巨量的数据，这些数据不同于传统的基本面和股票市场数据。在这些特异数据的加持下，学者们发现了散户评分、社交情绪等因子。这些因子从投资者的情绪和判断出发，发现散户评价高的股票收益率反而低。

（四）科技所淘汰的旧因子

然而，科技发展带来的数据量激增也并不总是有益于投资决策。过量的数据有时会使得投资者迷失于错综复杂的变量关系中，无法合理地判断因子间的逻辑。

Martin 和 Nagel（2021）发表于《金融经济学杂志》上的论文指出，计算机领域常见的维度灾难问题同样会在金融领域出现：能够观测并记录的变量激增，投资者根本无法知道到底其中的哪些能够影响公司基本面，而且无法可靠地分析出它们和基本面之间的联系。作者发现，投资者预测问题的维度对资产价格的性质有很大影响。在作者的模型中，有 N 家公司，它们的现金流增长率是这 N 家公司的 J 个特征的线性函数。投资者是贝叶斯、同质、风险中性的，并基于现金流预测股票价格的分布。如果 J 相对于 N 较小，投资者可以非常精确地估计其现金流预测模型的参数，从而得出接近理性预期均衡下的资产价格。

实际上，投资者们面临着无数潜在的预测变量，这些变量可能与股价预测相关。换言之，相对于公司数 N 而言，特征数 J 并不小。随着科技的进步，可用的与潜在估值相关的数据集随着时间的推移而大大扩展。文本分析、卫星图像、社交媒体、金融科技数据和许多其他新的数据源产生了丰富的信息。但为了在预测模型中使用这些信息来源，投资者必须估计这些信号与未来现金流之间的关系。这是一个典型的高维学习问题。

作者在模型中假设存在一位贝叶斯经济学家，他从经济中获得了资产价格数据，并进行样本回归，以测试 J 个特征能否预测收益率。在模型模拟中作者发现，当 N 趋于无穷时，如果 J 固定，该经济学家无法预测收益。当 J 的大小与 N 相当时，模型表明经济学家会获得接近于 1 的预测拒绝概率，即经济学家无法预测收益。所以，尽管投资者以最佳方式使用了他们可用的巨量信息，但依旧可能因为信息过多而无法预测。在作者的模型中，根据计量经济学家的预测回归估计值形成的投资组合尽管在样本内的股票收益率为正，但在后续时间段的平均收益率为零。

总而言之，当预测因子的数量与观察值的数量相当时，学习如何将观察到的定价相关预测变量转换为预测是困难的。对于研究这些事后预测或反映这些预测的均衡价格的计量经济学家来说，样本内收益率是可以预测的，但样本外收益率难以预测。

参考文献

［1］Breeden，D. T. (1979). "An Intertemporal Asset Pricing Model with Stochastic Consumption and Investment Opportunities," *Journal of Financial Economics*，7 (3)：265 - 296.

［2］Carhart，M. M. (1997). "On Persistence in Mutual Fund Performance," *Journal of Finance*，52 (1)：57 - 82.

［3］Chordia，T.，A. Goyal，A. Saretto (2020). "Anomalies and False Rejections," *Review of Financial Studies*，33 (5)：2134 - 2179.

［4］Cochrane，J. H. (2011). "Presidential Address：Discount Rates," *Journal of Finance*，66 (4)：1047 - 1108.

［5］Daniel，K. D.，D. A. Hirshleifer，L. Sun (2020). "Short-and Long-Horizon Behavioral Factors," *Review of Financial Studies*，33 (4)：1673 - 1736.

［6］Fama，E. F. (1970). "Efficient Capital Markets：A Review of Theory and Empirical Work," *Journal of Finance*，25 (2)：383 - 417.

［7］Fama，E. F.，K. R. French (1992). "The Cross-Section of Expected Stock Returns," *Journal of Finance*，47 (2)：427 - 465.

［8］Fama，E. F.，K. R. French (1993). "Common Risk Factors in the Returns on Stocks and Bonds," *Journal of Financial Economics*，33 (1)：3 - 56.

［9］Fama，E. F.，K. R. French (2015). "A Five-Factor Asset Pricing Model," *Journal of Financial Economics*，116 (1)：1 - 22.

［10］Feng，G.，S. Giglio，D. Xiu (2020). "Taming the Factor Zoo：A Test of New Factors," *Journal of Finance*，75 (3)：1327 - 1370.

［11］Foster，F. D.，T. Smith，R. E. Whaley (1997). "Assessing Goodness-of-Fit of Asset Pricing Models：The Distribution of the Maximal R^2," *Journal of Finance*，52 (2)：591 - 607.

［12］Freyberger, J., A. Neuhierl, M. Weber（2020）. "Dissecting Characteristics Nonparametrically," *Review of Financial Studies*, 33（5）：2326 - 2377.

［13］Gu, S., B. Kelly, D. Xiu（2020）. "Empirical Asset Pricing via Machine Learning," *Review of Financial Studies*, 33（5）：2223 - 2273.

［14］Hou, K., C. Xue, L. Zhang（2015）. "Digesting Anomalies：An Investment Approach," *Review of Financial Studies*, 28（3）：650 - 705.

［15］Hou, K., C. Xue, L. Zhang（2020）. "Replicating Anomalies," *Review of Financial Studies*, 33（5）：2019 - 2133.

［16］Kozak, S., S. Nagel, S. Santosh（2020）. "Shrinking the Cross-Section," *Journal of Financial Economics*, 135（2）：271 - 292.

［17］Light, N., D. Maslov, O. Rytchkov（2017）. "Aggregation of Information about the Cross Section of Stock Returns：A Latent Variable Approach," *Review of Financial Studies*, 30（4）：1339 - 1381.

［18］Markowitz, H.（1952）. "The Utility of Wealth," *Journal of Political Economy*, 60（2）：151 - 158.

［19］Mayers, D.（1972）. Nonmarketable Assets and Capital Market Equilibrium under Uncertainty. In：Jensen, M. C. *Studies in the Theory of Capital Markets*, 223 - 248.

［20］Merton, R. C.（1973）. "An Intertemporal Capital Asset Pricing Model," *Econometrica*, 41（5）：867 - 887.

［21］Moritz, B., T. Zimmermann（2016）. Tree-Based Conditional Portfolio Sorts：The Relation between Past and Future Stock Returns. Available at SSRN 2740751.

［22］Ross, S. A.（1976）. "The Arbitrage Theory of Capital Asset Pricing," *Journal of Economic Theory*, 13（3）：341 - 360.

［23］Sak, H., T. Huang, M. Chng（2021）. Exploring the Factor Zoo with a Machine-Learning Portfolio. WRDS Research Paper.

［24］Sharpe, W. F.（1963）. "A Simplified Model for Portfolio Analysis," *Management Science*, 9（2）：277 - 293.

［25］Sharpe, W. F.（1964）. "Capital Asset Prices：A Theory of Market Equilibrium under Conditions of Risk," *Journal of Finance*, 19（3）：425 - 442.

［26］Stambaugh，R. F.，Y. Yuan (2017)．"Mispricing Factors，" *Review of Financial Studies*，30 (4)：1270 - 1315.

［27］Tobin，J. (1958)．"Liquidity Preference as Behavior towards Risk，" *Review of Economic Studies*，25 (2)：65 - 86.

第六章

资本市场发展与高科技企业的成长：国际视角与实证总结

摘　要： 高科技企业的创新发展对一个国家的经济起着至关重要的作用，而高风险带来的融资难问题也限制了很多新兴高科技企业的成长。资本市场是高科技企业融资的重要渠道，资本市场支持高科技企业的发展成了金融支持实体的重要路径。本章以美国市场高科技企业与资本市场为研究对象，分析上市公司市值变动轨迹、融资进程结构变化及原因，试图为中国资本市场发展提供启示和建议。本章首先概述了美国高科技企业和资本市场的发展历程，其次综述总结了资本市场发展与高科技企业成长之间的理论和实证关系，接着从微观上分析了特斯拉公司的成长历史和原因。通过分析金融创新、资本市场与科技进步、高科技企业成长的耦合关系，最后评价美国经验和提出对我国资本市场发展的建议。

高科技企业的发展是促进产业变革和经济转型升级的关键驱动力。资本市场是高科技企业融资的重要渠道，资本市场支持高科技企业的发展就成为金融支持实体的重要路径。相比于信贷市场，资本市场提供具有多样化特征的投资组合，提高了投资者的风险管理能力，同时，资本市场又提供了有效的价格信号，从而提高了金融资源的分配效率。综观全球各国的经济发展，尤其是高科技企业发展较为迅速的美国，资本市场的发展为创新型企业的发展提供了全周期、多方位的融资及管理支持；而高科技企业则以其创新发展提高生产率，增加就业，改进经济运行制度，从而反哺了一个国家经济的发展。为此，我们梳理了美国高科技企业的发展进程和美国资本市场的历史与现状，以特斯拉公司为例，分析了美国资本市场和高科技企业快速成长之间的理论和实证关系。

我们认为，美国资本市场对高科技企业发展的支持是多层次、高契合度、存在于企业各个生命周期的。高科技企业的发展往往要经历种子期、创建期、成长期、扩张期、成熟期等发展阶段，在不同的发展阶段因创新进度、产业化程度等因素的差异而面临差异化的融资需求。高科技企业所具有的高投入、长周期、高风险等特征，决定了其发展离不开不同层次下的资本的引领和催化。在当下创新推动经济增长愈发重要的环境中，建设有效的资本市场对中国高科技企业发展乃至整个国家经济的高质量发展都具有重大意义。

一、美国高科技企业与资本市场发展概述

（一）美国高科技企业发展

随着科技的进步，高科技企业在国民经济体系和日常生产生活中已体现出不可或缺的作用。在过去数十年中，它们已成为宏观经济增长的主要来源。本小节从以美国硅谷为代表的高科技企业聚集地区的发展进程出发，尝试描述美国高科技企业的发展历史与现状。

1. 硅谷是美国高科技企业中心

美国硅谷（Silicon Valley）坐落在加利福尼亚州北部，是美国著名的高科技产业园区，大约有 300 万常住人口，虽然人数不足美国总人口的 1％，但是却创造了 13％ 的美国专利。美国四分之一的"独角兽"公司（市值在 10 亿美元以上）和三分之二的"十角兽"公司（市值在 100 亿美元以上）的总部位于硅谷。从 20 世纪 50 年代发展至今，硅谷不仅拥有了一批高新技术中小公司群，还孕育了谷歌、惠普、英特尔、苹果、英伟达、甲骨文、特斯拉、雅虎等大型高科技企业。在几十年的发展历史中，硅谷已经成为美国乃至全球的科技创新中心，并毫无疑问地一次又一次地引领世界高科技的发展潮流，为推动人类进步做出了巨大贡献。

在硅谷的发展历程中，美国政府、顶尖大学以及科技投融资制度都对其

发展起着重要的作用。首先就美国政府来说，从 20 世纪 50 年代起，军用工业一直是美国电子产品的重要市场，美国国防部向硅谷的民用企业订购了大量的微电子技术产品，间接补贴其研发活动。例如，1959 年，硅谷的仙童公司获得 1 500 万美元合同，为"民兵式"导弹提供晶体管；1958—1974 年，美国政府投资 10 亿美元开发半导体产品。在克林顿执政后不久，在其"全面经济计划"中，为扶植技术创新产品的初期市场，仅计算机相关产品的政府采购就达 90 亿美元。此外，为了营造鼓励创新、公平竞争的市场环境，美国政府依据反垄断法，自 20 世纪 60 年代硅谷创新浪潮兴起之时，依次对 IBM、微软等大型公司提起反托拉斯诉讼，为一大批硅谷高科技创业型公司争取了进入计算机技术市场的机会，有力地推动了硅谷高科技产业集群的发展。

其次，发达的风险投资制度为硅谷吸引了大量创业者。20 世纪 70 年代，风险投资代替军方成为硅谷创业型公司创业的主要融资来源。到 1974 年，有 150 多家风险投资公司在硅谷开业，斯坦福大学也把它的部分捐赠资金投入风险创业活动之中。到 1988 年，硅谷吸引了 40% 的全国风险投资资金。以红杉资本、凯鹏华盈等为代表的风险投资公司投资了亚马逊、苹果、思科、谷歌等著名公司。2021 年，投向硅谷和旧金山公司的风险投资额达到 950 亿美元的历史新高，表明资本对于硅谷地区仍然充满信心；而硅谷自发形成和后天培育的产业共享，不仅吸引和集聚了来自世界各地具有不同文化背景的高端人才、高新技术跨国公司和创新型企业等创新资源，而且还激发这些创新资源进行主动联系，相互渗透融合，在交流互动中迸发出灵感的火花，形成正向循环，不断刺激产业技术创新，推动硅谷产业集群的持续升级。

2. 高科技企业对美国经济发展起着至关重要的作用

美国对科技的重视水平与创新的投入始终处于高位。根据经济合作与发展组织（OECD）的统计，美国 2020 年研发投入为 7 208.7 亿美元，较 1981 年增加了将近 9 倍，从绝对规模看，遥遥领先于其他经济体；按购买力平价

（PPP）不变价衡量，研发投入约占 OECD 全部经济体的 45％，比德国、日本、中国分别高 5.4 倍、4 倍和 1.2 倍。研发领域的持续高投入强化了美国高科技企业的竞争优势。根据美国国际贸易委员会的统计，2021 年美国出口价值最多的商品主要包括成品油、飞机、原油、天然气和芯片等。除能源外，飞机和芯片出口额分别为 800 亿美元和 620 亿美元。根据航空产业网的统计，全世界航空产业企业（不含航空公司与机场相关企业）总数约为 2.2 万家，其中美国有 8 800 余家，约占 40％，而我国相关企业仅为 1 000 家左右。在半导体产业方面，虽然美国半导体制造产能在全球的份额已经降至 12％左右，但 2021 年美国企业仍然占据全球半导体市场销售总额的 54％，远远高于韩国（22％）、中国台湾地区（9％）、欧元区（6％）以及日本（6％）。

接下来，从高科技企业在美国 GDP 中的地位出发，分析美国高科技企业的发展。一方面，以互联网、信息通信、数据处理为主的信息技术行业代表了以轻资产为主的高科技行业，其增加值占 GDP 比重从 20 世纪 90 年代初的 3.41％升至 2020 年的 7.53％（见图 6-1），对经济增长的重要性正逐步提高。

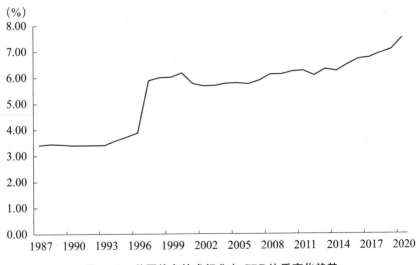

图 6-1 美国信息技术行业占 GDP 比重变化趋势

资料来源：Wind 数据库、美国经济分析局。

另一方面，从20世纪90年代至2008年，美国中高科技产业在制造业增加值中的占比一直处于高位（见图6-2），而2008年金融危机后，美国的制造业受到了较大的冲击，虽然中高科技产业在制造业增加值中的平均贡献从50%下降到48%，但一直保持着相对的稳定。

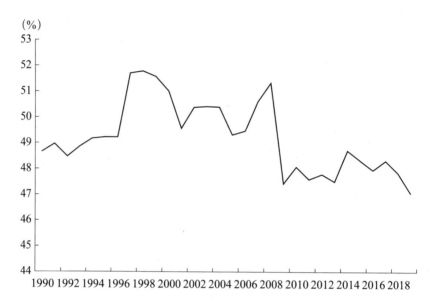

图6-2 美国中高科技产业在制造业增加值中的占比

资料来源：世界银行。

（二）美国资本市场发展

综观全球金融市场，美国纳斯达克（NASDAQ）市场一直是众多科创企业上市的首选，作为资本市场重要力量，它在培育新兴科技产业、助推美国转型中起到关键作用，也因此被市场誉为"美国新经济的摇篮"。分析纳斯达克市场的成立和发展有助于我们认识纳斯达克支持科技企业发展的关键方向。

1. 纳斯达克市场的成立和发展

纳斯达克是一家总部位于美国的证券交易所，也是全球市值第二大的证券交易所。美国全国证券交易商协会于1971年在纽约创立了纳斯达克，其成立背后的主要理念是成为世界上第一个以电子方式运行的股票市场。1982

年，纳斯达克在其报价系统的基础上开发出了纳斯达克全国市场系统，其他不满足全国市场上市标准的股票组成的市场被称为纳斯达克常规市场。由此，纳斯达克市场分为两个层次。分层之后又恰逢高科技发展的黄金年代，纳斯达克市场的 IPO 数量开始大幅增加，1983 年纳斯达克精选层上市公司股票达到 682 只，1985 年达到 2 194 只，影响力大大增强，吸引了大量科技公司到纳斯达克上市。1992 年，纳斯达克常规市场被正式命名为纳斯达克小型市场。1998 年，纳斯达克成为第一个提供在线交易的交易所。

纳斯达克以上市科技公司的股票而闻名。在纳斯达克交易的一些主要股票包括亚马逊、谷歌、脸书、微软和苹果等。作为 20 世纪 90 年代美国科技股的默认交易市场，纳斯达克受科技股涨跌的影响很大。1991 年，纳斯达克在证券市场交易中的份额为 46%，并随着互联网和相关技术的兴起而继续上升到前所未有的数量。1993 年后，发展以互联网为核心的信息产业已经上升到了美国国家战略的高度。克林顿就任美国总统后不久便正式推出跨世纪的"国家信息基础设施"工程计划，美国信息经济走在了世界各国的前面。美国经济受惠于"信息高速公路"这一战略的远见卓识，使得美国在 20 世纪 90 年代中后期享受了历史上罕见的长时间繁荣，而这种繁荣直接催生了 20 世纪 90 年代纳斯达克的大牛市。1995 年前后，美国出现一批具有跨时代意义的互联网公司。门户网站雅虎、浏览器开发商网景在 1994 年成立，电子商务公司 eBay 和亚马逊在 1995 年成立，搜索引擎巨头谷歌也在稍晚几年成立。而这些公司无一例外都登陆了纳斯达克。

2000 年随着互联网泡沫的破灭，美国开始加强证券市场监管，交易所也提高了上市门槛、完善了退市制度。纳斯达克的 IPO 数量大幅下降，年均 IPO 数从 20 世纪 90 年代的 300 多家降至 80 多家。不过这一时期的纳斯达克仍是科技公司上市的首选，中国第一批互联网公司相继登场，搜狐、网易、新浪、百度、携程相继在纳斯达克上市。2006 年 1 月，纳斯达克获得美国证券交易委员会的批准成为全国性证券交易所，并于 4 月 1 日正式运行。同年 7 月，纳斯达克全国市场被划分为两层，即纳斯达克全球市场和纳斯达克全球精选市场。其中纳斯达克全球精选市场的上市标准基本照搬了纽交所当时的上市要求，对市值、流动性和收益提出了要求，但门槛值略高于纽交所，综合来看成为全球最高的挂牌标准。从此纳斯达克市场内部的三个层次彻底形成。

纳斯达克资本市场定位于中小型新兴企业，具有宽松的上市条件和快捷的电子报价系统。在上市标准上，纳斯达克资本市场放松了对净利润的要求，主要关注公司市值、现金流和营业收入等指标，使得新兴科创企业有机会进入资本市场进行快速融资。此外，纳斯达克资本市场与其他两个市场之间还建立了灵活便捷的转移机制。中小企业在进入稳定发展阶段并达到一定要求后，就可以随时申请转移到纳斯达克全球市场，在满足其他标准后，就可以转移到纳斯达克全球精选市场。

2. 纳斯达克 100 指数的发展

从以科技股占比达 50% 的纳斯达克 100 指数近 40 年的走势来看，随着 2002 年股市的复苏，纳斯达克 100 指数缓慢回升（见图 6-3），到 2007 年最高点上涨了 1.5 倍，仍然不到 3 000 点。2008 年受金融危机影响，纳斯达克 100 指数再次腰斩。接下来美国股市经历了长达十多年的最长牛市，纳斯达克 100 指数从 1 200 点上涨到 16 320 点，是三大股指中涨幅最大的。纳斯达克 100 指数持久上涨的很大一部分原因来自移动互联网、云计算、大数据、人工智能等高科技的发展与进步。苹果公司在第一代 iPhone 发布时市值只有 800 亿美元，但在 2022 年第一个交易日成了世界上第一家市值突破 3 万亿美元的公司，股价暴涨约 5 800%，远远跑赢同期标普 500 指数约 230% 的涨幅。同样，微软、亚马逊和 2004 年才上市的谷歌等大型科技公司的近十年市值涨幅都是几十倍起步。

资本市场的助力使得美国高科技企业在上市公司市值中的占比持续走高。从股市结构看，信息技术行业[①]上市公司尽管数量占比在近十年来略有

---

① 信息技术行业包括互联网软件与服务、信息技术服务、软件、通信设备、电脑与外围设备、电子设备/仪器和元件、办公电子设备、半导体产品与半导体设备等。

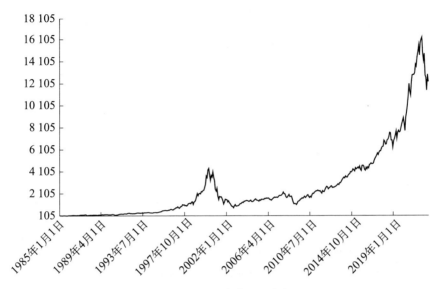

图 6 - 3　纳斯达克 100 指数

资料来源：纳斯达克。

降低，但市值占比从 2005 年起持续增长，从 6.77％发展至 2021 年的 31.9％（见图 6 - 4）。从市值角度看，美国资本市场的科技行业规模一直处于较高水平并还在保持持续增长。

（三）美国风险投资市场的发展

对于高科技企业而言，在初创期对研发资金的巨大需求和资产严重不足导致融资难、融资贵的问题是其发展过程中的严重阻碍，而发达的资本市场使美国的风险投资机构、私募股权基金、资金供给方以及新兴企业能够有机结合，为美国经济的繁荣做出巨大贡献，对美国科技创新及新兴产业的发展起到极大的促进作用。

高科技行业的发展与美国风险投资行业的历史交织在一起。美国真正意义上的风险投资以美国研究与发展公司（American Research and Development Corporation，ARD）的创立为标志。第二次世界大战后，为促进区域经济活动而成立的新英格兰委员会（NEC）成员于 1946 年决定在马萨诸塞

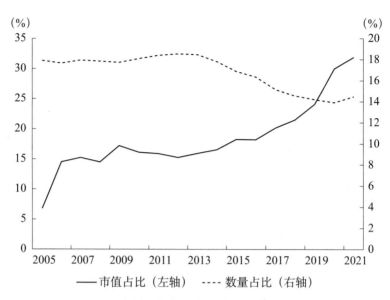

图 6-4　美股信息技术行业上市公司占比

资料来源：Wind 数据库。

州成立一家专门投资于流动性低的早期阶段企业发行的证券的上市公司——美国研究与发展公司。ARD 的投资宗旨是为新兴产业和企业提供权益性启动资金，打破了传统的个人和机构分散从事创业投资的局面，使创业投资发展到了专业化和组织化的新阶段。ARD 于 1957 年投资了一家风险较大的新兴计算机初创公司即数字设备公司（Digital Equipment Corporation，DEC），向其提供了 7 万美元的风险资本和 3 万美元的贷款，至 1971 年，该项投资增值到 3.55 亿美元，获得了 5 000 多倍的收益率。

　　鉴于对于新兴科技型小企业的支持的不足，美国国会于 1958 年通过了《小企业投资法》（Small Business Investment Act，SBIA），并授权联邦政府设立中小企业管理局（SBA），由 SBA 批准设立的小企业投资公司可享受税收优惠及政府优惠贷款。SBIA 的出台及 SBA 的建立促进了新兴科技型小企业的发展，极大地刺激了美国风险投资行业的发展。

　　20 世纪 90 年代，美国经济进入高速发展时期，新经济潮流势不可当。

风险投资在美国信息技术革命过程中起到重要作用。受 1982 年小企业创新研究（Small Business Innovation Research，SBIR）计划实施的影响，美国风险投资机构被引导从投资于起步期的科技企业向发展到一定程度、趋于成熟的科技企业转变，并且更侧重于对信息技术、生物科技、新能源、新材料等高科技行业的投资。这些机构在推动科技进步、加速科技成果转化的同时，获得了高额利润。纳斯达克小型资本市场的成立同样促进了美国风投市场的加速发展，纳斯达克小型资本市场面向初创期的科技型中小公司，极大地促进了风险投资的顺利退出，使风险投资背景 IPO 数量持续攀升。纳斯达克小型资本市场正式成立前五年（1987—1991 年），风险投资支持的 IPO 年均数量为 68 家，而成立后五年（1992—1996 年），风险投资支持的 IPO 年均数量达到 181 家。

美国在风险资本的部署和管理方面创造了几乎无懈可击的优势。美国风险投资协会的最新报告显示，2021 年美国风险投资交易额达到创纪录的 3 422 亿美元（见图 6-5），相较 2012 年，风险投资交易额大幅增长了 723%。风险投资融资总额首次突破 1 000 亿美元，达到 1 283 亿美元的历史最高纪录。此外，美国风投在全球范围内占据主导地位，风投总额几近全球总额的一半；紧随其后的是亚洲地区，共吸引了 1 690 亿美元的风投；欧盟位居第三，为 1 150 亿美元。自 ARD 诞生之日算起，除了网络泡沫破灭阶段与金融危机时期体量出现一定萎缩外，在过往的 76 年中，美国风投在其余年份均持续保持增长态势，且投融资额一直稳居全球第一。同样，私募股权（PE）投资基金对美国高科技产业的蓬勃发展也起到了至关重要的作用。美国已经成为全球最大的私募股权投资市场，私募股权投资基金已渗透到国民经济的各个行业和领域。根据《国际私募股权》（Private Equity International，PEI）发布的 2020 年全球 300 强私募股权投资基金榜单数据，全球前 300 家 PE 机构总部在美国的机构共计 205 家，占三分之二多，募集总金额达 16 300 亿美元，占全部 300 家机构募集总金额的 72%。创新是经济增长的关键驱动力，美国在提供高科技企业投融资方面的长期领导地位对总体经济活动产生了深远影响。

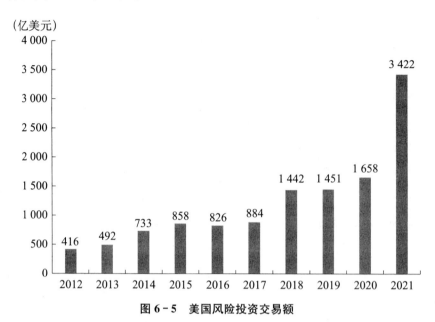

（亿美元）

图 6-5　美国风险投资交易额

资料来源：美国风险投资协会。

二、资本市场发展与高科技企业的成长：理论与实证总结

（一）金融市场发展和企业成长

1. 金融结构、外部融资依赖性和企业创新投入

金融市场最重要的功能是克服融资活动中的逆向选择和道德风险问题，从而减少公司从外部融资的成本。Rajan 和 Zingales（1998）通过对多个国家和产业机制的研究发现，相对于金融发展较为落后的国家而言，在金融发展较为发达的国家，外部融资依赖性较高的企业相对于外部融资依赖性较低的企业具有更好的发展，从而认为金融发展促进经济增长的途径之一是金融发展能够减少外部融资依赖度更高企业的融资成本。但是，一些研究表明，在金融发展中，证券市场的发展和信贷市场的发展却在决定融资成本时起到了不同的作用，从而对科技创新产生了不同的影响。

相比以银行为主导的信贷市场，证券市场更容易对外部融资依赖度更高的企业进行创新活动起到正面影响，原因可归纳为以下几点。

第一，证券市场发行证券无抵押品要求。Brown 等（2009）的研究认为，证券市场的投资者享受了更高的潜在收益，因而证券融资并没有抵押品要求。尤其是致力于创新的小科技公司拥有大量的无形资本，其知识产权有保密需求，人力资本无法形成抵押品，因此一般难以向银行借贷。从公司破产成本角度而言，相比于债权融资，当额外的股票被发行时，股权融资并不会增加一个企业进入金融困境的风险。

第二，股票市场的价格信号促进了金融资源的分配效率。证券市场生产信息的功能在涉及金融创新时尤为重要。股票市场的一个众所周知的特点是，在理性预期的环境下，股票市场的均衡价格能够提供相关估值信息。因此，股票市场提供了一种机制，可以让投资者更愿意放弃对其储蓄的控制（Levine，2005）。Allen 和 Gale（1999）认为，由于关于创新项目的前景的信息往往是粗糙或难以生产的，创新项目的价值通常是难以评估的，从而容易产生大量的分歧意见。股票市场的发展使有关公司前景投资机会的有价值信息能够真正影响公司经理的投资决策。由于高度依赖外部融资的行业通常掌握了多样的投资机会，并且这些投资机会伴随着更多粗糙的信息，发达的证券市场使得创新项目变得更多，并使得资源的分配变得更有效率。

而相比之下，信贷市场更难促进外部融资依赖度更高的行业发展。首先，在噪声理性预期均衡中存在的反馈效应难以在银行体系中发挥作用。Rajan 和 Zingales（2001）的研究表明，由于缺少价格信号，银行可能继续为存在负收益项目的公司提供融资。Beck 和 Levine（2002）的研究表明，以银行为基础的金融体系可能会抑制外部金融有效地流向最新、最具创新性的项目。其次，创新型企业通常现金流不稳定，并且只有有限数量的内源现金流可被用于偿还债务（Brown et al.，2012）。同样地，以科研投资创造出来的知识资产通常是无形的，并且深植于人力资本之中（Hall and Lerner，2010）。因此，无形资产的有限抵押价值很大程度上限制了债务的获得（Brown et al.，2009）。最后，存在逆向选择与道德风险问题。科技公司项目的内在高风险性增加了高科技企业中存在逆向选择的可能性（Stiglitz and Weiss，1981）。在获得债务融资后，高科技企业也更有可能将资金投入更高风险的项目中，从而引发道德风险问题（Brown et al.，2009）。这就解释了为什么银行更喜欢使用实物资产，而不是研发投资作为依据来投放贷款。

以上研究表明，进入证券市场发行股票更可能是企业主要的研发创新融资来源，尤其是对于外部融资依赖度更高的高科技企业而言。

2. 证券市场与企业创新

高科技企业通常通过系统性地应用科研和技术知识参与到设计、发展以及推广新的产品或创新生产的过程中。由于这种参与过程的特质性，具有先进和新颖技术内容的创新比日常投资任务具有更高的特质风险（Holmstrom，1989），Hall 和 Lerner（2010）认为这种不确定性可能是极端的，而不是一个明确规定具有均值、方差分布的简单数学问题。因此，高科技密集型企业通常比不太容易使用高科技技术的企业风险更大。金融市场的一个重要功能是帮助市场参与者分散风险，而这对于孵化科技创新企业来说是尤为重要的。

由于高科技企业与生俱来的高风险性，证券市场的发展更有可能对高科技行业的创新活动提供有效帮助。首先，股票市场提供了一套丰富的风险管理工具，鼓励投资者在其投资组合中加入不仅风险更高，而且具有更高预期收益的项目，即创新型项目。其次，股票市场的有效性能够在长期为创新型企业提供纳入未来预期收益的均衡价格，这种均衡价格往往较高并能反映出企业的成长性，从而能够鼓励创新活动。例如，Kapadia（2006）发现，股票投资者更喜欢具有正偏度收益的股票，而这些收益主要由高科技行业中成功的企业（如微软和谷歌）带来。Pástor 和 Veronesi（2009）认为在投资者学习了高科技企业的技术之后，具有高不确定性和更高的生产力的高科技行业的相关股票通常会被更高定价。

3. 信贷市场与企业创新

与证券市场的发展相比，信贷市场因其内在的风险匹配目标、对高科技企业存在更高的信息不对称问题，而与高科技企业存在不兼容的特点。首先，银行的内在风险管控要求决定了银行应尽量少参与容易失败的高风险活动。因此，银行的风险管控使得企业具有高不确定性的创新型项目的投资不足（Stiglitz，1985）。一些实证研究也支持这一观点，有研究发现与银行关系紧密的企业相比其他企业更难参与风险项目，高风险的企业通常必须通过抵押来获得债务融资，这对于具有高无形资产（例如研发投入或人力资本）比例和高不确定性的创新型企业来说几乎是难以实现的。银行作为主要的债权人，相比于证券持有者更为厌恶风险。信贷市场对保守的投资存在固有的偏爱，这阻碍了企业投资于创新型项目，并鼓励它们停止企业正在进行的创新。

其次，信贷市场难以克服在高科技行业中存在的信息不对称和委托-代理问题。Atanassov 等（2007）检验了资本结构和专利活动之间的关系。他们发现，相对于依赖外部股权或债券融资，依赖银行进行融资的企业专利更少并且专利的引用率更低。Brown 等（2009）认为由于研发创新投资内在的风险性产生的逆向选择问题及道德风险问题（即高科技企业更容易用高风险项目替代低风险项目），信贷资源很难替代股权融资对于高科技企业的支持作用。相比于一般性资本支出，技术投资是一种无形资产，具有高度的信息不对称性，因特定的企业或行业而异，外部投资者难以衡量以形成抵押品（Hall and Lerner，2010）。此外，当管理者同时也是股东时，研发型投资在更大程度上受到委托-代理问题的影响。

上述信息不对称和委托-代理问题对高科技行业更为严重。因此，银行和其他债务持有者会因为担心在向高科技企业提供资金后企业经理人和股东出现过度投资而避免向此类高科技企业投资。此外，由于银行自身的信息优势，银行也可能会对创新产生不利影响。有研究发现，强大的银行经常通过对它们生产的信息收取高额租金而扼杀创新活动。

Hsu 等（2014）利用包括 32 个发达国家和新兴国家在内的大型数据集研究了股票市场和信贷市场对技术创新产生的影响。研究表明，股票市场发达的国家更依赖外部融资，属于高科技密集型行业的公司的创新行为更多。具体而言，信贷市场发展水平位于75%分位数的国家相比于信贷市场发展水平位于25%分位数的国家，创新产出减少9.9%；而证券市场发展水平位于75%分位数的国家相比于证券市场发展水平位于25%分位数的国家，创新产出增加了4.2%（见图6-6）。因而证券市场发展对创新发展存在显著的促进作用，而信贷市场发展似乎阻碍了具有这些特征行业的创新活动。

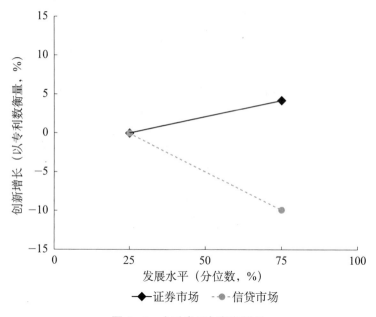

图6-6 金融发展与创新增长

资料来源：Hsu et al.（2014）.

以上文献分析表明，根据证券市场与信贷市场自身具有的风险匹配和目标函数特点，证券市场提供了有效的价格信号，对创新型企业的发展起到了有效的促进作用，丰富的风险管理组合也有助于提升投资者对高科技企业的投资激励。而在企业层面，创新型企业存在风险和不确定性高、实物抵押品缺乏、信息不对称性高以及委托-代理问题突出等问题，这些方面很大程度上不同于传统企业。因此，证券市场能更有针对性地对创新型企业提供金融支持，从而促进创新活动的发展。

（二）股市开放和创新型企业成长

股市开放是指取消对外国投资者的限制，允许外国投资者参与国内股票市场投资的决定（Moshirian et al.，2021）。有研究表明，在过去的 30 年里，股市开放对世界经济有重大影响。例如，根据 Bekaert 等（2005）的估计，股市开放能够导致国家经济年化 1% 的增长。

1. 股市开放的宏观意义

创新的显著增长效应在于其特点使其区别于资本支出等传统投资。根据 Holmstrom（1989）的定义，创新涉及对无形资产的长期、高风险和特质性投资，需要对未知方法进行大量探索。因此，与传统的投资相比，创新需要大量使用各种无形资产，如人力资本、知识和组织管理的支持。这些区别会导致两个后果：第一，尽管股市开放能够导致资本支出增加，但对创新活动的影响并不清晰。第二，相对于债权融资对实物资产的要求，股市发展对于支持和促进创新活动更为匹配。因此，相比于信贷市场的改革，创新活动对于股市开放可能更为敏感。

已有研究表明，股市开放能够使外国投资者积极参与本国市场投资，从而提升风险分散能力，并减少本国的资本成本，产生更多的投资（Henry，2000a；Chari and Henry，2008）。也有学者提出了质疑，认为股市开放产生的增长效应与资本成本的有效下降以及投资的轻微上升并不完全吻合（Henry，2003，2007）。作为回应，Bekaert 等（2011）通过一项研究表明，股市开放能够提升资产配置效率，而经济系统分配金融资源的效率是经济增长的重要组成部分。此外，股市开放可能产生相应的制度变革，是引起经济增长的又一重要原因。

2. 股市开放与企业创新

Moshirian 等（2021）认为股市开放能够通过以下三种途径影响创新活动：

第一，能够放宽金融约束。根据世界银行的企业调查（2006—2010 年），新兴市场近 40％的公司认为，融资渠道不足是其运营和增长的首要障碍。融资渠道不足对创新型企业产生了更不利的影响，耗尽了其内部资本，从而增加了它们对外部融资的依赖（Brown et al.，2009）。股市开放允许外国投资者进入本国市场购买股票，能够提升本国的金融供给，减轻当地公司的金融约束。

第二，现有的企业创新理论（例如，Holmstrom，1989）认为，创新过程是有风险的，具有涉及多个意外事件的高度不确定性。因此，一个鼓励企业进行冒险活动的风险分担计划可能会刺激创新。由于股市开放产生的投资组合风险分散，国内和国外投资者可以共同承担风险（Henry，2000b；Bekaert et al.，2005）。因此，股市开放可能通过风险共担刺激创新活动。

第三，公司治理对于创新活动同样至关重要。例如，Brown 等（2013）的研究表明，强有力的股东保护在创新项目中起着至关重要的作用，而创新项目因为不确定性高且信息不对称程度更大的特点而主要依赖于股市融资。在一定程度上，国内股票市场的自由化吸引了更多的外国投资者，他们可更好地监测公司运行，进而加强国内公司的公司治理（Aggarwal et al.，2011）。股市开放能够限制经理人在非创新活动上的机会性投资，从而提升公司的创新产出。

Moshirian 等（2021）通过估计包括发达经济体和新兴经济体在内的 20 个经济体的上市公司发现，平均而言，在一个经济体开放其股票市场后，其专利、引文和创新型企业的数量分别增长了 13％、16％和 11％。在一个经济体开放其股市后，创新强度较高的行业表现出不成比例的更高的创新产出水平。例如，相比于创新强度在底部四分之一（25％分位数）的行业，创新强度在前四分之一（75％分位数）的行业在实现股市开放之后，专利、引文和创新型企业的数量分别提高了其平均值的 24％、25％和 19％（见图 6 - 7）。而且股市开放不仅能够对已有创新型企业增加创新产出提供正向影响，还能够激励更多的非创新型企业进入创新产业。此外，他们进一步通过实证分析验证，股市开放能够通过缓解融资约束、提高风险共担、改善公司治理三个渠道提高公司的创新产出，并且股票市场自由化通过鼓励创新来促进生产率增长，进而促进长期的宏观经济增长。

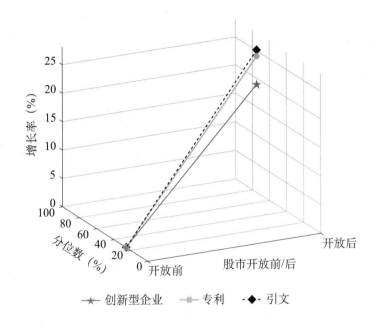

图 6-7　股市开放与创新产出

资料来源：Moshirian，F.，X. Tian，B. Zhang，W. Zhang（2021）.

（三）风险投资、私募发展和企业成长

1. PE/VC 的宏观意义

PE/VC 作为重要的直接融资方式，为现代经济体系的发展提供了重要支持。PE/VC 不仅为企业的孵化和成长提供了资金和增值服务，还为在困境中寻求重组的成熟期企业提供了重要的金融服务，推动了整个创新型经济体系和金融体系的结构优化。在企业的不同生命周期中，PE/VC 发挥着不同的作用。在新企业孵化阶段，PE/VC 的主要作用表现为对新企业孵化提

供资金支持、提升企业的治理水平。在企业成长过程中，PE/VC有助于提升企业的创新绩效和价值。同时，杠杆收购基金是PE/VC在企业上市后重要的退出和资本获利渠道，有助于进一步促进PE/VC的完善和发展。

有研究认为创新受到金融支持的一个重要渠道是VC。如微软、谷歌、戴尔、英特尔以及苹果这样的科技公司均在早期发展阶段受到过VC的金融支持。从宏观经济的角度看，VC对短期和长期的就业起到了一定的促进作用。

2.PE和VC的发展支持创新的实证证据

尽管早期的研究对PE对创新的影响存在一定的争议，例如Hall（1990）通过对76家由上市转为私有型的公司的研究发现，这种交易对累计的创新活动的影响是微弱的，但近来的大量研究倾向于支持PE的发展能够促进创新型企业的发展。Lichtenberg和Siegel（1990）检验了20世纪80年代43个杠杆化收购活动，发现在进行这种交易后，企业增加了在研发经费上的支出。Lerner等（2011）研究了PE对公司长期投资（集中在创新活动）方面的影响。通过对1986—2005年期间受到PE支持的472家公司的研究发现，公司受到PE投资后，其专利有更高的引用率，并且公司的专利水平并无明显下降，专利申请的水平并没有持续变化，而且在PE投资结束后的几年里，这些公司的专利组合变得更加行业集中。在公司受到PE投资后专利集中的领域内，以及公司的历史强势领域内，该效应最强。

Kortum和Lerner（2000）的研究发现，VC活动的上升与专利活动的增长呈显著的正相关关系。Chemmanur等（2009）发现，VC支持的公司相比于非VC支持的公司具有更高的生产率，并认为这是由于VC对公司治理起到了监督作用。Puri和Zarutskie（2012）使用25年间的数据研究了VC支持的以及非VC支持的公司的生命周期波动，他们发现在2001—2005年期间，VC投资过的公司创造的就业率占美国整体就业率的5.3%～7.3%；

在 VC 支持的公司中，有 47% 的公司不具有商业利润，表明 VC 主要关注的特征是潜在成长性，而非已获得利润；而且 VC 支持的公司相比于非 VC 支持的公司具有更大的增长规模、更高的 IPO 上市率。

综上分析，PE 和 VC 的发展不仅有助于促进早期初创型科技企业的发展，为它们提供融资支持，改善治理结构，而且也是发展多层次资本市场的内在要求。建设一个良性有效的 PE/VC 市场不仅能够为企业上市前的发展起到良好的融资孵化作用，更有助于形成完整的多层次资本市场，与二级市场形成有机互动。

三、资本市场发展与高科技企业成长：特斯拉公司案例分析

（一）案例介绍

1. 公司成长历史与市值变动

特斯拉这个品牌对很多人来说并不陌生，作为一个打造高端新能源汽车的品牌，可以说它是目前新能源汽车行业的标杆。特斯拉在不到 20 年的发展历程中以惊人的速度成长，市值一度超过 10 000 亿美元，相当于 3 个丰田的市值，远超传统汽车企业巨头，而特斯拉又凭什么做到了此番成就呢？

（1）初创阶段：艰难的生存挑战。

20 世纪 90 年代，一名来自硅谷的工程师马丁·艾伯哈德（Martin Eberhard）在长期的实践中萌生了将跑车和新能源结合的想法，于是 2003 年 7 月，他与长期商业伙伴马克·塔彭宁（Marc Tarpenning）合伙成立了一家汽车公司，准备研制新能源跑车，并面向有环保意识的高收入人士和社会名流进行销售。这家公司被命名为特斯拉（Tesla），用来纪念交流电之父尼古拉·特斯拉（Nikola Tesla）。2004 年 2 月，埃隆·马斯克（Elon Musk）向特斯拉注资 630 万美元（A 轮融资），出任公司董事长，拥有所有事务的最终决定权。而马丁·艾伯哈德任公司首席执行官（CEO）。2006 年，危机集中爆发，变速箱问题成为导火索。首款车型的研发工作遭遇了一

个大的瓶颈——变速箱。如何在高压高功率电控系统和变速箱协调之间做系统性研发是一个棘手的问题，伴随着的是高额的量产成本。2008 年 10 月，第一批车型 Roadster 开始交付，然而由于高昂的研发成本和量产成本，Roadster 的实际成本高达 12 万美元，和既定的 7 万美元成本相距甚远，马斯克不得不将其售价提升至 11 万美元。公司因资金短缺而面临无法量产交付的风险，特斯拉进入了最艰难的时刻。

在这一关键时刻，马斯克挑起大梁将特斯拉从破产边缘拉了回来。2008 年，马斯克出任特斯拉 CEO。为了维持现金流，马斯克拿出了自己仅存的 6 000 万美元用作生产和工程的流动资金。2009 年 1 月底特律车展之后，戴姆勒向特斯拉订购了 4 000 个电池组用于奔驰 A-Class 车辆测试，并且以 5 000 万美元取得了特斯拉 10% 的股份，形成了合作伙伴关系。2010 年 5 月，特斯拉获得丰田 5 000 万美元投资，丰田取得了 3% 的股份。不久后，特斯拉成功获得美国能源部 4.65 亿美元的低息贷款。

（2）成长阶段：稳健的业务增长。

2010 年 6 月，特斯拉在纳斯达克上市，IPO 发行价为 17.00 美元，净募集资金 1.84 亿美元，融资额达 2.26 亿美元，特斯拉成为仅有的一家在美国上市的纯电动汽车独立制造商。通过上市融来的巨额资金使得特斯拉有了稳步增长的底气。

2012 年 6 月 22 日，在美国加利福尼亚州弗里蒙特的特斯拉工厂，公司生产的全新电动汽车系列 ModelS——一款四门纯电动豪华轿跑车，正式交付。而 ModelS 的销量也在 2013 年第一季度超过宝马、奔驰等传统豪车，夺得北美豪车（7 万美元以上）销量冠军，这也无疑给足了特斯拉信心。2013 年 5 月，特斯拉市值突破 100 亿美元。随后几年，特斯拉陆续推出爆款车型，豪华级电动 SUV——ModelX，经济型电动轿车——Model3，经济型电动 SUV——ModelY，特别是 Model3 车型受到市场高度认可，订单量骤增。2018 年，特斯拉超级工厂落户上海，主要生产经济型 Model3/Y，产能达到 50 万辆/年。

（3）成熟阶段：多元的发展模式。

2016 年特斯拉收购了美国太阳能发电系统供应商 SolarCity，使得特斯拉转型成为全球仅有的垂直整合能源公司，向客户提供包括能源墙、太阳能屋顶等端到端的清洁能源产品。2017 年 2 月 1 日，特斯拉汽车公司（Tesla Motors Inc.）正式改名为特斯拉（Tesla Inc.）。近年来，随着政府对环保和新能源的重视，以及人们对能源危机的认识，特斯拉在业务上的拓展和创新迎合了时代的发展和进步。2020 年，随着新能源话题热度的上升和特斯拉业务目标的创新，特斯拉市值一度飙升，一度达到一万多亿美元（见图 6-8）。

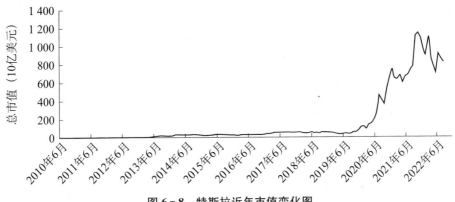

图 6-8　特斯拉近年市值变化图

资料来源：Wind 数据库。

2. 公司资本市场融资进程

（1）初创阶段：PE 为主。

特斯拉初创阶段的投资主要以 PE 为主，个人或者企业向特斯拉进行投资并持有特斯拉股权。其初创阶段的 A～E 轮融资基本上都是由马斯克引领进行投资的。2004 年特斯拉通过 A 轮融资筹集 750 万美元资金，马斯克投资了 630 万美元，在该轮融资中占比 84%，并担任特斯拉董事长一职。2008 年，随着各方面危机和压力的爆发，公司濒临破产，连特斯拉员工薪水都难以支付，马斯克拿出了自己仅存的 6 000 万美元。2009 年，马斯克说服戴姆勒公司向特斯拉投资了 5 000 万美元并持有其 10% 的股份。

可转换债券融资是特斯拉最重要的融资方式之一，在初创阶段，特斯拉已经开始采用这种方式进行融资。2008 年金融危机爆发，加上研发成本和量产成本问题，特斯拉很难筹集资金。2008 年 2 月，特斯拉以 10% 的利率发行了 4 030 万美元的可转换债券；同年 12 月，马斯克发行了 4 000 万美元的可转换债券，使特斯拉起死回生。

（2）成长阶段：上市融资为主。

2010 年 6 月 29 日，特斯拉成功在纳斯达克交易所上市，发行价是每股 17 美元，在公开招股当天股票就涨了超过 40%，净筹集资金 1.84 亿美元。特斯拉上市大大提高了公司的估值，特斯拉上市后股价从 17 美元升至最高 380 美元，股市成为特斯拉融资的重要途径。同时，特斯拉还分别向丰田、松下定向增发普通股 5 000 万美元和 3 000 万美元，共 8 000 万美元。

另外，可转换债券是特斯拉融资最常用的方式，不但增加了流动性，也成功地让很多债权人成为股东。特斯拉选择进行债券融资可以传递出企业经营良好的信号，增加投资者的信心，降低银行贷款的压力和风险。特斯拉的资产负债率一直居高不下，通过发行可转换债券以及成功转股，可以减少债务资本，增加股本，调节企业的资本结构。在成长阶段特斯拉的融资主要是用于 ModelS 以及后续车型的研发，新车型的收益短期内尚不能盈利，特斯拉有大额长期融资的需求，而可转换债券能迅速筹集资金，同时有较低的融资成本和较高的灵活性，可以满足公司长期发展的需要。

（3）成熟阶段：债务融资为主。

在成熟阶段特斯拉的融资方式更为多元，但其中占比最大的还是债务融资。2019 年 5 月，特斯拉完成了 23.5 亿美元的股票和可转债发行交易，为该公司提供了急需的流动性补充。特斯拉多次通过融资租赁等方式融资，2018 年 2 月，特斯拉发行了第一批汽车租赁债券，以略高于老牌汽车公司类似债券的收益率筹集了 5.46 亿美元。租赁债券的销售是汽车制造商为其租赁业务融资的一种常见方式，其融资方式迅速且不受限制。另外，美国加利福尼亚州规定汽车制造商销售一定量的碳零排放汽车。对于没有达到要求的汽车制造商，它们可以从其他汽车制造商购买积分。如此一来，电动汽车制造商就拥有大量积分可卖。特斯拉通过出售积分赚了 3 亿多美元。自 2008 年以来，特斯拉出售了 13 亿美元以上的监管积分。2017 年，特斯拉在全球交付了 103 181 辆汽车，但是通过销售碳排放积分赚了 3.603 亿美元，相当于每辆车大约 3 500 美元。

（二）经验总结

贺童（2021）根据企业生命周期理论，把高科技企业的发展阶段分为种子期、初创期、成长期、扩张期、成熟期等五个阶段。每个阶段的企业特征不同，风险也各不相同，资金需求量会随着企业成长呈指数上升，因此需要多层次的资本市场来支持高科技企业整个生命周期的发展。

从创始至今不到 20 年的时间里，特斯拉借助市场的力量向人们展示了一个高科技企业的迅速成长。从一开始遭遇技术困难和财务困境险些破产，到后来市值高达一万多亿美元，特斯拉通过多元的融资组合、过硬的技术创新、前瞻的理念定位等一路披荆斩棘。从中我们可以发现，由于美国开放、包容和多元的资本市场，特斯拉挺过了重重困难，渡过危机，最终成为全球新能源汽车行业的领头羊。资本市场在特斯拉成长的过程中发挥了重要的作用。

1. 有利的政府政策

在初创阶段特斯拉获得了美国能源部提供的 4.65 亿美元低息贷款，在成长阶段特斯拉在建造超级工厂时获得了税收减免以及从兑换碳排放积分中获得了现金流。美国政府对新能源的重视和对高新技术产业提供的多种便利优惠使得特斯拉在多次遭受财务上的巨大压力时有了一线生机。

2. 成熟的上市机制

特斯拉的上市可以说是特斯拉快速发展的关键。股票市场为特斯拉提供了充足的燃料，为后续的新品研发和生产线扩大提供了巨大的资金支持。然而 2010 年特斯拉上市时距其成立才 7 年，它没有成熟的生产线，也几乎没有实现过盈利。在这种状态下，特斯拉仍然能够在纳斯达克交易所上市，不得不感谢成熟的上市机制——注册制上市。注册制上市的限制很少，却能满足公司融到大量资金的需求，因此对很多急需资金的创业企业或者高新技术产业来说是一个很好的选择。

3. 开放的市场环境

在上市之前，马斯克可以通过多个途径获得其他企业的投资支持，这也在一定程度上说明了美国市场对于创新的支持。在上市之后，股票价格的迅速上涨也意味着市场对特斯拉持有的较好预期，这些都得益于美国开放有效的市场环境。如果市场不够开放有效，特斯拉上市后的股价无法正确体现公司的价值，市场对其错误估值，就有可能造成公司在财务上面临更大的困境。而开放有效的资本市场环境可以让一个有价值的公司被投资者们迅速发现，从而获取更多的融资机会。

四、美国资本市场发展支持高科技企业成长的启示与建议

（一）高科技企业的特点促使资本市场改革

与传统企业一样，高科技企业在发展过程中也需要很多的资金支持，但不同的是高科技企业的特点导致了它无法通过传统企业融资的渠道进行融资（吴憨华，喻育军，2001）。所以，高科技企业的发展带来的融资需求在不断带动着资本市场的制度改革和创新，以适应更加多元的资本需求。相对于传统产业来讲，高新技术产业是高投入产业。它是知识、资金密集型产业，其投入远大于传统产业。高新技术产业主要分为科研、中试、工业化三个阶段，其资金投入比例大约为1∶10∶100。一般来说，高科技企业的投入为传统企业的10～12倍。美国的一项调查表明，高科技企业在建立后5年的年均投入资金达1 220万美元，其增长率为《财富》世界500强平均水平的3倍。所以对高科技企业来说需要更多元的融资方式，更方便的融资途径。对于资金的大量需求不断催生着市场更多的金融创新和政策的不断进步。政策优惠、低息贷款、税务优惠等一系列制度创新也是支持高新技术产业的重要

手段。

同时，高科技企业存在较高风险。高科技企业的风险包括市场风险、技术风险、财务风险、经营管理风险等。从世界范围来看，高科技企业完全成功的比例为 5%～20%。而一般来说，传统银行在经营过程中注重安全性、流动性，在风险与收益的平衡中更注意风险的大小，以企业是否具备还本付息的能力作为发放贷款的选择标准，是典型的"风险厌恶者"。银行稳健经营的作风决定了高风险的高科技企业很难通过这种传统的间接融资渠道获取发展过程中所需的资金，因此需要一些接受高风险的融资渠道，如此便会自然地催生新的制度创新。比如相对于纽交所来说，纳斯达克便是一种制度创新。纽交所要求规模较大的公司才能上市，对于高风险、无法有稳定收益、前期资产规模小的高科技企业来说门槛较高，而纳斯达克的上市门槛较低，更有利于高科技企业的上市。

同时，高科技企业在发展的生命周期中的风险是不断变化的。从高科技企业的发展阶段来看，可以分为种子期、初创期、成长期、扩张期、成熟期这五个阶段，每个阶段的风险各不相同，资金需求量也随企业发展呈几何级数式不断增大，单一层次的资本市场已满足不了风险企业发展的要求。高科技企业发展过程中风险的不均衡性与投资者对风险的不同偏好形成了一种对应关系。这种多层次的需求催生了天使投资、VC、PE 等不同层级的资本市场多层次的发展。

（二）资本市场改革赋能高科技企业成长

全球股市资本市场的改革和创新不断影响着高科技企业的成长，资本市场的一举一动都在牵动着高科技企业的发展，给高科技企业的发展注入了巨大的能量（荆林波，2022）。纳斯达克自1971年2月创立以来，成了许多伟大科技公司的摇篮，孕育出了众多具有超级市值的公司，像我们熟知的新浪、搜狐、网易、百度等均是从纳斯达克上市的，上市使它们获得了大量的融资，得以发展扩大。20 世纪 90 年代后期，互联网兴起，开始逐步取代传统制造业的"旧经济"，成为资本市场的新宠。1995—1999 年间，纳斯达克综合指数上涨了 5 倍多，而道琼斯指数才上涨了 3 倍。

美国资本市场对高科技企业发展的支持是多层次、高契合度、存在于企业各个生命周期的。多层次的资本市场契合了科创企业差异化的融资需求。高科技企业所具有的高投入、长周期、高风险等特征，决定了科创企业发展的复杂性，其发展离不开长期资本的引领和催化。科创企业在不同的发展阶段因创新进度、产业化程度等因素的差异而面临差异化的融资需求。在初创期，科创企业对技术研发、市场开拓等具有较大的资本需求，资本市场的天使投资、种子基金和创投资本等偏好风险的创业资本可以为此阶段具有较高风险但拥有核心技术和知识产权的企业提供支持。在成长期，随着科创企业的快速成长，资本市场的各类风险投资和战略投资逐步调整其投资领域，满足成长期科创企业的资本、管理等资源需求，推动科创企业规范发展并实现快速增长。在成熟期，资本市场对符合条件的科创企业提供多元化上市标准体系，允许并鼓励科创企业自行选择上市标准，通过IPO 等方式从资本市场实现更大规模的长期资本融资，满足企业持续发展需要。而在衰退期，资本市场的并购重组等机制推动了科技资源的重组整合，也成为各类风险投资资本多元化的退出渠道之一，进一步提高了市场资源的配置效率。

参考文献

［1］贺童 . 苹果公司融资方式研究及其启示 . 天津：天津商业大学，2021.

［2］荆林波 . 全球股市与世界 IT 巨头企业的市值变迁 . 价格理论与实践，2022（2）.

［3］吴悫华，喻育军 . 论高科技产业与资本市场的融合 . 中国农业大学学报（社会科学版），2001（4）.

［4］Atanassov, J., V. Nanda, A. Seru（2007）. "Finance and Innovation：The Case of Publicly Traded Firms," Working Paper, University of Oregon.

［5］Aggarwal, R., I. Erel, M. Ferreira, P. Matos（2011）. "Does Governance Travel a-round the World? Evidence from Institutional Investors," *Journal of Financial Economics*, 100（1）：154 - 181.

[6] Allen, F., D. Gale (1999). "Diversity of Opinion and Financing of New Technologies," *Journal of Financial Intermediation*, 8 (1-2): 68-89.

[7] Brown, J. R., S. M. Fazzari, B. Petersen (2009). "Financing Innovation and Growth: Cash Flow, External Equity, and the 1990s R&D Boom," *Journal of Finance*, 64 (1): 151-185.

[8] Bekaert, G., C. Harvey, C. Lundblad (2005). "Does Financial Liberalization Spur Growth?" *Journal of Financial Economics*, 77 (1): 3-55.

[9] Bekaert, G., C. Harvey, C. Lundblad (2011). "Financial Openness and Productivity," *World Development*, 39 (1): 1-19.

[10] Beck, T., R. Levine (2002). "Industry Growth and Capital Allocation: Does Having a Market or Bank-Based System Matter?" *Journal of Financial Economics*, 64 (1): 147-180.

[11] Brown, J., G. Martinsson, B. Petersen (2012). "Do Financing Constraints Matter for R&D?" *European Economic Review*, 56 (8): 1512-1529.

[12] Brown, J., G. Martinsson, B. Petersen (2013). "Law, Stock Markets, and Innovation," *Journal of Finance*, 68 (4): 1517-1549.

[13] Kapadia, N. (2006). "The Next Microsoft? Skewness, Idiosyncratic Volatility, and Expected Returns," Working Paper, Rice University.

[14] Pástor, L., P. Veronesi (2009). "Technological Revolutions and Stock Prices," *American Economic Review*, 99 (4): 1451-1483.

[15] Chari, A., P. B. Henry (2008). "Firm-Specific Information and the Efficiency of Investment," *Journal of Financial Economics*, 87 (3): 636-655.

[16] Chemmanur, T. J., K. Krishnan, D. Nandy (2009). "How Does Venture Capital Improve the Efficiency of Private Firms? A Look Beneath the Surface," *Review of Financial Studies*, 24 (12): 4037-4090.

[17] Henry, P. B. (2000a). "Do Stock Market Liberalizations Cause Investment Booms?" *Journal of Financial Economics*, 58 (1-2): 301-334.

[18] Henry, P. B. (2000b). "Stock Market Liberalization, Economic Reform, and Emerging Market Equity Prices," *Journal of Finance*, 55 (2): 529-564.

[19] Hall，B. H.，J. Lerner（2010）．"The Financing of R&D and Innovation,"In：Hall，B. H.，N. Rosenberg. *Handbook of the Economics of Innovation*. Elsevier，Amsterdam，Netherlands，pp. 610 – 638.

[20] Holmstrom，B.（1989）．"Agency Costs and Innovation,"*Journal of Economic Behavior and Organization*，12（3）：305 – 327.

[21] Henry，P. B.（2003）．"Capital-Account Liberalization，the Cost of Capital，and Economic Growth,"*American Economic Review*，93（2）：91 – 96.

[22] Henry，P. B.（2007）．"Capital Account Liberalization：Theory，Evidence，and Speculation,"*Journal of Economic Literature*，45（4）：887 – 935.

[23] Hall，B.（1990）．"The Impact of Corporate Restructuring on Industrial Research and Development,"*Brookings Papers on Economic Activity*，21（1990 Microeconomics）：85 – 136.

[24] Hsu，P. -H.，X. Tian，Y. Xu（2014）．"Financial Development and Innovation：Cross-Country Evidence,"*Journal of Financial Economics*，112（1）：116 – 135.

[25] Kortum，S.，J. Lerner（2000）．"Assessing the Contribution of Venture Capital to Innovation,"*Rand Journal of Economics*，31（4）：674 – 692.

[26] Lerner，J.，M. Sorensen，P. Stromberg（2011）．"Private Equity and Long-Run Investment：The Case of Innovation,"*Journal of Finance*，66（2）：445 – 477.

[27] Lichtenberg，F.，D. Siegel（1990）．"The Effects of Leveraged Buyouts on Productivity and Related Aspects of Firm Behavior,"*Journal of Financial Economics*，27（1）：165 – 194.

[28] Moshirian，F.，X. Tian，B. Zhang，W. Zhang（2021）．"Stock Market Liberalization and Innovation,"*Journal of Financial Economics*，139（3）：985 – 1014.

[29] Puri，M.，R. Zarutskie（2012）．"On the Life Cycle Dynamics of Venture-Capital-and Non-Venture-Capital-Financed Firms,"*Journal of Finance*，67（6）：2247 – 2293.

[30] Rajan，R.，L. Zingales（2001）．"Financial Systems，Industrial Structure，and Growth,"*Oxford Review of Economic Policy*，17（4）：467 – 482.

[31] Rajan，R.，L. Zingales（1998）．"Financial Dependence and Growth,"*American Economic Review*，88（3）：559 – 586.

［32］Stiglitz，J.，A. Weiss（1981）．"Credit Rationing in Markets with Imperfect Information," *American Economic Review*，71（3）：393－410.

［33］Stiglitz，J.（1985）．"Credit Markets and the Control of Capital," *Journal of Money，Credit and Banking*，17（2）：133－152.

第七章

资本市场发展与高科技企业的成长：国内样本与实证分析

摘　要：以创业板的发展和科创板的设立为重要标志的多层次资本市场建设，对科技创新的促进作用正在显现，注册制改革提升了市场的包容性，为更多的创新型、科技型企业提供了上市机会，创业板、科创板对市场总市值的贡献逐渐提升。实证检验表明，科创板的设立和创业板的改革，以及注册制在这两个板块的实施，较好地提升了资本市场对科技创新创业企业的支持作用；总体来看，中国资本市场发展状况和科技创新水平之间的耦合逐年增长，具备较强的互动性。从 A 股市值排名看，新兴技术产业占比在不断扩大，资本市场对于科技创新创业企业的孕育和发展有着重要的作用。

中国资本市场的诞生标志着金融脱媒时代的来临。伴随着中国资本市场30 余年的发展，中国金融结构发生了显著变化，以创业板的发展和科创板的设立为重要标志的多层次资本市场建设对科技创新的促进作用正在显现，注册制改革提升了市场的包容性，为更多的创新型、科技型企业提供了上市机会，创业板、科创板对市场总市值的贡献也逐渐提升。我们将就创业板和科创板助力科技创新以及资本市场与科技创新的耦合性进行实证分析和检验。

一、多层次资本市场建设和注册制改革助力科技创新

（一）创业板的发展和科创板设立的意义

1. 创业板的设立和发展

第三次科技革命使人类进入信息时代，随着计算机技术的迅猛发展和软件产业的兴起，传统行业逐渐向现代经济转变，在这种经济转型的过程中出

现了大量的高科技、高技术、高成长的企业。这些高新技术企业普遍都存在资产规模较小、研发投入较大以及未来营收不确定性较强的特点，其共性特征导致这些创新型、科技型新兴企业难以获得足够的融资支持，极大地阻碍了高新技术企业的进一步发展。因此，迫切需要为此类企业开辟一个特殊的融资渠道。美国的纳斯达克市场就是一个很好的案例，通过有别于纽约证券交易所的制度安排，纳斯达克市场有效地支撑了美国信息技术、生物医药和互联网等新兴产业的中小企业的发展，同时也带动了美国创投产业的发展。为解决创新型、科技型中小企业融资难、融资贵的问题，我国也开始尝试建立适应中小型高新技术企业的融资板块，即创业板。

创业板市场定位服务的是中小型、高技术、高科技、高成长型的企业。创业板的推出是构建我国多层次资本市场的重要一环，是对我国原有资本市场体系的重要补充。建立创业板的初衷是为解决中小创新型企业融资难的问题，但是创业板的上市门槛相较于主板市场并没有放低多少。实际上，创业板的制度设计基本就是主板市场制度设计的一种延续，虽然发行前财务指标要求相对较低，但盈利和营收仍然是企业上市的硬指标，导致很多未来发展可期但现阶段尚未盈利的中小企业仍然难以上市。很多创新型、科技型中小企业在发展前期需要大量研发投入，且投资周期长、风险高。这类企业虽然当前盈利为负，但却具有很强的成长性且发展前景广阔，在未来可能会获得很高的收益。但是创业板对盈利的硬指标要求将这类高成长性企业挡在门外，迫使很多创新型、科技型中小企业只能走出国门，选择奔赴海外上市。对于创新型、科技型中小企业而言，历史数据并不能代表其未来业绩的成长，创业板主要基于历史业绩数据来审查企业上市公司资格的制度显然是不合理的，创业板在最初的制度设计上并没有体现出对创新型、科技型中小企业的包容性。

另外，在 2020 年 8 月 24 日之前，创业板实施的发行制度为核准制。虽然核准制可以阻止质量差的股票发行，从而保护投资者利益，但是较长的审核周期和较低的审核效率增加了企业上市的难度。发行审核制度导致的供求关系失衡造成了创业板的市盈率和股价一直居高不下，形成了创业板发展初期的高市盈率、高发行价和高超募资的所谓"三高"现象，增大了股市投资风险。所幸随着创业板的逐步发展，"三高"现象已有所好转，但是核准制下企业的上市审核权一直集中于证监会，上市门槛较高且要求较严，导致一些具有巨大成长潜力的创新型、科技型中小企业仍难以上市融资。

核准制本质上是审批制向注册制的过渡形式，注册制才是一个制度完善的成熟资本市场所应该采取的股票发行制度。在注册制下，证券监管部门公布股票发行的必要条件，企业只要能够达到所公布的条件要求，就可以安排企业上市、发行股票。随着注册制在创业板正式落地，创业板扶植创新型、科技型中小企业的积极作用也开始渐渐显现。注册制具有很高的市场化程度，极大地加快了企业上市速度，并且放松了硬性盈利指标，进一步降低了企业在创业板的上市门槛，使得现阶段暂时无法盈利的创新型、科技型中小企业也可以获得上市的机会，从而借助资本市场的力量加速技术成果转化，进而尽快达到盈利的目的。注册制改革后的创业板更符合创新型、科技型中小企业的融资需求，使得一大批创新型、科技型中小企业能够获得充足的资金，得到更好的成长与发展。同时，包容性更强的上市条件也有助于留住原计划去海外上市的创新型、科技型中小企业。此外，注册制将定价权下放至市场，投资者完全是根据公开披露的信息来进行投资决策，优质的企业将获得更多的资金支持，劣质的企业则会渐渐边缘化，从而优化资源配置。

2. 科创板的设立和发展

2018 年是中国科技领域屡屡受挫的一年，产业链环节"卡脖子"的事件频频出现。科创板的构想正是基于内忧外患的现实。内忧是新旧动能转换，国家经济高质量发展需求；外患则是技术输入遭遇掣肘，受到国外科技强国牵制。因此，科创板自提出之初便大力强调科技创新、科技兴国、科技强国，希望通过打造中国硬核科技实现国内产业链自主可控。2019 年 6 月 13日，上海证券交易所科创板宣布正式开板；2019 年 7 月 22 日，科创板首批25 家公司正式上市。

科创板主要服务于尚未进入成熟期，但具有成长潜力且满足有关规范性及创新型、科技型特征的中小企业。考虑到创新型、科技型中小企业具有初期难盈利的特征，科创板的上市标准较主板更加灵活包容。它制定了5套差异化上市标准，结合市值、收入、净利润、现金流、核心技术等多重指标实现差异化评定，企业经营的确定性越高、经营成果越好，对市值的要求越低，以满足各类创新型、科技型中小企业的上市需求。甚至允许尚未盈利或存在累计未弥补亏损的优质企业在科创板上市，不再对无形资产占比进行限制，从而提高尚未盈利的创新型、科技型中小企业的直接融资比例，促进企业孵化发展。

科创板是我国尝试推行注册制的起点。在科创板成立之前，我国的股票发行制度实行的是核准制，科创板的建立以及注册制的落地是我国资本市场改革的又一里程碑。实际上，我国早在2015年就已经准备好要推出注册制，但不幸的是，股灾恰巧在同年爆发，为了维护资本市场的稳定，注册制只能暂时搁置。随着各类政策法规的不断修订完善，中国资本市场已具备了推行注册制的环境和条件，为稳步推行注册制，减小外生冲击对资本市场的影响，故而先在科创板开始注册制创新性试点工作。我国曾经也尝试效仿发达国家的制度政策，比如在2015年股灾时推出"熔断机制"，但是很快发现熔断机制不但没有起到稳定市场的作用，反而使得恐慌情绪积聚，加剧了市场动荡，监管当局当机立断取消了这一机制。由此可见，成熟的、发达的资本市场制度未必适合中国的国情，为避免再次犯下跟过去类似的错误，我国才先在科创板进行试点，在确保注册制能够与当下中国资本市场兼容的情况下再尝试进行推广。在科创板试点注册制的工作，为后续在创业板乃至主板市场推行更高标准的注册制积累了宝贵的经验。

一方面，科创板采取注册制，大大降低了创新型、科技型中小企业的上市门槛，使很多尚未实现盈利的企业也能够获得上市融资机会，有助于支持高科技中小企业的孵化发展，加深资本市场和科技创新的融合。科技创新具有投入高、周期长、风险高等特征，且我国目前大多数高新技术企业为处于成长期的中小企业，虽然科技创新强度大，但是资产规模小、财务信息透明度低且可抵押资产少，从银行等间接融资渠道获得资金支持的难度大。而高科技中小企业的孵化成长又需要大量长期、廉价、稳定的资金以支持其技术研发和成果转化，因此，科技创新离不开资本市场长期资本的引领和催化。科创板的设立对于发挥科技创新的内生驱动力、加速我国产业结构转型有着至关重要的作用。另一方面，为了防止出现流动性不足的问题，科创板设立了严格的退市制度，以充分发挥资本市场优胜劣汰的筛选机制。在科创板上市的企业一旦触及终止上市标准，股票直接终止上市，不再适用暂停上市、恢复上市、重新上市程序。此外，科创板退市制度特别规定，如果上市公司营业收入主要来源于与主营业务无关的贸易业务或者不具备商业实质的关联交易收入，或者有证据表明公司已经明显丧失持续经营能力，将按照规定的条件和程序启动退市，对"空心化"企业严格执行退市制度。科创板以此进一步对优质企业进行筛选，引领资金流向高质量、高科技企业。

3. 注册制改革提升资本市场的包容性

在资本市场发展初期，行政管制有利于确保新股发行成功，存在一定的合理性。但随着市场的发展，发行核准制的弊端逐渐凸显，较高的上市门槛和财务硬指标对拟上市企业的包容性较低，导致资本市场对实体经济支持有限，尤其是难以满足高新技术领域企业的融资需求。对中小企业而言，时间就是机遇，如果无法快速实现融资上市，将会错失宝贵的发展机会。在核准制下企业上市的审核周期长、上市难度大，较低的上市效率迫使许多高科技企业不得不远赴海外上市，如果不加快速度对发行制度进行改革，随着产业迭代和技术更新速度愈来愈快，未来中小型高科技企业的生存会更加艰难。作为我国自主创新的主力军，创新型、科技型中小企业的孵化成长需要大量长期资金来助力其创新研发和技术成果转化，其中资本市场的直接融资支持是必不可少的。此外，行政管制下的核准制容易令市场形成依赖，会被投资者理解为监管对企业的背书，容易给投资者传递错误的信号，甚至导致投资者对监管形成心理依赖，从而放弃对企业基本面信息等的价值判断，导致资本市场上投机盛行，严重损害股票定价效率。在此背景下，稳步推进注册制改革，既是资本市场进一步发展的内在要求，也是提高资本市场包容性和市场化程度的必然结果。

注册制的基本特点是以信息披露为中心，发行人申请发行股票时，必须依法真实、准确、完整地披露公司信息，并将公开的各种资料向证交所申报。证交所对申报文件仅做合规性的形式审查，只要公司符合上市条件，就可以安排公司上市。但是证交所对证券的价值好坏、价格高低不做实质性判断，而是将发行公司的质量留给证券中介机构来判断和决定。上市公司的股票就如同商品市场的产品一样，只要将产品信息真实、全面地公开，至于产品能不能卖出去，以什么价格卖出去，完全取决于市场。注册制实施之后，监管机构不再通过行政手段人为地调控公司上市的数量，大大提升了资本市场的包容性。具体而言，注册制的包容性主要体现在以下三点：

一是注册制的推行缩短了企业上市的审批周期，大大加快了企业上市的速度。在注册制下，证交所对申报文件仅做合规性的形式审查，不再对企业质量进行评估，而是将这一权限下放至市场，减少了企业上市的审查流程，加快了企业上市的进度。对于中小企业而言，快速上市意味着能够及时获得足够的融资，可以抓住更多投资机会，进而加快企业成长扩张的步伐。

二是注册制放松了对企业上市的硬性财务标准，大大降低了企业上市门槛。在核准制下，企业上市有各种各样的要求和门槛，在一定程度上起到了初步筛选优质企业的积极作用，或者说对于一些业绩不好的企业起到了一定的阻挡和拒绝作用，但同时也容易将一些发展前景广阔却尚未达到盈利要求的中小企业也一并阻挡在外，这种"一刀切"的硬性上市指标弊大于利。注册制综合考虑了中小企业，尤其是创新型、科技型中小企业初期难盈利的固有特点，适当放松了对盈利条件的要求，不再以历史业绩作为衡量企业质量的唯一标准，开始将企业未来发展潜力也包括在内，允许一些现阶段暂未开始盈利但是成长潜力巨大的企业上市，依托资本市场完成技术成果转化和孵化发展。上市门槛的放松使得更多企业可以完成上市，加快了资本市场的扩容速度。

三是在注册制下对信息披露的要求更为充分，大大提高了资本市场的定价效率。与核准制不同，在缺乏政府背书的注册制下，投资者对企业信息披露的要求更为严格和广泛。同时，注册制进一步规范了信息披露制度，对信息披露的监管也更加严格，以减小企业在财务数据上弄虚作假的可能性。信息披露越及时、越准确、越完整，股票定价就越合理，市场定价效率就越高。股票市场定价能否引导资源流向科技创新，是产业结构转型升级、我国经济向高质量发展转变的关键。

（二）市值视角下多层次资本市场的建设

在经济学中学者们经常把整个经济比作蛋糕，每个经济个体的目标都是把自己做大。资本市场也是同理，只不过在资本市场上，经济个体是企业，而蛋糕的大小用市场总市值这一视角来衡量，所以分析市场总市值的变化可以起到窥一斑而见全豹的作用，从而把握资本市场整体的发展。在中国资本市场发展的30多年中，在创业板的设立、科创板的设立和注册制改革的不断推进下，市场总市值的变化反映了资本市场发展中功能的演变。

从图7-1可以看出，主板市场自1990年上海证券交易所成立以来，除2008年金融危机使得全市场市值出现大幅度下降以外，其他年份全市场市值在波动中稳步上升，经过30年的创新和不断发展，到2021年总市值达到81.9万亿元。创业板自成立之后总市值也是稳步提升的，只是在个别年度由于去杠杆等原因使得市值略有下降，经过短暂的调整，在2018年后恢复高速增长状态，2021年市场总市值为7.8万亿元。科创板成立于2018年年底，数据时间较短，但表现强劲，呈现稳定且高速增长的趋势，2021年市场总市值已达到5.6万亿元的规模，即将追上创业板。

从图7-1中我们可以很明显地看到，自2010年前后创业板成立以来，主板总市值增速明显加快，呈现加速上涨趋势。可以看出，资本市场分层更有利于资本市场整体的发展，主板总市值加速提升，而区分创业板和科创板更有利于企业的创新发展，鼓励企业进行科技创新，为创新型、科技型中小

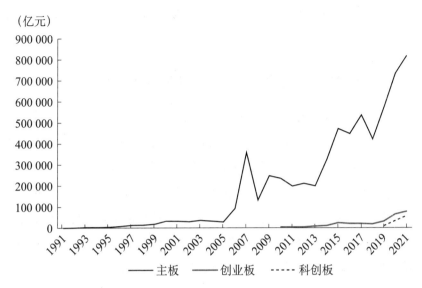

（亿元）

图 7 - 1 1991—2021 年中国股票市场总市值变化折线图

资料来源：Wind 数据库。

企业提供专属的融资上市渠道。资本市场分层发展极大地推动了创新型、科技型中小企业的上市进程，不仅如此，资本市场的发展也从融资市场到注重投融资并举，逐渐过渡到能够有财富管理功能。

中国资本市场已经形成了以主板和二板市场为主的场内市场以及以三板和四板市场为主的场外市场。各板块之间存在功能上的差异，主板市场主要服务于成熟的大型企业，创业板和科创板则更倾向于成长型企业，三板市场主要为全国范围内未在交易所上市的创新型、创业型、成长型中小微企业提供相关金融服务，四板市场为本区域的中小微企业服务。未来，中国资本市场还会培育出更多长期资本，满足"专精特新"研发类企业的长期融资需求，为提升高科技制造业和经济硬实力提供保障。从这些功能和定位上的差异已经可以看出，多层次的资本市场为各类大中小的创新型企业提供适合的挂牌、转让、融资、估值等服务，足以让技术领跑的企业能够继续保持和扩大领先优势，让技术成熟的企业能够做大做强，让技术有限的企业能够与其他企业形成优势互补。特别是科创板和创业板进行注册制改革以后，上市发行更加市场化，股权结构安排更加灵活，交易限制也相对较小，使得企业家的积极性得到进一步激发，创新的激励作用得到进一步强化。

二、创业板和科创板助力科技创新的实证检验

创业板和科创板的设立初衷都是为了解决创新型、科技型中小企业上市难、融资难的问题。从图 7-1 的市场总市值变化折线图来看，二者都在一定程度上便利了企业上市融资，支持了我国资本市场的发展。创业板是一个孵化创新型、科技型中小企业的摇篮，上市门槛相较于主板更低，但本质的监管和审核要求仍与主板一致。随着注册制的推行，创业板的上市指标有所放松，服务创新型、科技型中小企业的能力进一步加强。而科创板从成立之初就聚焦于硬科技实力产业，注重企业的研发投入和科技创新，此外，差异化的注册制审核标准对企业财务指标更加灵活包容，更便利于创新型、科技型中小企业上市。因此，无论是科创板还是创业板，都有助于促进创新型、科技型中小企业上市，区别在于创业板的市场定位更强调"创新"，而科创板则更强调"科技"。综上所述，创业板和科创板均应该可以发挥对科技创新的支持作用，增加创新型、科技型中小企业的上市比例，进而以科技创新助力资本市场发展。为进一步验证创业板和科创板在科技创新中发挥的作用，以及对资本市场发展的贡献，本研究将通过构建实证模型进行检验。

（一）样本选取和资料来源

由于国家财政预算支出的月度统计数据自 1993 年 1 月开始，宏观经济景气指数的月度统计数据最新截止到 2022 年 5 月，考虑到所选变量数据的可得性以及样本量的大小，本研究选取 1993 年 1 月至 2022 年 5 月的月度数据作为样本。资料来源于 Wind 数据库和 CSMAR 数据库。

高科技企业的定义有多种标准，为便于数据整理和实证统计，本研究将高科技企业定义为：获得高新技术企业认定资格，且在资格认定有效期内的企业（根据《高新技术企业认定管理办法》，通过认定的高新技术企业，其资格自颁发证书之日起有效期为三年）。《高新技术企业认定管理办法》对认

定企业的核心技术领域、科技人员占比、研发费用占比、创新能力等都进行了详细规定，较为符合本研究对高科技企业的构想。

（二）变量定义

（1）高科技企业占比（$Tech$）：本研究以高科技企业当月末总市值占 A 股市场当月末总市值的比例来进行衡量，本研究所指的高科技企业为具备高新技术企业认定资格的企业。

（2）A 股市场总市值（MV）：沪、深、京 A 股主板市场、创业板以及科创板市场的当月末总市值加总。

（3）创业板成立（CY）：2009 年 10 月 30 日，创业板市场正式成立。构建虚拟变量 CY，若时间点处在创业板成立之后，则 CY 取 1，否则取 0。

（4）创业板推行注册制（Reg）：2020 年 8 月 24 日，注册制在创业板正式落地。构建虚拟变量 Reg，若时间点处在创业板推行注册制之后，则 Reg 取 1，否则取 0。

（5）科创板成立（KC）：2019 年 7 月 22 日，科创板首批公司上市。构建虚拟变量 KC，若时间点处在科创板成立之后，则 KC 取 1，否则取 0。

（6）控制变量（$Controls$）：此外，本研究还控制了其他可能会影响高科技企业占比以及 A 股市场总市值的月度变量，包括月市场回报率（$Return$）、月市场交易总股数（$Share$）、上市公司数量（Num）、高新技术产品出口额（$Export$）、宏观经济景气指数（$Index$）、国家财政支持（Gov）以及年度虚拟变量（$Year$）。本研究主要变量的定义如表 7-1 所示。

表 7-1　　　　　　　　　　　　　变量说明

变量名称	变量符号	变量定义
高科技企业占比	$Tech$	高科技企业当月末总市值/A 股市场当月末总市值
A 股市场总市值	MV	沪、深、京 A 股主板市场、创业板以及科创板市场的当月末总市值加总
创业板成立	CY	以创业板成立为分界点，时间点处在创业板成立之后为 1，否则为 0

续表

变量名称	变量符号	变量定义
创业板推行注册制	Reg	以创业板推行注册制为分界点，时间点处在创业板推行注册制之后为 1，否则为 0
科创板成立	KC	以科创板成立为分界点，时间点处在科创板成立之后为 1，否则为 0
月市场回报率	$Return$	A 股月市场回报率
月市场交易总股数	$Share$	A 股月市场交易总股数的自然对数
上市公司数量	Num	计算月市场回报率的 A 股市场当月正常交易公司数量的自然对数
高新技术产品出口额	$Export$	高新技术产品出口金额的自然对数
宏观经济景气指数	$Index$	国家统计局发布的宏观经济景气指数中的一致指数
国家财政支持	Gov	科技三项费用/国家财政预算支出合计
年度虚拟变量	$Year$	按年份设置虚拟变量

（三）模型构建

基于上文的逻辑梳理，理论上科创板和创业板的设立以及注册制的推行均有助于促进高科技企业上市，增加创新型、科技型中小企业的上市比例。同时，科技创新作为内驱动力，可以推动资本市场发展，加速资本市场市值扩张。基于以上两条作用路径，本研究依次构建模型（1）和模型（2）予以实证检验：

（1）路径一：创业板和科创板的设立以及注册制的推行→高科技企业占比上升。

$$Tech = \beta_0 + \beta_1 CY + \beta_2 Reg + \beta_3 KC + Controls \tag{1}$$

其中，$Tech$ 是高科技企业占比，CY 是创业板成立虚拟变量，Reg 是创业板推行注册制虚拟变量，KC 是科创板成立虚拟变量。若模型（1）中的系数 β_1、β_2 和 β_3 均显著为正，说明路径一成立，创业板和科创板的设立以及注册制的推行均可以促进高科技企业上市，提高高科技企业在 A 股市场的占比。

（2）路径二：高科技企业占比上升→资本市场总市值增加。

$$MV = \beta_0 + \beta_1 Tech + Controls \tag{2}$$

其中，MV 是 A 股市场总市值，用以衡量资本市场的发展，若模型（2）中的系数 β_1 显著为正，说明路径二成立，高科技企业占比上升有助于促进资本市场规模扩张，提高 A 股市场总市值。

（四）实证结果分析

表 7-2 列示了对路径一和路径二的实证检验结果。其中，创业板成立（CY）的回归系数显著为正，说明创业板的设立增加了高科技企业在 A 股市场的市值占比；创业板推行注册制（Reg）的回归系数显著为正，说明随着注册制在创业板落地，创业板对高科技企业的包容度加大，有助于提高创新型、科技型中小企业的上市比例，注册制的推广在创业板取得了可喜的成果；科创板成立（KC）的回归系数显著为正，说明科创板作为针对服务科技型企业的全新板块，起到了扶植高科技企业的积极作用。在第（2）列中，高科技企业占比（$Tech$）的回归系数为 2.528 8，在 1% 的置信水平上显著，说明随着高科技企业在 A 股市场总市值中的占比上升，A 股市场总市值增加。这一结果表明，高科技企业可以促进资本市场扩张，科技创新已成为助力资本市场发展的重要内生力量。

表 7-2　创业板和科创板的贡献率：高科技企业占比和 A 股市场总市值

	(1) *Tech*	(2) *MV*
CY	0.015 7*** (5.10)	
Reg	0.012 4** (2.50)	
KC	0.010 8*** (4.66)	
Tech		2.528 8*** (3.57)
Share	0.001 7* (1.76)	0.133 8*** (6.49)

续表

	(1) Tech	(2) MV
Num	0.005 3 (1.35)	0.695 1*** (5.73)
Return	0.004 0 (0.94)	0.061 4 (0.67)
Index	0.000 1 (0.52)	0.011 3*** (4.31)
Export	−0.000 2 (−0.73)	−0.002 1 (−1.41)
Gov	0.031 7 (0.50)	1.679 0** (2.01)
Cons	−0.074 1** (−2.04)	12.094 3*** (15.23)
年份	控制	控制
N	323	323
调整后的 R^2	0.998 7	0.993 7

注：*、**、*** 分别表示在10%、5%、1%的水平上显著。

从上文路径一的实证结果来看［表7-2第（1）列］，创业板和科创板的设立以及注册制的推行均可以降低高科技企业的上市难度，增加高科技企业的市值占比，推动我国资本市场的产业结构向高科技产业方向转化。我国一直强调"科技是第一生产力"，且十分注重培养企业的自主创新能力，并对重点支持的高新技术领域予以各种政策倾斜。尽管国家对创新型、科技型中小企业多加扶持，但资本市场服务创新型、科技型中小企业的能力却一直没有跟上，较高的上市门槛和业绩审核硬指标使得许多急需资金进行技术成果转化的创新型、科技型中小企业难以获得资本市场的融资支持。科技创新始于技术，成于资本。为大力发展硬科技领域，资本市场的股权融资支持是必不可少的。政府虽然也可以利用政策对创新型、科技型中小企业进行扶持，但却既需要花费时间精力审批企业的申请资料，又需要耗费人力物力来对申请企业进行资质认定，远不如资本市场的资金配置效率高。资本市场的定价功能和资源配置功能将会自动对企业进行筛选，引导资金流向创新能力强、成长潜力大的优质企业，既缩短了企业筹集研发资金的时间，又节省了人工筛选企业的成本，资金的使用效率大大提高。为充分发挥资本市场对科技创新的支持作用，我国先后在科创板、创业板推行注册制。

注册制下的发行标准多元化大大加强了资本市场对创新型、科技型中小企业的包容度。科技创新具有初期投入高、研发周期长、未来营收不稳定、失败风险高等特征。因此，企业出于生存的考量，只有在研发、成果转化等技术创新各个阶段都能获得足够的资金支持时才会选择进行科技创新，否则，哪怕科技创新有助于增强企业的市场竞争力，企业仍然没有足够的激励进行创新，而是偏好投资于更加稳妥的项目。注册制降低了中小企业的上市融资门槛，允许尚未盈利的企业上市，为创新型、科技型中小企业的研究开发与成果转化提供了资金支持，在一定程度上激励了中小企业的创新热情，有助于全面提高我国上市公司的研发投入和技术创新水平，进而提高我国的自主创新能力和核心技术竞争力。

从上文路径二的实证结果来看［表 7－2 第（2）列］，随着高科技企业占比的提高，主板市场的总市值显著增加，说明科技创新能够促进资本市场发展。当前，全球正处在第四次产业革命浪潮之中，是否能够充分发挥科技创新的驱动作用，推动产业结构转型升级，是抢占国际市场有利地位的重要前提，更是中国在未来大国竞争中崛起的关键因素。科技创新是构建企业核心竞争力的关键，是决定企业未来发展潜力的重要因素。对于资本市场而言，优质企业是吸引资本、引发投资者投资热情的基础。资本具有逐利性，如果一个资本市场上没有值得进行投资的高质量企业，短期投机盛行、股价暴涨暴跌就是一种必然现象，这样一个不成熟的市场是不可能吸引投资者进行长期价值投资的。注册制改革为科技型、创新型、成长型企业扫清了上市障碍，有助于为中国资本市场吸纳一批优质企业。随着创新型、科技型中小企业占比的增加，我国资本市场上市公司的整体质量明显上升，资本市场的投资价值也随之提高。

为了进一步发挥多层次资本市场对科技创新的支持作用，未来要注重构建创业板、科创板和北交所各有分工、相互补充的适度竞争格局。虽然创业板、科创板和北交所在制度设计上存在相似之处，但实际在市场定位上各有侧重。创业板主要定位服务于"创新型"企业，重点支持的是传统产业与"新技术、新产业、新业态、新模式"深度融合的企业；科创板主要定位服务于"科技型"企业，重点支持六大行业，包括新一代信息技术、高端装备、新材料、新能源、节能环保以及生物医药等高新技术产业和战略性新兴产业的高科技企业；北交所主要定位服务于"专精特新"企业，前身是新三板的精选层，北交所具有区别于沪、深交易所的转板制度，在北交所上市的企业满足要求之后可以选择在创业板或科创板上市，起到了衔接多层次市场的作用。无论是创业板、科创板还是北交所，无疑都在促进创新型、科技型中小企业上市方面起到了举足轻重的作用。创新型、科技型中小企业占比增大提高了资本市场的投资价值，有助于推动资本市场扩张和发展；资本市场反过来又可为企业的科技创新提供资金支持，提高企业的研发投入水平并加快企业技术成果转化。可以期待，未来创业板、科创板和北交所能够起到应有的积极作用，充分发挥资本市场与科技创新相互促进的正向耦合效应。

三、资本市场与科技创新耦合性的实证检验

(一) 资本市场和科技创新的评价指标体系构建

本节从资本市场发展状况和科技创新水平两个方面讨论二者的相互促进作用。基于此，构建两者的评价指标体系。在资本市场发展状况方面，通过资本市场发展规模、资本市场开放程度、资本市场信息效率三个层次建立指标体系（如表 7-3 所示）。在科技创新水平方面，从创新环境、研发阶段、成果转化阶段、产业化阶段、技术扩散阶段五个方面建立评价指标，并运用熵值法确定指标比重，得到评级指标体系。本节使用的数据来自国家统计局、《中国高技术产业统计年鉴》《中国科技统计年鉴》和 Wind 数据库。

表 7 - 3　　　　　中国资本市场发展状况和科技创新水平评价指标体系

	一级指标	二级指标	计算方法	属性
资本市场发展状况	资本市场发展规模	股票市场规模	该年末股票市场总市值	正向
		债券市场规模	该年度各类债券发行额	正向
		期货市场规模	该年度期货市场成交额	正向
	资本市场开放程度	沪港通、深港通建设情况	沪深通标的股占该年度所有上市股票的比例	正向
	资本市场信息效率	股票信息效率	上市公司股价同步性均值	反向
科技创新水平	创新环境	人均地区生产总值	GDP/全国总人口	正向
		高等院校发展水平	高等院校数目	正向
	研发阶段	国内专利授予状况	国内专利申请授权量	正向
		国内论文发表状况	经三大索引检索的学术论文数	正向
	成果转化阶段	新产品销售状况	新产品收入	正向
		新产品销售占比	新产品收入占工业总产值比重	正向
	产业化阶段	高新技术企业经营状况	高新技术企业主营业务收入	正向
		高新技术企业经营占比	高新技术企业主营业务收入占工业总产值比重	正向
	技术扩散阶段	技术扩散状况	技术合同成交额	正向

（二）评价指标数据标准化处理

由于选取的指标方向既有正向指标，也有反向指标，因此需要将指标分别进行归一化处理和标准化处理以消除由数据单位不同所带来的影响。

其中，正向指标的标准化公式为：

$$X_i = \frac{X_i - X_{\min}}{X_{\max} - X_{\min}}$$

反向指标的标准化公式为：

$$X_i = \frac{X_{\max} - X_i}{X_{\max} - X_{\min}}$$

（三）指标权重的确定

为了确定指标权重，并防止层次分析法在进行赋权时所带来的主观化影响，本节选择采用熵值法确定指标权重。熵值法是基于物理学的客观赋值方法，它利用指标本身的数值大小来赋值。经过熵值法赋值之后，各个指标的权重详见表7-4。

表7-4　中国资本市场发展状况和科技创新水平评价指标比重

一级指标	二级指标	计算方法	权重（%）
资本市场发展状况 / 资本市场发展规模	股票市场规模	该年末股票市场总市值	16.80
	债券市场规模	该年度各类债券发行额	20.55
	期货市场规模	该年度期货市场成交额	17.88
资本市场开放程度	沪港通、深港通建设情况	沪深通标的股占该年度所有上市股票的比例	39.75
资本市场信息效率	股票信息效率	上市公司股价同步性均值	5.02
科技创新水平 / 创新环境	人均地区生产总值	GDP/全国总人口	11.51
	高等院校发展水平	高等院校数目	4.49
研发阶段	国内专利授予状况	国内专利申请授权量	16.98
	国内论文发表状况	经三大索引检索的学术论文数	11.10
成果转化阶段	新产品销售状况	新产品收入	14.12
	新产品销售占比	新产品收入占工业总产值比重	9.11
产业化阶段	高新技术企业经营状况	高新技术企业主营业务收入	10.41
	高新技术企业经营占比	高新技术企业主营业务收入占工业总产值比重	4.03
技术扩散阶段	技术扩散状况	技术合同成交额	18.24

（四）耦合度模型构建

本节借鉴丛晓男（2019）的研究，采用耦合度系数模型对资本市场发展状况和科技创新水平耦合度进行评价，公式为：

$$C = 2 \times \left[\frac{U_1 \cdot U_2}{(U_1 + U_2)^2} \right]^{\frac{1}{2}}$$

其中，U_1 为资本市场发展状况；U_2 为科技创新水平；C 为系统耦合度，$C \in [0,1]$，C 值越大，表明资本市场发展状况和科技创新水平耦合情况越好。

耦合度模型可以反映资本市场发展状况和科技创新水平协调发展的一致性。耦合协调度模型可以反映资本市场发展状况与科技创新水平协调发展的高低情况。耦合协调度越高，表明两个系统间的协调关系越好，公式为：

$$D = \sqrt{C \cdot T}$$

$$T = \alpha \cdot U_1 + \beta \cdot U_2$$

其中，D 为耦合协调度；T 为协调指数；α 与 β 为待定系数，一般 $\alpha + \beta = 1$。本节认为在耦合度研究中资本市场发展状况和科技创新水平同等重要，因而取 $\alpha = \beta = 0.5$。本节借鉴已有的研究成果，对耦合协调度进行划分，见表 $7-5$。

表 7-5　　　　　　　　　　　　耦合协调度划分

耦合协调度 D 值区间	协调等级	耦合协调程度
(0.0, 0.1)	1	极度失调
[0.1, 0.2)	2	严重失调
[0.2, 0.3)	3	中度失调
[0.3, 0.4)	4	轻度失调
[0.4, 0.5)	5	濒临失调
[0.5, 0.6)	6	勉强失调
[0.6, 0.7)	7	初级协调
[0.7, 0.8)	8	中级协调
[0.8, 0.9)	9	良好协调
[0.9, 1.0)	10	优质协调

（五）实证结果分析

依据之前得到的指标比重，利用耦合协调度模型计算得到 2000—2020 年中国资本市场发展状况和科技创新水平之间的耦合度 C 值、协调指数 T 值和耦合协调度 D 值、协调等级等相关指标，具体数值见表 7-6。

表 7-6　　　　中国资本市场发展状况和科技创新水平耦合程度

年份	耦合度 C 值	协调指数 T 值	耦合协调度 D 值	协调等级	耦合协调程度
2000	0.309	0.016	0.071	1	极度失调
2001	0.990	0.018	0.133	2	严重失调
2002	0.586	0.020	0.107	2	严重失调
2003	0.942	0.050	0.217	3	中度失调
2004	0.864	0.067	0.241	3	中度失调
2005	0.870	0.079	0.263	3	中度失调
2006	0.936	0.105	0.313	4	轻度失调
2007	0.992	0.152	0.389	4	轻度失调
2008	0.863	0.14	0.347	4	轻度失调
2009	0.967	0.184	0.422	5	濒临失调
2010	0.992	0.246	0.494	5	濒临失调
2011	0.902	0.237	0.462	5	濒临失调
2012	0.888	0.275	0.495	5	濒临失调
2013	0.920	0.332	0.553	6	勉强协调
2014	0.985	0.431	0.651	7	初级协调
2015	0.995	0.536	0.731	8	中级协调
2016	0.999	0.683	0.826	9	良好协调
2017	0.995	0.626	0.789	8	中级协调
2018	0.984	0.656	0.803	9	良好协调
2019	0.986	0.717	0.841	9	良好协调
2020	0.988	0.859	0.921	10	优质协调

2000 年中国资本市场发展状况和科技创新水平耦合度 C 值为 0.309，耦合协调程度为极度失调；2020 年，耦合度达到了 0.988，耦合协调程度为优质协调。2000 年中国资本市场发展状况和科技创新水平耦合协调度 D 值为 0.071，2020 年二者耦合协调度 D 值达到了 0.921，耦合协调程度呈上升趋势，由极度失调向优质协调过渡。总体来看，中国资本市场发展状况和科技创新水平之间的耦合协调度逐年增长，具备较强的互动性，耦合度也维持在一个较高的水平（见图 7-2），表明两系统相互促进，协调发展。

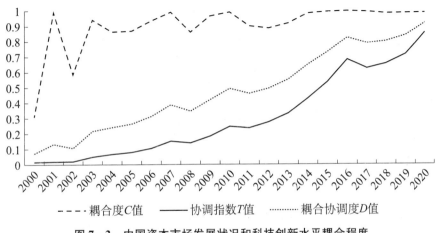

图 7-2 中国资本市场发展状况和科技创新水平耦合程度

四、中国资本市场未来发展：与科技创新耦合度的提升

（一）中国资本市场 A 股上市公司市值排名分析

中国资本市场经历 30 余年发展至今，从无到有、从小到大，经历了创业板和科创板的设立、近几年资本市场的注册制改革以及北交所的成立等种种大事件。为更好地分析中国资本市场上市公司现状，本节选取 2016—2021年 A 股上市公司市值前 20 名，结合公司的行业信息，得到市值排名及所属行业表（见表 7-7）以及行业占比动态变化图（见图 7-3）。

从表 7-7 可以看到，在 2016 年，A 股市值前 20 名的公司中没有一家属于科技创新类公司。在 20 家公司中，有一半（10 家）属于银行业，另外还

表7-7   2016—2021年A股上市公司市值排名及所属行业表

年份	2016		2017		2018		2019		2020		2021	
排名	公司名称	所属行业	公司名称	所属行业	公司名称	所属行业	公司名称	所属行业	公司名称	所属行业	公司名称	所属行业
1	工商银行	银行	工商银行	银行	工商银行	银行	工商银行	银行	贵州茅台	酒类	贵州茅台	酒类
2	中国石油	石油天然气	建设银行	银行	建设银行	银行	中国平安	保险	工商银行	银行	工商银行	银行
3	建设银行	银行	中国石油	石油天然气	中国石油	石油天然气	建设银行	银行	中国平安	保险	宁德时代	电工电网
4	农业银行	银行	中国平安	保险	农业银行	银行	贵州茅台	酒类	建设银行	银行	招商银行	银行
5	中国银行	银行	农业银行	银行	中国平安	保险	农业银行	银行	五粮液	酒类	建设银行	银行
6	中国石化	石油天然气	中国银行	银行	中国银行	银行	中国银行	银行	招商银行	银行	农业银行	银行
7	中国平安	保险	贵州茅台	酒类	贵州茅台	酒类	中国石油	石油天然气	农业银行	银行	中国平安	保险
8	中国人寿	保险	中国人寿	保险	招商银行	银行	招商银行	银行	中国人寿	保险	五粮液	酒类
9	招商银行	银行	招商银行	银行	中国石化	石油天然气	中国人寿	保险	中国银行	银行	中国石油	石油天然气
10	贵州茅台	酒类	中国石化	石油天然气	中国人寿	保险	中国石化	石油天然气	宁德时代	电工电网	中国银行	银行
11	交通银行	银行	中国神华	煤炭	交通银行	银行	五粮液	酒类	中国石油	石油天然气	比亚迪	汽车
12	浦发银行	银行	交通银行	银行	长江电力	电力	邮储银行	银行	美的集团	家用电器	中国人寿	保险
13	民生银行	银行	上汽集团	汽车	中国神华	煤炭	兴业银行	银行	海天味业	食品	长江电力	电力

续表

年份	2016		2017		2018		2019		2020		2021	
排名	公司名称	所属行业	公司名称	所属行业	公司名称	所属行业	公司名称	所属行业	公司名称	所属行业	公司名称	所属行业
14	中国神华	煤炭	浦发银行	银行	上汽集团	汽车	美的集团	家用电器	恒瑞医药	制药	美的集团	家用电器
15	兴业银行	银行	美的集团	家用电器	兴业银行	银行	长江电力	电力	金龙鱼	食品	海康威视	电子元件及设备
16	中信银行	银行	海康威视	电子元件及设备	浦发银行	银行	交通银行	银行	中国中免	餐饮旅游	中国石化	石油天然气
17	长江电力	电力	兴业银行	银行	万科A	房地产	格力电器	家用电器	迈瑞医疗	医疗保健	隆基绿能	半导体
18	中国建筑	建筑	中国太保	保险	中国中车	重型机械	恒瑞医药	制药	比亚迪	汽车	迈瑞医疗	医疗保健
19	上汽集团	汽车	长江电力	电力	中信银行	银行	浦发银行	银行	中国石化	石油天然气	邮储银行	银行
20	中国中车	重型机械	万科A	房地产	美的集团	家用电器	工业富联	电子元件及设备	海康威视	电子元件及设备	海天味业	食品

有 2 家属于保险业，金融行业占据绝对的多数。而剩下的 8 家公司则大都属于石油天然气、煤炭、电力、建筑、汽车、重型机械等传统重资产行业，由于拥有众多固定资产而使得公司市值处于前列。同时可以看到，这 20 家公司不论属于什么行业，全部为国有（绝对）控股企业，其中以工、农、中、建"四大行"和中石油、中石化"两桶油"最为典型。资本市场缺乏民间资本的参与，整体创新活力不高。

在 2017 年，市值前 10 名的公司基本没有变化，而第 11～20 名区间变化很大。从中可以看出，民间资本参与经营和管理的公司（如万科 A、美的集团）得到长足发展，已经跻身市值前 20，而大型国企（特别是中石油、中石化）则增长乏力。同时，海康威视作为电子元件及设备设计与制造公司，成为 A 股高市值公司中首个科技创新类公司。

可惜的是，在 2018 年，海康威视掉出了市值前 20 名，从中可以看出此时的科技创新类企业在同传统行业的竞争中还处于全面劣势，并且本身业绩稳定性不如传统行业。

2019 年，恒瑞医药以及工业富联两家科技创新类公司进入市值前 20 名，虽然名次仅分别为第 18 名和第 20 名，但已经展现出科技创新发展的势头，并且恒瑞医药从事的是高品质药品研制，工业富联深耕的是工业自动化领域，两家公司均在各自领域拥有很强的创新能力和科技属性。

2020 年可称为科技创新类公司的爆发之年，宁德时代、恒瑞医药、迈瑞医疗、比亚迪以及海康威视五家公司进入市值前 20 名，其中宁德时代虽首次上榜，但直接位列第 10 名，成为首个进入市值前 10 名的科技创新类公司。2021 年，这五家公司中的四家依然上榜，势头最猛的宁德时代的市值更是直接达到第 3 名。

从图 7-3 可以发现，我国新兴技术产业占比在不断扩大，同时金融业和传统制造业的比例不断缩小，资本市场对于科技创新类公司的发展和孕育有着重要的作用，体现出资本市场与科技创新耦合度不断提高，资本市场结构不断优化，新兴技术产业处于越来越重要的地位。

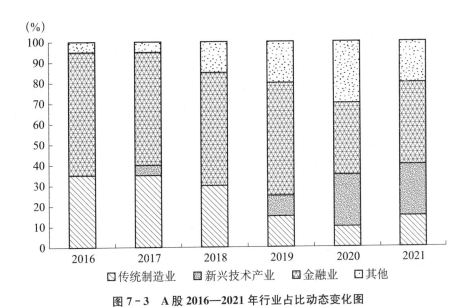

图 7 - 3 A 股 2016—2021 年行业占比动态变化图

从上面的分析当中可以看出，在最近几年，科技创新引领公司发展，使得中国资本市场上涌现了一批优秀的公司。接下来，本节通过 2019—2021 年 A 股科技创新类公司市值排名及所属行业表（见表 7 - 8）以及科技创新类公司所属行业占比动态变化图（见图 7 - 4）分析科技创新类公司内部的结构及变化。①

表 7 - 8   2019—2021 年 A 股科技创新类公司市值排名及所属行业表

年份	2019		2020		2021	
排名	公司名称	所属行业	公司名称	所属行业	公司名称	所属行业
1	恒瑞医药	制药	宁德时代	电工电网	宁德时代	电工电网
2	工业富联	电子元件及设备	恒瑞医药	制药	比亚迪	汽车
3	海康威视	电子元件及设备	迈瑞医疗	医疗保健	海康威视	电子元件及设备
4	宁德时代	电工电网	比亚迪	汽车	隆基绿能	半导体

---

① 由于 2019 年以前市场上优质的科技创新类公司较少，不具有参考性，故本节仅列出 2019—2021 市值排名前 20 名的科技创新类公司。

续表

年份	2019		2020		2021	
排名	公司名称	所属行业	公司名称	所属行业	公司名称	所属行业
5	迈瑞医疗	医疗保健	海康威视	电子元件及设备	迈瑞医疗	医疗保健
6	立讯精密	电子元件及设备	立讯精密	电子元件及设备	立讯精密	电子元件及设备
7	京东方A	电子元件及设备	隆基绿能	半导体	药明康德	生物科技
8	药明康德	生物科技	药明康德	生物科技	恒瑞医药	制药
9	中兴通讯	通信设备	爱尔眼科	医疗保健	韦尔股份	半导体
10	韦尔股份	半导体	工业富联	电子元件及设备	海尔智家	家用电器
11	海尔智家	家用电器	海尔智家	家用电器	片仔癀	制药
12	爱尔眼科	医疗保健	智飞生物	生物科技	京沪高铁	陆路运输
13	比亚迪	汽车	中芯国际	半导体	工业富联	电子元件及设备
14	闻泰科技	通信设备	京东方A	电子元件及设备	爱尔眼科	医疗保健
15	鹏鼎控股	电子元件及设备	韦尔股份	半导体	亿纬锂能	电工电网
16	汇顶科技	半导体	金山办公	软件	国电南瑞	电工电网
17	隆基绿能	半导体	长春高新	生物科技	阳光电源	电工电网
18	长春高新	生物科技	通威股份	半导体	通威股份	半导体
19	澜起科技	半导体	片仔癀	制药	智飞生物	生物科技
20	智飞生物	生物科技	汇川技术	电工电网	中芯国际	半导体

可以看到，科技创新类公司市值变动很大，排名很不稳定，年与年之间结果变动很大。但同时，在变动中也正逐渐产生秩序：2020年和2021年宁德时代市值均位列第一；立讯精密、恒瑞医药等老牌强势股票排名稳定；隆基绿能、比亚迪等新企业发展迅速，排名逐年上升。

从图7-4中可以发现，科技创新类公司的行业构成较为稳定，可以分为电子元件及设备、半导体、新能源①及生物制药等。这四类行业的公司都需要大量投入以及上下游相关公司的合作。这表明目前我国的资本市场发展

---

① 根据实际业务，本节将电工电网企业及比亚迪均划为新能源行业。

体系已经日渐趋于成熟，可以起到培育和催生科技创新类公司的作用，中国
资本市场的发展也逐步与科技创新呈现一定的关系。

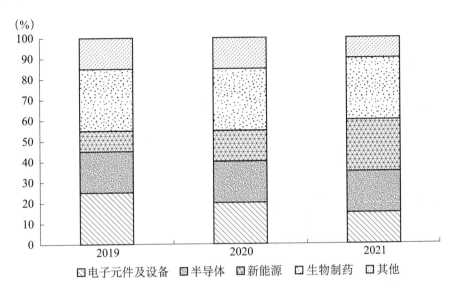

图 7-4　2019—2021 年 A 股科技创新类公司所属行业占比动态变化图

（二）科技创新：中美市场市值结构的比较

上文分析发现，中国资本市场上市值前 20 名的公司中科技创新类公司数量
在 2020 年爆发式增长，目前稳定在 5 个。放眼全球，以美国市场作为比较对象，
初步分析美国资本市场的结构性特征（见表 7-9、表 7-10 和图 7-5）。①

在表 7-9 和表 7-10 中可以看到，美国资本市场与中国资本市场的一个
很大不同是美股排名较为稳定，在 2016—2021 年间公司非常稳定。同时，
在稳定上榜的公司当中，科技创新类公司占多数。在科技创新类公司中，信
息技术公司占多数，例如苹果、谷歌、微软、亚马逊这四家公司均为信息技
术公司，且在 2017—2021 年连续排在市值前五名。

---

①　本节计算美国市场新兴产业公司数量时，将 Wind 数据库"一级行业名称"中信息技术、可
选消费、医疗保健作为新兴产业。

表7-9　2016—2018年美股上市公司市值排名及所属行业表

年份 排名	2016 公司名称	2016 所属行业	2017 公司名称	2017 所属行业	2018 公司名称	2018 所属行业
1	苹果（APPLE）	信息技术	苹果（APPLE）	信息技术	微软（MICROSOFT）	信息技术
2	谷歌（ALPHABET）-A	信息技术	谷歌（ALPHABET）-A	信息技术	苹果（APPLE）	信息技术
3	微软（MICROSOFT）	信息技术	微软（MICROSOFT）	信息技术	亚马逊（AMAZON）	可选消费
4	伯克希尔（BERKSHIRE）-B	金融	亚马逊（AMAZON）	可选消费	谷歌（ALPHABET）-A	信息技术
5	埃克森美孚（EXXON MOBIL）	能源	脸书（META PLATFORMS）	信息技术	伯克希尔（BERKSHIRE）-B	金融
6	亚马逊（AMAZON）	可选消费	伯克希尔（BERKSHIRE）-B	金融	脸书（META PLATFORMS）	信息技术
7	脸书（META PLATFORMS）	信息技术	阿里巴巴（ALIBABA）	可选消费	阿里巴巴（ALIBABA）	可选消费
8	强生公司（JOHNSON & JOHNSON）	医疗保健	强生公司（JOHNSON & JOHNSON）	医疗保健	强生公司（JOHNSON & JOHNSON）	医疗保健
9	摩根大通（JPMORGAN CHASE）	金融	摩根大通（JPMORGAN CHASE）	金融	摩根大通（JPMORGAN CHASE）	金融
10	通用电气（GENERAL ELECTRIC）	工业	埃克森美孚（EXXON MOBIL）	能源	埃克森美孚（EXXON MOBIL）	能源
11	富国银行（WELLS FARGO）	金融	美国银行（BANK OF AMERICA）	金融	沃尔玛（WALMART）	日常消费

续表

年份	2016		2017		2018	
排名	公司名称	所属行业	公司名称	所属行业	公司名称	所属行业
12	美国电话电报（AT&T）	电信服务	富国银行（WELLS FARGO）	金融	维萨（VISA）	信息技术
13	宝洁公司（PROCTER & GAMBLE）	日常消费	沃尔玛（WALMART）	日常消费	辉瑞制药（PFIZER）	医疗保健
14	美国银行（BANK OF AMERICA）	金融	美国电话电报（AT&T）	电信服务	联合健康康集团（UNITEDHEALTH）	医疗保健
15	雪佛龙（CHEVRON）	能源	雪佛龙（CHEVRON）	能源	美国银行（BANK OF AMERICA）	金融
16	威瑞森电信（VERIZON）	电信服务	维萨（VISA）	信息技术	威瑞森电信（VERIZON）	电信服务
17	阿里巴巴（ALIBABA）	可选消费	宝洁公司（PROCTER & GAMBLE）	日常消费	宝洁公司（PROCTER & GAMBLE）	日常消费
18	沃尔玛（WALMART）	日常消费	家得宝（HOME DEPOT）	可选消费	英特尔（INTEL）	信息技术
19	辉瑞制药（PFIZER）	医疗保健	英特尔（INTEL）	信息技术	富国银行（WELLS FARGO）	金融
20	丰田汽车（TOYOTA）	可选消费	威瑞森电信（VERIZON）	电信服务	美国电话电报（AT&T）	电信服务

表 7 - 10　2019—2021 年美股上市公司市值排名及所属行业表

年份 排名	2019 公司名称	所属行业	2020 公司名称	所属行业	2021 公司名称	所属行业
1	苹果(APPLE)	信息技术	苹果(APPLE)	信息技术	苹果(APPLE)	信息技术
2	微软(MICROSOFT)	信息技术	微软(MICROSOFT)	信息技术	微软(MICROSOFT)	信息技术
3	谷歌(ALPHABET)-A	信息技术	亚马逊(AMAZON)	可选消费	谷歌(ALPHABET)-A	信息技术
4	亚马逊(AMAZON)	可选消费	谷歌(ALPHABET)-A	信息技术	亚马逊(AMAZON)	可选消费
5	脸书(META PLATFORMS)	信息技术	脸书(META PLATFORMS)	信息技术	特斯拉(TESLA)	可选消费
6	阿里巴巴(ALIBABA)	可选消费	特斯拉(TESLA)	可选消费	脸书(META PLATFORMS)	信息技术
7	伯克希尔(BERKSHIRE)-B	金融	阿里巴巴(ALIBABA)	可选消费	英伟达(NVIDIA)	信息技术
8	摩根大通(JPMORGAN CHASE)	金融	台积电(TSMC)	信息技术	伯克希尔(BERKSHIRE)-B	金融
9	强生公司(JOHNSON & JOHNSON)	医疗保健	伯克希尔(BERKSHIRE)-B	金融	台积电(TSMC)	信息技术
10	维萨(VISA)	信息技术	维萨(VISA)	信息技术	联合健康集团(UNITEDHEALTH)	医疗保健
11	沃尔玛(WALMART)	日常消费	强生公司(JOHNSON & JOHNSON)	医疗保健	摩根大通(JPMORGAN CHASE)	金融

续表

年份		2019		2020		2021	
排名		公司名称	所属行业	公司名称	所属行业	公司名称	所属行业
12		美国银行 (BANK OF AMERICA)	金融	沃尔玛 (WALMART)	日常消费	强生公司 (JOHNSON & JOHNSON)	医疗保健
13		宝洁公司 (PROCTER & GAMBLE)	日常消费	摩根大通 (JPMORGAN CHASE)	金融	家得宝 (HOME DEPOT)	可选消费
14		台积电 (TSMC)	信息技术	万事达卡 (MASTERCARD)	信息技术	维萨 (VISA)	信息技术
15		万事达卡 (MASTERCARD)	信息技术	宝洁公司 (PROCTER & GAMBLE)	日常消费	沃尔玛 (WALMART)	日常消费
16		埃克森美孚 (EXXON MOBIL)	能源	联合健康集团 (UNITEDHEALTH)	医疗保健	宝洁公司 (PROCTER & GAMBLE)	日常消费
17		美国电话电报 (AT&T)	电信服务	迪士尼 (WALT DISNEY)	可选消费	美国银行 (BANK OF AMERICA)	金融
18		联合健康集团 (UNITEDHEALTH)	医疗保健	英伟达 (NVIDIA)	信息技术	万事达卡 (MASTERCARD)	信息技术
19		迪士尼 (WALT DISNEY)	可选消费	家得宝 (HOME DEPOT)	可选消费	辉瑞制药 (PFIZER)	医疗保健
20		英特尔 (INTEL)	信息技术	贝宝 (PAYPAL)	信息技术	阿里巴巴 (ALIBABA)	可选消费

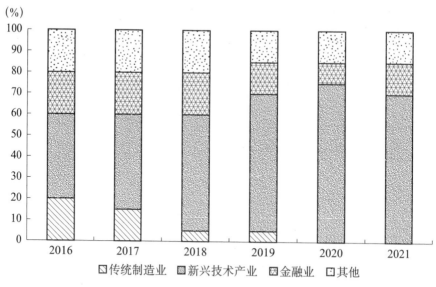

图 7 - 5　美股 2016—2021 年行业结构图

从行业结构来看，美股与 A 股趋势大致相同，但各个行业的构成差异明显。在 2016—2021 年这个时间段，在美股市值前 20 名的公司中，传统制造业和金融业公司显著减少，同时新兴技术产业公司稳步增加。但不同的是，美股市场上的新兴技术产业公司占比非常高，20 家公司中可以占到 15 家（2021 年）。相应地，由于市场上新兴技术产业公司占比很高，传统制造业和金融业公司数量较少，尤其是 2020 年和 2021 年在 20 家公司中一家都没有，这可能是由于美国继 2008 年金融危机后在新冠肺炎疫情中的新一轮产业空心化使得传统制造业公司在美国式微，新兴技术产业借此机会进一步扩大自己的势力，在 2020 年和 2021 年都有很多新公司上榜。①

（三）更好发挥资本市场与科技创新耦合的正面效应

通过上文的分析发现，中国资本市场上的科技创新类公司集中在电子元件及设备、半导体、新能源及生物制药行业，而美国资本市场上的科技创新

---

①　由于美股高市值股票大部分为科技创新类公司，故不再单独给科技创新类公司排名。

类公司则主要集中在信息技术以及医疗保健行业。2021 年，在市值前 20 名的公司当中，美股有 15 家公司属于科技创新类公司。中国在 2018 年无一家科技创新类公司上榜，虽然近几年公司数量和质量都较之前有大幅度上升，但到 2021 年，我国资本市场上科技创新类公司仍只有 5 家公司上榜。综合比较下来，中国和美国科技创新头部公司仍有较大差距，具体可总结为以下三个方面：

第一是美国资本市场科技创新类公司数量和质量高。美国拥有一批历史悠久的老牌科技创新类公司，包括制药企业强生公司、辉瑞制药，芯片显卡两大巨头英特尔、英伟达，以及数字支付平台维萨、万事达卡。除此之外，还拥有一批成熟的互联网公司，包括微软、亚马逊、谷歌、脸书等。当然还有最近几年异军突起的特斯拉，从长期被投资者做空到 2021 年成为美股市值第五，特斯拉无疑成为近几年美国资本市场上科技创新类公司发展的典范。

第二是美国头部科技创新类公司更为纯粹，而中国头部科技创新类公司仍有制造业成分。例如电子元件及设备，虽然科技含量很高，也需要不断创新，但仍未摆脱制造业，故也会受到经济周期、原材料价格、产业政策、上下游公司等外界因素的制约。而美国的科技创新类公司大多为互联网公司，拥有极强的全球竞争力，并且不会受上述外界因素影响，业绩更为稳定。另外，互联网行业由于其虚拟性和可复制性，具有极强的规模效应，在公司扩张之后成本却不会等比扩张，这会带来极高的利润率。而对于制造业公司来说，扩大产出就意味着扩大投入，利润增长缓慢。

第三是美股汇集了全球的科技创新类公司，而 A 股仅包含部分中国公司。在美股市值前 20 名的名单当中，阿里巴巴常年上榜，但阿里巴巴绝大部分营收都来自中国。中国现在并不缺乏科技创新类公司，但这些公司大都不在 A 股上市。如果将这些公司计算在内，那么中国科技创新类公司数量更多、质量更强。

综观中国资本市场与美国资本市场间的差距，大致可以将其归类为以下几个方面：

第一，制度因素。对于资本市场的监管，中国和美国采取不同的策略。美国的监管主要为事后监管，要求投资者自己识别公司可能存在的风险，而中国的监管主要为事前监管，在公司上市前，证监会已经对公司的风险、盈利能力、未来前景进行了详细审查，确保公司能持续盈利，短期内不至于倒闭，以降低市场整体的风险。所以，在股票发行上市制度上，美国选择了注册制，而中国（主要）选择了核准制。对于科技创新类公司来说，由于核准制的种种条件很难达到，注册制对其显著有利。在核准制的诸多条件当中，最让科技创新类公司头疼的就是上市前连续三年盈利这个要求。对互联网公司来说，虽然规模效应可以带来高额的利润，但前提是必须达到盈利的规模，在这之前必须不断"烧钱"获客，公司也正是在这个时期最需要资本市场上的资金来帮助其快速成长。所以，这就促使中国的互联网公司选择在美国或者中国香港发行上市，进而使得 A 股信息技术类公司数量显著少于美股。但同时也应注意到，中国证监会正在逐步全面推行注册制的落实，相信一段时间后，会有更多科技创新类公司选择在 A 股发行上市。

第二，政策因素。科技创新类公司最显著的特质在于"无中生有"，生产出的产品有手机、聊天软件、算法（如 B 站的视频推荐算法、谷歌的广告点击页面排序算法）等，甚至可能是人们完全想象不到的事物。在这个过程中，需要公司自己创造一个全新的市场，而非简单地争夺或扩大已有市场，所以政府的政策支持或打压会对科技创新类公司产生巨大的影响。最近几年，美国通过加征关税、限制技术出口等方式不断对中国芯片类公司进行制裁，试图通过政策的方式遏制中国半导体产业的发展。这种"卡脖子式"的制裁方式对中国的半导体产业产生了很大影响。从表 7 - 8 中可以看到，在 2019 年，中兴通讯位列 A 股全部科技创新类公司市值第 9 名，而到了 2020 年，由于美国的制裁，中兴通讯股价大跌，市值跌出科技创新类公司前 20 名。①

---

① 华为同样是被美国大力制裁的公司之一，但由于华为并未上市，所以在表中未出现华为的名字，但其市值走势与中兴通讯类似。

　　在政策层面，中国政府也对科技创新类公司进行支持，不过采取的方式是深度参与到公司生产过程当中。对于优秀的科技创新类公司，政府会低价提供大量土地，并对税收进行减免，这些政策在一定程度上可以催生科技创新类公司，但同时也有可能遏制科技创新类公司的生成。由于政府已经和一家或某几家公司进行深度合作，投入大量资金和土地，所以当公司竞争力较低、产出的创新成果较少时，政府仍会给公司"输血"，维持其运转甚至使其扩张，而这无疑会导致资源错配，使得市场上优质的公司不能得到有效的发展。近年来，中国政府也在进行探索，正逐步将财政资金以政府投资基金的形式投入市场，委托专业的经理人进行投资。

　　第三，法律因素。美国采用的是英美法系，属于判例法，需要法官依据之前案件的宣判结果对本案进行判决；中国采用的是大陆法系，属于条文法，法官根据法条对案件进行判决。这二者本身没有高低之分，但在处理公司破产等复杂法律问题时，判例法可以遵循前例，具有一定优势。另外，针对破产重组、破产清算等问题，美国法律还有专门的规定，这就使得在美国资本市场上公司申请破产较为容易，对公司、债权人、股东造成的损失也较小。但是在中国市场上，公司破产的程序冗长且没有固定标准，公司一般不会选择破产。但是，在西方经济学的理论体系中，让市场有效率最重要的一点就在于充分竞争。在中国市场上，由于低效率的公司仍留在市场当中不能退出，占用市场资金，必然使得市场整体效率下降，同时新的优质公司不能替代旧公司，造成中美资本市场在科技创新类公司数量和质量上的差距。

　　第四，时间因素。与美国相比，中国科技创新起步较晚，很多方面仍不太成熟。中国自1978年开始实行改革开放，至今不过40多年，而美国自二战结束之后就是全球经济体量最大的国家，引领了信息革命，具有很强的先发优势。中国资本市场从1990年起步到现在才30余年，相比美国完善的资本市场体系和制度框架来说仍有追赶空间。虽然我国正在全力追赶，但由于起步时间晚，与美国相比，有很多方面仍有待完善。类比而言，中国现在与2000年左右的美国较为相像，在金融、医疗保健、日常消费、信息技术、工业、能源等行业各有一席之地，如表 7-11 所示。

表 7-11　　　　　2000 年美股上市公司市值排名及所属行业表

排名	公司名称	所属行业
1	通用电气（GENERAL ELECTRIC）	工业
2	埃克森美孚（EXXON MOBIL）	能源
3	辉瑞制药（PFIZER）	医疗保健
4	沃尔玛（WALMART）	日常消费
5	微软（MICROSOFT）	信息技术
6	英特尔（INTEL）	信息技术
7	可口可乐（COCA COLA）	日常消费
8	国际商业机器公司（IBM）	信息技术
9	强生公司（JOHNSON & JOHNSON）	医疗保健
10	百时美施贵宝（BRISTOL-MYERS SQUIBB）	医疗保健
11	默克（MERCK）	医疗保健
12	汇丰控股（HSBC）	金融
13	礼来（ELI LILLY）	医疗保健
14	宝洁公司（PROCTER & GAMBLE）	日常消费
15	奥驰亚（ALTRIA）	日常消费
16	富国银行（WELLS FARGO）	金融
17	德州仪器（TEXAS INSTRUMENTS）	信息技术
18	雅培（ABBOTT）	医疗保健
19	美国银行（BANK OF AMERICA）	金融
20	百事（PEPSICO）	日常消费

　　中国资本市场与美国资本市场上的科技创新类公司在数量和质量上存在差距，主要是由于制度、政策、法律和时间四个方面的原因。虽然差距仍然不小，造成差距的原因也很多，但本研究发现，我国现阶段资本市场和科技创新的耦合性正在逐渐增强，资本市场的不断发展吸引更多科技创新类公司

进入市场，为资本市场注入新活力。

现在中国资本市场结构与 2000 年的美国较为相似，并且大量优质的科技创新类公司正在加快进入中国资本市场，这使得我国资本市场结构更为健康，规模更为庞大，吸引更多投资者进入市场，从而带动资本市场发展，向更加健全和完善的方向不断迈进。

另外，中国资本市场近 10 年的不断发展体现在近几年大力推行的注册制改革、不断健全的市场机制以及逐步开放的市场上。注册制和核准制的差异是中美资本市场上科技创新类公司数量和质量差距的一个重要原因。近几年随着注册制改革的逐步推行，中国科技创新类公司明显增多，这无疑有助于推进我国资本市场向着更加支持高成长性、科技型企业的方向发展，为高科技企业注入新的活力。随着市场机制的逐步健全以及市场的逐步开放，我国资本市场正向着适合和匹配大国体量的方向发展。

注册制的范围将从创业板和科创板扩大到全市场，这将大幅增加中国资本市场的规模和体量，而通过更好发挥资本市场和科技创新之间耦合的正面效应，这一制度创新将切实地有利于科技创新类公司，帮助它们更好地在市场上获得融资。同时，创业板和科创板引发的资本市场分层有利于资本市场整体的发展，并且有利于科技创新类公司的成长壮大。2022 年 9 月，北交所成立刚好满一年，其总市值约 2 000 亿元，未来将吸收更多科技创新类公司，推进中国资本市场的发展。

综上所述，中国资本市场相对于世界其他发达国家（尤其是美国）资本市场来说仍然有一定差距，但这些差距很大部分是由中国资本市场发展较晚所致。改革只有进行时，没有完成时。从趋势上来看，中国资本市场上的科技创新类公司的数量和质量都在上升，且中国资本市场发展目前的制度和环境可以孕育优质的科技创新类公司。所以，重点还是要坚持建设和寻找一条适合我国国情的资本市场发展和建设之路，美国的模式和方法可以借鉴，但不能全盘照搬。从上述国内实证经验和资本市场数据来看，中国资本市场的发展和建设任务已经取得一定成绩，注册制范围稳步扩大、市场逐步开放、北交所市值稳步上升，但资本市场的发展仍然任重道远。未来我国仍然要坚持中国资本市场与科技创新相结合，使二者互相促进，共同发展，支持创新型、科技型中小企业的孕育和成长，更好发挥中国资本市场与科技创新耦合的正面效应。

参考文献

[1] 丛晓男. 耦合度模型的形式、性质及在地理学中的若干误用. 经济地理，2019（4）.

[2] 郭澄澄，张春，夏琦. 多层次资本市场对科技创新的作用机制研究：来自中国A股市场企业的经验数据. 华东经济管理，2022（6）.

[3] 孙湘湘，周小亮，黄亮雄. 资本市场发展与产业结构升级. 产业经济评论，2018（6）.

[4] 王宏起，徐玉莲. 科技创新与科技金融协同度模型及其应用研究. 中国软科学，2012（6）.

[5] 吴晓求，方明浩. 中国资本市场30年：探索与变革. 财贸经济，2021（4）.

[6] 吴晓求，何青，方明浩. 中国资本市场：第三种模式. 财贸经济，2022（5）.

[7] 杨松令，刘梦伟，张秋月. 中国金融科技发展对资本市场信息效率的影响研究. 数量经济技术经济研究，2021（8）.

后　记

研究资本市场存续发展的逻辑起点和不断成长的内生动能始终是我十分关注的一个理论问题。中国资本市场的发展和成长必须基于逻辑的力量和源源不断的动能。正是基于这样一种长期的理论思考，我和我的研究团队把2022年的研究重点放在"资本市场成长的逻辑：金融创新与高科技企业的耦合"上，试图找到资本市场不断成长的内源性力量。

我和我的研究团队经过多次讨论，形成了一个基本研究思路，即在金融脱媒理论的基础上，重点探讨科技进步、产业革命（产业迭代）与金融创新、资本市场发展的耦合性；研究基于资本市场发展的金融结构变革之风险理念的深刻变化和金融功能的根本调整、定价机制（因素）的重要变化；分析资本市场如何在法律和制度上包容、促进科技进步和产业迭代，以获得更具竞争力和成长性的内在性资源。这种研究既基于逻辑分析，也基于历史趋势、实证分析和案例经验的判断。

由我领衔完成这部著作的资本市场研究团队的主要成员有：中国人民大学赵锡军教授、瞿强教授、许荣教授、何青教授、谭松涛教授、宋科副教授、郭彪副教授，清华大学汤珂教授，中央财经大学应展宇教授，中国社会科学院李永森教授，北京交通大学陆超副教授，以及中国人民大学博士后林海权、方明浩等。

本书的详细写作提纲由我起草，各章安排分别是：导论，吴晓求、何青、方明浩；第一章，应展宇、谭松涛；第二章，赵锡军、虞思燕、巫佳鹏、沈靖人、赵扬；第三章，瞿强、宋科、吴丹、杨雅鑫、刘家琳；第四章，方明浩、许荣、傅文霁、邹杨、林海权、赵璟夷；第五章，汤珂、何弘毅、颜斌斌；第六章，郭彪、胡学峰、李延胤；第七章，李永森、陆超、宁祺器、张斯毓、杨梦、刘庭竹。

　　中国人民大学中国资本市场研究院赵振玲女士做了大量的协调工作和复杂的编辑工作。

　　感谢中国人民大学出版社的大力支持。崔惠玲编审、韩冰编辑和刘美昱编辑高水平、高效率的编辑工作，使本书能在较短时间内高质量出版，谨此致谢！

吴晓求

2022 年 10 月 10 日

中国人民大学中国资本市场研究院